新标准早期教育专业系列教材

0-3 SUI YING YOU ER JIA TING JIAO YU YU ZHI DAO

0—3岁婴幼儿家庭教育与指导

主编◎王 红

华东师范大学出版社
上海

图书在版编目(CIP)数据

0—3岁婴幼儿家庭教育与指导/王红主编. —上海:华东师范大学出版社,2020
ISBN 978 - 7 - 5675 - 9532 - 3

Ⅰ.①0… Ⅱ.①王… Ⅲ.①幼儿教育－家庭教育－幼儿师范学校－教材 Ⅳ.①G781

中国版本图书馆 CIP 数据核字(2020)第 052129 号

0—3岁婴幼儿家庭教育与指导

主　　编　王　红
责任编辑　余思洋
责任校对　张　笋　　时东明
装帧设计　庄玉侠

出版发行　华东师范大学出版社
社　　址　上海市中山北路 3663 号　邮编 200062
网　　址　www.ecnupress.com.cn
电　　话　021 - 60821666　行政传真 021 - 62572105
客服电话　021 - 62865537　门市(邮购)电话 021 - 62869887
地　　址　上海市中山北路 3663 号华东师范大学校内先锋路口
网　　店　http://hdsdcbs.tmall.com

印 刷 者　上海四维数字图文有限公司
开　　本　787 毫米×1092 毫米　1/16
印　　张　14.5
字　　数　339 千字
版　　次　2020 年 4 月第 1 版
印　　次　2025 年 7 月第 14 次
书　　号　ISBN 978 - 7 - 5675 - 9532 - 3
定　　价　45.00 元

出 版 人　王　焰

前言

QIAN YAN

我国著名教育家陶行知先生曾说:"6岁之前是人格陶冶最重要的时期。这个时期培养得好,以后只需稍加培养,自然成为社会优良分子;倘若培养得不好,那么,习惯成了不易改,倾向定了不易移,态度决了不易变。"

党的二十大报告提出,坚持以人民为中心发展教育,加快建设高质量教育体系,发展素质教育,促进教育公平。教育是国之重计,早期教育是高质量教育体系中最为基础的环节,它不仅关系到千家万户,寄托着每一个家庭对美好生活的期盼,同时也关系到孩子的幸福感。高质量早期教育的核心是确保儿童能够得到健康、全面、和谐的发展。

家庭是儿童生命的摇篮,是人出生后接受教育的第一个"课堂";家长是儿童的第一任教师,家长对儿童实施的教育最具有早期性。由此可见,家庭教育对于儿童来说有着举足轻重的作用。

然而,当下很多家长或者看护者对家庭教育的重要性认识不够,导致我国家庭教育出现以下诸多问题:思想不重视,对家庭教育的目的、形式、内容等了解较少,错过孩子成长过程中的"关键期";认识不到位,缺乏必要的教养知识和正确的教育办法;行为不规范,绝大多数家长对孩子溺爱有加,科学育儿不够,包办代替过多,隔代教养弊端多;方法不得当,忽略孩子的个体差异,急功近利,使得原本个性突出的孩子得不到相应的发展。

0—3岁婴幼儿是社会中最为柔弱的一个群体,要高质量地实现"幼有所育""幼有善育"的目标,不仅要为适龄儿童家庭提供科学育儿指导服务,同时还需加强对家长家庭教育的支持,增强家庭的科学育儿能力。随着对早期教育研究的深入以及大众对早期教育意识的提高,指向0—3岁婴幼儿家庭教育指导的需求也日益提升。为此,国家先后出台了《全国家庭教育指导大纲(修订)》《中国儿童发展纲要(2011—2020年)》《关于指导推进家庭教育的五年规划(2016—2020年)》等一系列相关文件,进一步规范了家庭教育指导工作。在重视家庭教育的文化的熏陶下,对于大部分时间都生活在家庭中的婴幼儿而言,对婴幼儿家长开展家庭教育指导的意义也更为显著。但是,散居于社区中的0—3岁婴幼儿家庭不仅缺乏长期且稳定的指导主体,更缺乏具备全面婴幼儿教育素养与指导素养的专业人才。由于教育知识与能力的局限,导致许多家长在探索有效的家庭教育的过程中时常碰壁,举步维艰。

目前,0—3岁婴幼儿的家庭教育指导工作还处于起步阶段,开发专门针对0—3岁婴幼儿家庭教育指导的教材,培养婴幼儿家庭教育指导的人才成为当务之急。为了有针对性地解决上述问题,我们着手展开了本书的编写工作,试图为学前教育专业,特别是早期教育方向的学生,以及早期教育机构和家庭教育指导机构的一线工作人员提供一本指导婴幼儿家长科学育儿的学习资料,同时也希望本书能成为广大0—3岁婴幼儿家长育儿的参考资料。本书在编写过程中,从书名、编写理念、编写体例、内容难度、关注群体等多方面进行了诸多思考,使本书具有如下特点:

第一,为了更好地将理论学习与教育实践结合起来,我们将本书命名为《0—3岁婴幼儿家庭教育与指导》,以凸显家庭教育指导在0—3岁这一阶段的重要性。在本书中,不仅有对0—3岁不同阶段婴幼儿发展特点的解读,还有结合婴幼儿的月龄特点对家庭教育重点内容及家庭教育指导策略的梳理,以及针对当前0—3岁婴幼儿家庭教育中存在的误区进行的更为细致的分析与讲解。

第二,秉持"知识点""案例""拓展阅读""示例图片"四位一体的编写理念,本书为知识点配备了相关的案例、拓展阅读及示例图片。通过案例描述、拓展阅读、示例图片,可以有效地帮助学习者将专业知识与0—3岁婴幼儿的实际表现联系起来,深化对知识的理解,更快地了解并掌握家庭教育指导的方法。

第三,编写体例上的设计。本书中的每一章节均设有"学习目标""本章导览""思考与练习""推荐资源"等部分,使学习者能够在学习前准确地了解学习目标以及学习内容的逻辑框架,在学习后可以进行有针对性的思考与练习,总结归纳所学章节的内容,并通过推荐资源中的纸质资源和视频资源进行后续的深入学习。

第四,难度适中,易于理解。在编写过程中,我们尽量将深奥的理论与知识点化繁为简进行介绍,并且结合案例帮助学习者进行理解与运用;同时,在语言的表述上,尽可能简洁流畅,便于学习者理解。

第五,关注特殊群体,凸显社区共育。本书不仅包含有关特殊儿童的家庭教育指导内容,还包含家园、社区共育工作的指导内容。这两个章节的设立,既体现了医教结合、融合教育的理念,又凸显了生态化的教育理念。

本书的内容主要分为四个板块:板块一包括第一章至第二章,内容涉及家庭教育及家庭教育指导的目标与任务、原则与方法,国内外0—3岁婴幼儿家庭教育的经验借鉴,我国0—3岁婴幼儿家庭教育的历史沿革、现状与发展趋势,家庭教育指导存在的问题,家庭教育指导的评价等。板块二包括第三章至第五章,内容涉及0—3岁婴幼儿的发展特点,家庭教育指导的内容与策略,以及0—3岁婴幼儿家庭教育常见的误区。板块三即第六章节,涉及特殊儿童的类型、特殊儿童家庭教育的现象及原因、特殊儿童家庭教育指导的内容与策略等。板块四即第七章节,内容涉及家园、社区共育工作的意义、实践模式、任务与内容、方法与途径等。

本书的编写得到了上海市普陀区早期教育指导中心的大力支持。各章的编写分工情况如下:第一章,刘蔚;第二章,邵静芬;第三章,骆小燕;第四章,陈慧卓;第五章,王红;第六章,沙英姿;第七章,刘金华。全书由王红负责统稿。由于水平有限,书中难免出现一些缺点或错误,真诚希望各位专家、同行及广大读者批评指正。

最后,感谢华东师范大学出版社的编辑为本书的编写和出版所做的大量工作,也感谢其他所有在编写此书过程中给予帮助的朋友们。

王　红

2023 年 4 月于上海市普陀区早期教育指导中心

目 录
MU LU

03

04

07

第一章

0—3岁婴幼儿家庭教育概述

学习目标

1. 领会 0—3 岁婴幼儿家庭教育的意义与作用
2. 明确 0—3 岁婴幼儿家庭教育的目的与任务
3. 掌握 0—3 岁婴幼儿家庭教育的原则与方法
4. 了解国内外 0—3 岁婴幼儿家庭教育的经验以及我国 0—3 岁婴幼儿家庭教育的发展历程
5. 了解 0—3 岁婴幼儿家庭教育的发展趋势

本章导览

0—3岁婴幼儿家庭教育概述

0—3岁婴幼儿家庭教育的意义与作用

◇ 0—3岁婴幼儿家庭教育的意义
◇ 0—3岁婴幼儿家庭教育的作用

0—3岁婴幼儿家庭教育的原则与方法

◇ 0—3岁婴幼儿家庭教育的原则
◇ 0—3岁婴幼儿家庭教育的方法

我国0—3岁婴幼儿家庭教育的历史沿革与现状

◇ 我国古代婴幼儿家庭教育
◇ 我国近代婴幼儿家庭教育
◇ 我国现代婴幼儿家庭教育

0—3岁婴幼儿家庭教育的目的与任务

◇ 0—3岁婴幼儿家庭教育的目的
◇ 0—3岁婴幼儿家庭教育的任务

国外0—3岁婴幼儿家庭教育的经验借鉴

◇ 欧美国家0—3岁婴幼儿家庭教育的经验
◇ 亚洲国家0—3岁婴幼儿家庭教育的经验

0—3岁婴幼儿家庭教育的发展趋势与展望

◇ 0—3岁婴幼儿家庭教育的发展趋势
◇ 0—3岁婴幼儿家庭教育的展望

2岁的贝贝是一个很腼腆、怕生的男孩,邻居阿婆和他打招呼时,他常常害怕地躲在家人的后面。于是家人努力尝试,想引导贝贝变得外向些,时常给他讲有趣的故事,请他扮演故事里的角色,带他外出和其他小朋友一起玩,一起唱儿歌做游戏。同时,家人每次都给予他积极的鼓励和肯定。经过一年不到的"磨炼",贝贝逐渐活跃起来,变得越来越自信,并乐于主动与同伴交流。从这则案例中不难看出,贝贝性格上的变化受到了来自家庭教育的影响,可见家庭教育对于0—3岁婴幼儿的发展有着非常重要的作用。

第一节　0—3岁婴幼儿家庭教育的意义与作用

社会最基本的单位是家庭,教育子女是家庭的基本功能之一。家庭中承担家长角色的成员用不同的方式对孩子进行着家庭教育,因而家庭教育具有持续性的影响且具有自发生成的特点。家庭教育、学校教育与社会教育共同构成完整的教育体系,为整个社会培养和输出人才。

广义的家庭教育是指家庭各成员之间相互作用、相互影响的活动。而狭义的家庭教育主要指家庭中的父母对其子女及其他年幼者实施的教育和影响,可具体阐述为有丰富生活经验的长辈或父母对子女或晚辈在共同生活相处的一切环境中实施的教育。

0—3岁婴幼儿的家庭教育主要是指在家庭生活中,父母或其他家庭成员对0—3岁的婴幼儿身心各方面的发展产生影响的一切教育活动。0—3岁婴幼儿的身心发展处于萌芽期,与婴幼儿的互动主要由其父母或其他家庭成员承担,并呈现出明显的主导性,所以说0—3岁婴幼儿的家庭教育是整个家庭教育的重要组成环节,同时也为其他各阶段家庭教育的开展和实施奠定了基础。

一、0—3岁婴幼儿家庭教育的意义

0—3岁婴幼儿家庭教育是人一生最初的也是最为关键的教育,它对个体的成长发展与社会进步都具有至关重要的作用。

(一)0—3岁婴幼儿家庭教育对人生发展起到奠基作用

1. 0—3岁婴幼儿家庭教育影响着孩子身心发展的速度

《墨子》中说道:"染于苍则苍,染于黄则黄。"0—3岁是人生熏陶变化的开始,人的许多基本能力是在这个年龄阶段形成的。身体、智力、情感和个性等各方面都刚萌芽,对父母的依赖最大,受到父母家庭教育的影响也更为突出。父母的言行会在潜移默化中传递给子女,影响子女的身心发展;父母不同的教养态度、教养方式以及教养能力都会对子女身心各方面的发展产生深远的影响。

2. 0—3岁婴幼儿家庭教育奠定了孩子未来发展的方向

婴幼儿时期是个体在家庭中接受教育的初始时期,也是一个人的个性品质、行为习惯养成的时期。奥地利人本主义心理学先驱阿尔弗雷德·阿德勒认为出生后的头几年对于人成年后人格的形成非常重要。这个时期的家庭教育对于人未来的发展方向起到了至关重要的作用。

3. 0—3岁婴幼儿家庭教育提供了自然生态化的成长环境

家庭对于婴幼儿来说是最为自然的生态环境。与其他社会环境不同的是,婴幼儿与父母共同生活是其最基本的活动,体现了家庭自然生态的生活环境。同时,家庭是婴幼儿最重要的情感

▲ 图1-1　母子赏花,简单自然

安全基地,与其他的环境比起来更容易被其所接受,婴幼儿与成人之间的互动也是最为自然真实的。

(二) 0—3岁婴幼儿家庭教育是整个教育体系的基石

0—3岁婴幼儿家庭教育是个体接受教育的开端,也是一切教育的基础。苏联教育学家苏霍姆林斯基曾把儿童比作一块大理石,并把家庭、学校、儿童所在的其他集体等作为雕刻这块大理石的雕塑家。从排列顺序上看,家庭被列在首位,由此可以看得出家庭在塑造儿童的过程中起到很重要的作用,它不仅可以奠定其他教育的基础,还会影响学校教育和社会教育对个体的作用。

(三) 0—3岁婴幼儿家庭教育影响并推动社会的发展

人的教育是一项系统工程,家庭教育、学校教育与社会教育都是国民教育体系中的重要组成部分。家庭教育作为社会最基础的教育单位,不仅具有传承社会文化的作用,还可以为社会输送各类人才,促进社会的稳定、国家的繁荣,影响着未来社会的发展。《礼记·大学》提到"身修而后家齐,家齐而后国治,国治而后天下平",可以看到平天下、治国均以齐家为前提,家庭教育作为齐家的途径,为社会安康、国家兴盛铺平道路。

二、0—3岁婴幼儿家庭教育的作用

▲ 图1-2 在镜子中认识自我

(一) 具有启蒙和奠基作用

"3岁看大,7岁看老。"这是我们熟悉的一种民间说法。美国心理学家布鲁姆的研究发现,一个人的智力发展,如果把他本人17岁达到的水平算作100%,那么4岁时他就达到了50%。4—8岁又增加了30%,8—17岁获得了20%。由此我们可以说,幼儿在4岁以前是脑和智力发展最迅速的时期,也是进行早期智力开发的最佳时期。如果家长在这个时期所实施的家庭教育良好,将能有效促进婴幼儿早期智力的发展。从中不难发现,对0—3岁的婴幼儿进行适宜的教育至关重要,其影响会延续人的一生。正如意大利著名教育家蒙台梭利所说:"人生的头3年胜过以后发展的各个阶段。"

(二) 具有持续的浸透作用

婴幼儿出生后头3年的绝大部分时间都生活在家庭中,与家长交往互动的时间最多,时时刻刻都受到家人的影响,都在接受家庭教育。0—3岁婴幼儿的家长是他们的第一任教师,也被称为启蒙教师。对婴幼儿实施的家庭教育是在有意和无意、有计划和无计划、自觉和不自觉之中进行的,家长通过自身的言行随时教育和影响着婴幼儿。这种影响不仅表现在家长与婴幼儿一起进行早期阅读,教婴幼儿认字、数数、了解生活常识等显性教育上,还包括家长的举止谈吐、道德品行、价值期望等隐性教育。另外,0—3岁婴幼儿的模仿性最强,更喜欢也更容易模仿家长,这就使得家庭教育的浸润式影响更突出。

礼貌地问好

外婆带着2岁多的女孩彤彤早早地来到了早教中心上亲子课,一进教室就问:"老师在吗?"老师正在一侧摆放教具,回头一看,微笑着准备上前和彤彤打招呼。彤彤大声地说:"老师好!"老师连声称赞彤彤懂礼貌,外婆欣慰地笑着说,平时在家里就教育彤彤上课要和老师礼貌问好,每次上课也带着孩子一起向老师问好。

从这个案例中可以看到,这位长辈平时很注重孩子礼仪方面的培养,平时的耳濡目染使孩子在潜移默化中习得了良好的待人接物的方式。

(三) 具有示范和感染作用

家庭教育一般建立在亲子血缘关系的基础上,这是家庭教育明显而又重要的特点。父母与孩子之间的亲缘关系的天然性和密切性,使父母的喜怒哀乐对孩子有强烈的感染作用。在家长高兴时,孩子也会欢乐,在家长表现出烦躁不安和闷闷不乐时,孩子的情绪也容易受影响。孩子对父母的言行举止往往能心领神会,以情通情。在处理身边的人与事的关系和问题时,孩子很容易受到家长所持的态度的影响。

第二节 0—3岁婴幼儿家庭教育的目的与任务

一、0—3岁婴幼儿家庭教育的目的

0—3岁婴幼儿家庭教育的目的主要围绕着家长开展家庭教育的行为展开,没有明确的学校教育或社会教育的目的那么宽泛。家庭教育的目的贯穿在家长的教育观念之中,受家庭环境的制约。从理性的角度分析,家庭教育的目的是对家庭需要培养什么样的孩子的总要求,它影响着家长的教养活动,贯穿家庭教育的始终。虽然每个家庭对这个问题的回答各有不同,但在社会发展的总趋势及总的社会价值导向下,不同家庭中家庭教育的目的具有共性。①

二、0—3岁婴幼儿家庭教育的任务

0—3岁婴幼儿家庭教育是人的教育的开端,全面开启着未来的幼儿园教育、学校教育与社会教育,是其他教育的起点与基石。大量研究证明,0—3岁这个时期,婴幼儿有着超乎常人想象的学习能力,如同"海绵"一样,将来自外界的视、听、嗅、味、触觉等信息完全接收,并将之转为智力、性格和习惯等发展的基础。换言之,婴幼儿接触的所有事物都将影

---

① 胡朝阳. 婴幼儿家庭教育[M]. 北京:北京理工大学出版社. 2016:8—10.

▲ 图1-3 攀登中包含了多项教育任务

响其各个领域的发展。因此,0—3 岁婴幼儿家庭教育的任务非常广泛,从生理到心理,从能力到个性。概括起来,主要包括健康教育、认知教育、语言教育、社会教育、艺术教育几个方面。[1]

(一)健康教育

众所周知,身体健康是个体生长发展的基础与前提,对于还处于生命初期的婴幼儿来说,拥有健康的身体才能适应并生存于自然的环境中。因此,0—3 岁婴幼儿家庭健康教育的主要任务是:给予婴幼儿合理的膳食喂养,保证充足的营养摄入;对婴幼儿的日常生活给予细心照料,并预防常见疾病;有目的地培养婴幼儿的安全意识;对婴幼儿进行适当的身体训练,促进婴幼儿四肢与躯干运动能力的发展,有效提升婴幼儿运动的协调性和灵活性,促进粗大动作和精细动作的协调发展。

此外,家庭还应积极地创设帮助婴幼儿学习生活技能的环境,帮助他们学习一些简单的生活技能,培养自我服务意识和自理能力。这不仅能帮助婴幼儿建立健康的生活行为习惯,而且有利于其养成自立、自强、自信等良好品质。

拓展阅读

生活卫生习惯的培养

生活卫生习惯的培养主要指的是在睡眠、盥洗、如厕、进餐等方面培养孩子的生活自理能力。比如,成人要培养婴幼儿饭前便后洗手、如厕有规律、吃饭不挑食等习惯,同时还要养成穿衣穿鞋、洗手吃饭、脱衣睡觉等都自己独立完成的意识。这些生活卫生习惯的养成能够促进孩子独立意识的发展及生活自理能力的形成。

(二)认知教育

有关脑科学的各项研究表明,外界环境刺激与感官学习能够促进婴幼儿早期的大脑神经细胞的发展,从而促进大脑的发育。成人对婴幼儿进行认知方面的教育,提供各类有益于感官刺激的机会,有助于培养孩子积极动脑的习惯。因此,婴幼儿家庭认知教育的任务在于激发婴幼儿的认知兴趣,发展其观察、注意、记忆、想象、思维等认知能力,提高认知水平,扩展认知经验。[2]

▲ 图1-4 宝宝在剥蛋壳,从中习得有关蛋的经验

① 张家琼,李丹.0—3 岁婴幼儿家庭教育与指导[M].北京:科学出版社.2015:3—5.
② 胡朝阳.婴幼儿家庭教育[M].北京:北京理工大学出版社.2016:12—16.

案例 1-2

玩沙的明明

1岁半的明明跟着爸爸妈妈来到了公园玩沙的地方。明明看到沙子很兴奋，不停地用小手摸着沙子抓起来放下去。他看到身边的沙子上有根小树枝，便拿起树枝使劲地在沙子上划来划去，看到沙子上面留下的痕迹，突然很兴奋地像发现了什么似的，又在沙子上划了几下。

婴幼儿最初对物体只有简单的操作能力，比如拿握或摇摆，随着经验不断的增多以及认知能力的提升，婴幼儿可以使用不同的物体进行操作。明明原来只会用手玩沙，当他发现用树枝也可以把沙子变成其他样子时，他对物体的操作能力得到了提升。

（三）语言教育

0—3岁是婴幼儿语言发展至为关键的阶段，成人要抓住这个阶段培养他们语言表达和理解能力，积累词汇量和培养语感。婴幼儿的语言发展不是一蹴而就的，需要经历"听——发音——模仿练习——理解语言——运用语言"的过程，按照"前语言阶段（0—9个月）——语言理解阶段（9—12个月）——口语表达阶段（1岁以后）"的顺序发展。家长应在了解婴幼儿语言发展的客观规律的基础上，为婴幼儿提供丰富的语言环境，通过亲子阅读、念儿歌等方式，在生活中开展丰富的语言教育活动。

▲ 图1-5 父子相伴阅读，促进语言发展

拓展阅读

从小培养阅读习惯

随着信息化技术的飞速发展，诸如电视和手机等许多媒介所传递的庞大的信息量让婴幼儿难以主动积累和选择有用的知识。阅读适宜的绘本是婴幼儿积累语言知识的正确方式。阅读不仅能使婴幼儿增长见识，体会文字的魅力，扩充词汇量，培养语感，而且可以使他们在情感和社会性上也有所收获。成人应在家中创设阅读环境，与孩子一起进行亲子阅读，帮助孩子养成爱读书的好习惯。同时作为家长，自己也要以身作则，每天有读书、看报的习惯。久而久之，孩子就会喜欢上阅读。

（四）社会教育

我国著名教育家陈鹤琴指出，人之所以异于其他的动物，就是因为人是一种社会的动物。教育的目的是使个体能更好地适应社会。婴幼儿家庭教育作为人最初的启蒙教育，使个体在从自然人转变为社会人的过程中迈出了第一步。成人要积极为婴幼儿创设适宜的社会化环境，让他们融入其中与他人进行互动，使他们逐渐形成基本的社会认知、社会情感和社交技能，从而学会理解他人、关心他人。换言之，婴幼儿家庭社会教育的主要任务是促使婴幼儿养成良好的生活习惯、劳动习惯、学习习惯等行为习惯，让他们初步领会在社会中"做人"与"做事"的要义。

由于婴幼儿对事物的是非辨别能力较弱，家长在给予婴幼儿感知事物的基本概念的同时，需要在一旁帮助婴幼儿建立规则意识。例如，当孩子玩完玩具时，应该提醒孩子把玩具放回原处，及时整理自己的玩具箱。

拓展阅读

如何促进婴幼儿的社会化意识

家庭中有关婴幼儿社会教育的内容主要有：建立社会规范意识和行为、培养自我的社会角色。在开展社会教育时，家长应结合婴幼儿的年龄发展特点以示范的方式引导其理解和掌握社会规则。同时，还需要通过让婴幼儿自我实践，结合家长给予的适当提示和帮助，提升社会性发展的主动性。家长要引导婴幼儿正确认识自己和他人，养成对他人和对社会亲近、合作的态度，学习初步的人际交往技能，教婴幼儿一定的生活技能，如吃饭、穿衣、洗澡等，养成一定的生活自理能力与独立意识，从而具备在社会中生存的能力。

▲ 图1-6 有趣的手工活动

（五）艺术教育

对婴幼儿进行艺术教育有其意义所在：通过艺术教育能够帮助孩子感知艺术、掌握艺术技能，从而促使婴幼儿发现美、欣赏美与表现美。婴幼儿艺术启蒙教育的目的不在于培养艺术家，而在于通过生动有趣的艺术活动培养婴幼儿的艺术兴趣及初步感受美的能力，促使其形成活泼、愉快、开朗的个性。婴幼儿的家庭艺术教育形式和内容多样，家庭环境、软硬件的布置都可以是家庭艺术教育的途径，绘画、歌唱、律动等艺术形式也最容易为婴幼儿所接受。

第三节　0—3岁婴幼儿家庭教育的原则与方法

一、0—3岁婴幼儿家庭教育的原则

（一）生活与游戏相结合原则

0—3岁婴幼儿的家庭教育是一种生活教育。0—3岁婴幼儿依赖于成人的照顾和养育，对于这个年龄段的婴幼儿来说，他们的主要任务便是成长和游戏，因此这一阶段的家庭教育必须从婴幼儿的特点出发,使教育与生活和游戏密切结合,这样既生动、直观,又便于学习,同时通过日积月累,婴幼儿就能学到更多生活和游戏技能。游戏在婴幼儿的生活中具有特殊的含义和特别的意义。成人应了解和遵循婴幼儿自然的发展规律,选择合适的游戏内容,并采用恰当的方法对婴幼儿进行游戏教育,为其一生的发展打下良好的基础。

家长可以利用生活中的材料让婴幼儿自制游戏的材料,让婴幼儿既动手又动脑,如:用家里的旧报纸做成炮弹、废纸箱做成"堡垒",一起玩打仗的游戏,或者将家里的废纸撕成长条贴在地上玩迷宫的游戏等。制作这些游戏的材料既增加了婴幼儿游戏的兴趣,又培养了他们的动手能力和创新意识。

(二) 尊重个体差异原则

每个婴幼儿都是一个独立的个体,由于遗传因素和家庭环境不同,每个婴幼儿的身心发展水平也不同。家长应当在了解婴幼儿年龄特点的基础上,分析自己孩子的具体发展情况,正视和理解不同婴幼儿之间的差异性,然后有针对性地给予教育与培养。父母对于自己的孩子,应该要善于发现其身上的闪光点,帮助孩子建立自信心,使孩子的心智得到积极的成长。切不能因只看到孩子不足的地方而给予过多指责,这样会让孩子对自己丧失信心,从而变得胆怯懦弱,错误评价自己,进而影响自我价值观的形成,不利于身心健康发展。父母对孩子的信任与尊重是促使婴幼儿健康成长的动力和源泉。

(三) 安全性原则

婴幼儿天生充满好奇心,在对外部世界进行探索时,他们可能会做出一些危险动作。因此,家长除了用心照看,更应该适时提醒婴幼儿注意安全,帮助其建立安全意识。家长还应该定期排查家中可能会出现危险的角落,比如给电源插头安装保护套,给有直角的低柜等安装防撞条,药品等放在婴幼儿接触不到的地方。其他一些常见的事项有:轻轻关门,当心夹手;不在狭小的房间里追逐跑,谨防跌倒或撞伤;玩具、小珠子不能放在嘴巴里玩;婴幼儿外出游玩时要跟在大人身边,不能随便乱跑。

(四) 适度性原则

在家庭教育中,家长对婴幼儿提出要求时应注意把握好教育的尺度,既要给予适度的关爱,也要有教育的底线和边界。执行适度性的教育原则,能帮助婴幼儿从小形成做事有尺度、凡事都要适度的观念。比如家长看到婴幼儿有某个需求时,既不能一味地满足,也不能事事拒绝,应根据实际情况考虑清楚是不是需要满足,有需要的就可以满足,不应该满足的就应该立场坚定,向婴幼儿表明自己的态度并说明不能满足的原因,切记不能因为婴幼儿没有得到满足而发脾气或哭闹就给予妥协、失去底线。家长应注意对婴幼儿的教育始终做到爱中有度。

(五) 一致性原则

在对婴幼儿进行家庭教育的过程中,家庭成员之间要保持教育观念的统一,既包括父母之间的观念统一,也包括父母与老人之间的观念统一。当家庭给婴幼儿施予一致性的教育时,婴幼儿的品德和行为才能按照统一的要求发展。家庭成员对婴幼儿的学习习惯、行为规范、生活自理等进行目标设定时,应事先达成一致的意见。在对婴幼儿开展教育时,家庭成员应做到互相协作,即使有不同观点也不要在婴幼儿面前表现出来,可以事后再交换意见,并最终达成教育理念的统一。这样可以给婴幼儿营造一个良好的家庭氛围,更有助于婴幼儿良好品性的稳定发展。

二、0—3岁婴幼儿家庭教育的方法

（一）榜样示范法

▲ 图1-7　妈妈努力爬山,我也是

榜样示范法指家长通过自己的行为举止,为婴幼儿树立好的榜样,以模范行为影响婴幼儿。社会心理学家班杜拉通过波波玩偶实验得出,婴幼儿是通过观察进行学习的。

榜样示范法强调家长的行为示范,因为这往往比口头教导来得直观有效,更易于婴幼儿接受。在运用榜样示范法的时候,家长首先要注意自身塑造的行为的目的性是否明确,是否能让婴幼儿关注并进行有兴趣的学习和模仿。另外,要注意家长示范的时候是否能帮助婴幼儿模仿正确,也就是示范是否到位。例如指导婴幼儿练习新学习的内容,建立完整的动作概念,需要家长做一次完整的动作示范。有时候也需要动作示范和讲解结合,一边做动作,一边进行讲解。[①]

拓展阅读

0—3岁婴幼儿的语言学习

0—3岁婴幼儿学习语言的主要途径是模仿。在婴幼儿开始有自发性的发音时,家长就要开始进行规范的语言输出。为了让婴幼儿有正确的发音,家长应该面对面进行口型示范,让他们能看到自己的口型。同时应使用正确的词语与婴幼儿进行交流,帮助婴幼儿培养良好有序的语感,建立社会化语言习得的基础。此外,家长可以借助一些生动夸张的表情和动作,或者是配合婴幼儿喜欢的儿歌及绘本故事,通过反复示范,让婴幼儿在愉悦的气氛中饶有兴趣地模仿,从而理解语言,强化对语言的记忆和模仿,更好地扩充词汇量。这也可以提升婴幼儿的专注力,增加他们学习的积极性和成效。

（二）亲子游戏法

亲子游戏是家庭内以亲子感情为基础、围绕家长与婴幼儿开展游戏的活动方式。亲子游戏是亲子之间交往的重要形式,通过这种形式可以增强亲子互动,增进亲子感情。亲子游戏法借助游戏的方式,在规定许可的范围内,充分调动婴幼儿的主动性和创造性,增进亲子之间的默契,以达到身体锻炼和动作发展的目的。

适宜的亲子游戏不仅可以增进亲子之间的情感,同时还能带动婴幼儿在其他领域能力的提升,更好地促进婴幼儿的身心发展。比如在运动领域,家长可以和婴幼儿跟着儿歌

---

① 张家琼,李丹.0—3岁婴幼儿家庭教育与指导[M].北京:科学出版社.2015:30—32.

一起模仿小动物的走路方式,既有趣味性,又能锻炼婴幼儿的身体协调能力。在认知领域,家长可以带着婴幼儿一起用彩泥搓搓揉揉,让婴幼儿猜猜是什么图形,帮助婴幼儿获得对基本形状的感知能力。又比如在语言领域,家长带着婴幼儿一起看看绘本,通过有趣的角色扮演,帮助婴幼儿提升对语言的理解和表达能力。

拓展阅读

亲子游戏中把规则教给孩子

游戏是婴幼儿进行生活感知体验的基本方式,家长可通过一些游戏的方式来激发婴幼儿的模仿、语言表达、身体动作。运用亲子游戏法时,家长应交代清楚游戏规则,让婴幼儿明白游戏的玩法,要全身心地投入和孩子的游戏中,不要敷衍。如家长一边说:"汽车开来了,滴滴滴!汽车开来了,滴滴滴!汽车开来了……"一边带着孩子一起做做开小汽车的动作。

(三)动作训练法

动作训练法是指在日常生活中,家长根据婴幼儿动作发展的实际情况,通过反复练习指导婴幼儿掌握某个动作的方法。动作训练法是家长帮助婴幼儿发展基础的活动能力和习得基本动作,并增强身体素质的基本方法。家长应根据婴幼儿动作发展的阶段性特点,通过分解练习、重复练习等方式帮助婴幼儿掌握动作要领。此外,家长应利用外界环境有目的地及时帮助婴幼儿巩固动作要领并反复练习。比如在婴幼儿过生日时,家长可以带着婴幼儿学习切蛋糕,通过拿刀进行反复切的动作练习,让婴幼儿在亲身实践中掌握切蛋糕的动作要领。

▲ 图1-8 外婆教我切蛋糕

(四)口头指导法

▲ 图1-9 父亲叮嘱宝宝雨中要慢走

口头指导法是指在日常生活中,家长用简单清晰的语言帮助婴幼儿学习各项技能的方法。口头指导法能够帮助婴幼儿快速理解家长的指令并获得及时反馈,因此家长在指导婴幼儿学习时,应给予明确、简洁、具体的口头指导。如家长带领婴幼儿在雨天行走,可以告知婴幼儿避开水塘;走楼梯时可以提示两脚交替行走,手扶住楼梯的扶手。在提示时观察婴幼儿的理解和反馈情况,如发现婴幼儿对指令不能理解,应根据婴幼儿的自身情况及时调整表达方式和指导内容,以贴近婴幼儿的认知和理解水平。

家长在给婴幼儿讲解生活常识时,要尽力做到简单易懂、直观形象、与生活结合,以婴幼儿能接受为准则。同时,家长还要考虑婴幼儿的年龄特点,在语言表达上应采取温柔平和的方式,让婴幼儿主观上愿意接受。切勿使用命令式的语言,以免使婴幼儿受到惊吓或者产生抗拒。比如有些婴幼儿喜欢把玩具放得到处都是,而且玩好了没有放回玩具箱,如果家长强硬地命令其收好玩具,婴幼儿是不愿意听从的,但如果用移情的方式,比如"宝贝,玩具不能回家了,它会很伤心的,让我们帮助它们回家吧"这样的讲解,符合婴幼儿将物拟人化的思维特点,更容易被婴幼儿理解并接纳。

（五）感知体验法

▲ 图1-10　我是打扫小能手

感知体验法指的是家长帮助婴幼儿通过自己的身体感官对外界进行亲自探索与实践,并获得对周围环境和客观世界的理解的方法。由于0—3岁婴幼儿的骨骼组织还未发育完全,所以他们更多的是利用感觉器官来观察周围的环境,认知周围的环境,因而他们对于事物的感知具有直观性。著名教育学家杜威提出了"做中学"的教育原则,即在家庭教育中,父母要积极为婴幼儿创设良好的家庭生活环境,提供各种丰富的感官材料,随机引导婴幼儿运用五官感受周围事物,抓住感知的机会,增加他们的感觉刺激。比如在与婴幼儿做游戏时,把他们抱起让他们体会不同的高度和方位,用不同材质的玩具或生活物品刺激婴幼儿进行触觉分辨。

父母应注意保护好婴幼儿探索外界的积极性,当婴幼儿有很强的好奇心时,只要不是具有危险的情况,应尽可能地满足他们的需求。

第四节　国外 0—3 岁婴幼儿家庭教育的经验借鉴

一、欧美国家 0—3 岁婴幼儿家庭教育的经验

（一）英国

英国的早期教育发展水平一直位居世界前列。近二十年来,英国政府颁布的早期教育政策,从1998年的《确保开端计划》到2014年的《早期基础阶段法定框架》,都展现了政府对早期教育的重视。英国政府重视家庭在早期教育中的重要性,提出"对儿童最好的救助办法是为他们的父母提供帮助。换言之,儿童的需要与家庭的需要是不可分割的,帮助家庭即是帮助儿童,不能为家庭提供支持,就不能有效地帮助儿童"[①]。经济合作与发展组织(Organisation for Economic co-operation and Development,简称 OECD)的一项报告中指出,在政策指导下英国许多地区和城市设立了家庭服务点,给予家长对婴幼儿开展家庭教育的支持。英国广播公司(British Broadcasting Corporation,简称 BBC)为鼓励更多家长参与到早期教育中,还开设了专门的儿童频道,开发了相关网站,为家长提供与节目有关的游戏、

① 李艳. 家庭视角下英国早期教育政策的经验与启示[J]. 西安文理学院学报(社会科学版),2018(01):93—96.

歌曲等学习资源。

（二）法国

近十余年来，法国政府对该国的早期家庭教育出台了一系列的政策扶持。"倾听、援助、陪伴父母网络"的建立就是在该政策下推出的。政府希望借用这个平台帮助和回应儿童及家庭的需求，帮助和支持父母完成他们的家庭教育任务。2009 年 2 月，法国政府的社会事务与健康部还建立了一个名为"支持亲职、早期干预"的网站[①]，该网站不仅向与儿童及其家庭接触的社区工作者或与家庭有关联的人员提供信息，帮助他们更好地开展针对儿童和家庭的支持措施，而且也为有儿童的家庭提供服务。因此，其目标人群分为两部分，一部分是家庭，另一部分是从事社会和健康工作的工作者、承担家庭和家庭教育支持相关责任的工作者及家庭政策研究者。时至今日，这一网站已建设成为政府、社会和家庭都可以共享的拥有大量丰富实践和研究资料的平台[②]。

（三）美国

从国家层面而言，美国既没有对家庭教育立法，也没有出台以家庭教育为中心的政策，而是基本上从学校教育、家庭与学校合作以促进学生学业进步的角度出发，通过教育部出台了一些将家庭教育融入学校教育体系的法律政策及支持家庭教育的项目。2008 年，奥巴马政府开始推行教育改革计划，其中包含了一项"0—5 岁教育计划"，即通过选派专业人士对家庭进行新生母亲的产后健康和婴幼儿的照料指导，以帮助家庭提升为人父母的技巧，帮助婴幼儿获得身心

▲ 图 1-11　家长应多陪伴孩子

健康发展。2016 年，美国联邦教育部和卫生与公共服务部发布了一份关于幼年学习者使用技术的政策简报，为家庭和婴幼儿教育工作者提供了关于婴幼儿使用技术的相关指导原则，帮助家庭及早期教育工作者实施积极、有意义的、与社会形成互动的早期教育。

拓展阅读

各国爸爸的育儿经

德国两位爸爸撰写了一本《新爸爸手册》，此书是写给准爸爸和新手爸爸的育儿书，在德国非常畅销。这是一本可以让准爸爸不紧张、新手爸爸不手忙脚乱的育儿书，被誉为准爸爸成为合格爸爸的"学习指导"。

美国法兰克·密诺斯撰写了《爸爸手册》，由世界图书出版公司于 2000 年引进出版。《爸爸手册》以一则则幽默、真实的故事画龙点睛地说出父亲的感想与需求，读起来轻松得像一篇篇短篇小说。

由华东师范大学出版社出版的《20 个父亲的教育智慧》呈现了 20 个中国父亲的育儿故事。这些父亲年龄不同、性格不同、经历不同、学历不同、职业不同，但相同的是他们对

① 和建花.法国、美国和日本家庭教育支持政策考察［J］.中华女子学院学报，2014(02)：100—106.
② 王伟，李辉辉，李静.OECD 国家促进家长参与早期教育的策略及其启示［J］.学前教育研究，2015(03)：38—43.

父亲角色的坚守。本书分为陪伴与互动、情感与表达、期望与支持、规划与培养、规则与约束、生活与照料、自我学习与成长等七章，展示了父亲角色的多重性，即父亲是陪伴者、关爱者、照料者、规划者、支持者、约束者等。

二、亚洲国家0—3岁婴幼儿家庭教育的经验

（一）日本

日本政府以少子化为契机，制定了一系列0—2岁保育服务发展的政策和法规，如《儿童福利法》《天使计划》《儿童及育儿援助法》等①。可以看到日本政府希望通过政策和法律完善和加大社会对育儿及家庭的援助力度，来满足多样化的早期家庭教育的需求。2015年4月日本开始实施《儿童及育儿援助新制度》，该制度新增家庭保育，提倡为0—2岁婴幼儿提供保育服务。

日本政府承认家庭教育对儿童养成基本的生活习惯，发展生活能力、认知能力、社会交往能力，形成遵守社会规则和制度的意识，以及对善恶是非的判断力、自制力等起着十分重要的作用。因此，政府认为理应对担负着这些重任的家庭教育进行政策援助。从这一理念出发，政府致力于对家庭教育实施庞大的支持行动计划，并将家庭教育纳入本国的《教育基本法》。

（二）韩国

20世纪80年代，韩国大力提倡早期教育，于1981年将《儿童福利法》全面修改为《儿童福祉法》，扩大了其保育的范围，改革了教育内容，强调其教育内容应适应时代的发展②。在随后的发展中，韩国政府不断建立和完善有关儿童福利的法律体系，先后出台了《母婴保健法》《托儿法》等涉及家庭环境、儿童教育、特别保护等多个方面的法规，并明确规定国家、地方政府、社会、家庭养育儿童的责任。2004年颁布《健康家庭基本法》，规定相关部门应设置健康家庭援助中心，提供相关的家庭教育指导。2007年11月政府颁布的《创造友好家庭社会环境促进法》更为保障家庭教育提供了法律保障。

拓展
阅读

当前社会学视角下的韩国家庭教育

韩国父母推崇的几种教育方法如下。"狼型"教子法，以借鉴狼的习性把孩子培养成既有独立能力又有团队精神的人。"狮子型"教子法，帮助孩子像狮子一样面对困境并学会逆风前行，努力将孩子培养成坚强勇敢的人。"放牧式"教子法，韩国父母认为在孩子的成长过程中，父母施以有节度的爱，能促进孩子顺其自然地发展，使其有自我主见。

---

① 魏晓会.日本0—2岁保育服务及其对中国的启示[D].南京：南京师范大学，2017：64.
② 张晶.韩国0—6岁婴幼儿早期教育及其启示[J].中国教育学刊，2014(01)：86—88.

第五节　我国 0—3 岁婴幼儿家庭教育的历史沿革与现状

一、我国古代婴幼儿家庭教育

(一) 家庭教育意识层面

我国古代非常重视家庭教育,家庭教育思想可谓源远流长。大量家规、家训、有关家教的名言、古代传统家书以及教子诗文等流传至今,其中蕴含着丰富的家庭教育思想,阐释了古人对家庭教育重要性的认识。

在《礼记·大学》提到:"古之欲明明德于天下者,先治其国;欲治其国者,先齐其家;欲齐其家者,先修其身。""身修而后家齐,家齐而后国治,国治而后天下平。""齐家"即是古人对家庭生活的追求。在魏晋南北朝时期出现了大批家庭教育著作,其中颜之推的《颜氏家训》堪称是我国历史上第一部内容丰富、体系宏大的家训。颜之推提出了家庭教育的重要性并给予系统的论证。他提到:"禁童子之暴谑,则师友之戒,不如傅婢之指挥;止凡人之斗阋,则尧舜之道,不

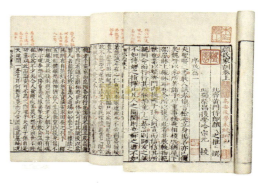

▲ 图 1-12 《颜氏家训》

如寡妻之诲谕。"[1]颜之推将自己的人生经验和思想观念与从小受到的家庭教育紧密联系起来,期望将自己的所感所悟传授给子孙后代,正是因为这样的胸怀与给予家庭教育的高度重视,才会给后人留下了宝贵的文化财富。

(二) 家庭教育方法层面

我国古代家教理论中有一个明显倾向,即十分重视早期教育。据司马光《训子孙文》所记,一般小孩一出生,就要开始慎择乳母,"必择良家妇人,稍温谨者";小孩能吃饭时,就教他用右手;小孩能说话时,则教他说自己的名字及一般的问候语;更大一点,懂些道理时,就教他如何恭敬长辈。[2] 古人注重教授婴幼儿,哪怕不懂事也要给予引导,懂事之后则家长会刚柔并济,使婴幼儿在生活习惯和道德作风等方面都有好的发展。

中国古代家庭教育的内容很丰富,有许多值得借鉴和学习的地方。但由于具有历史的特定性,其本身存在一些局限。一方面过于注重伦理,难以实现人的全面发展,与现今社会的发展不适宜;另一方面受封建专制思想的影响,我国古代的家教强调子女对父母的顺从,忽略了子女自身的心理需求,这也与当前以儿童为本的理念截然不同。

---

① 孔霞,龙玲玲. 中国古代家庭教育思想初探[J]. 现代教育科学,2011(04):10—12+19.
② 孔霞,龙玲玲. 中国古代家庭教育思想初探[J]. 现代教育科学,2011(04):10—12+19.

二、我国近代婴幼儿家庭教育

▲ 图 1-13　蔡元培

晚清时期，大量的海外近代学前教育思想被引进中国，许多国人也开始重新审视传统的育儿观念，学者们意识到德育是幼儿成长所必须接受的教育，并且这种教育是贯穿生命始终的。"儿童教育自胎育始而德育终，我中国古盛时教育家之通则也，虽然，泰西于此说尤备，吾采其目以表之。"[①]

近代国民教育思想中有比较丰富的教育资源值得挖掘，其中蔡元培的儿童教育思想值得关注。他提出一个人的品性来自于早期的家庭环境，认为家庭对幼儿早期发育发展的影响深远，家庭应以科学的方式方法来对幼儿进行教育。另外，陶行知是中国近代教育史上一位伟大的人民教育家，他在《幼苗集》之《儿子教学做》中指出："我希望每个儿子做成一个什么样的儿子，我得把我自己先做成那样一个儿子，我要教儿子自立立人，我自己就得自立立人，我要教儿子自助助人，我自己就得自助助人。"他将幼儿的生活教育的理念充分融入到家庭教育中，给后人带来了启示。

三、我国现代婴幼儿家庭教育

（一）相关政策

1980 年北京市家庭教育研究会的成立，在此期间专门的家教期刊《父母必读》的创刊和家长学校"母范学堂"在北京的创办，标志着家庭教育的复兴。1997 年以来，上海市、北京市、山西省、安徽省、海南省等地区的家庭教育研究与指导中心陆续成立[②]，家庭教育已开始得到蓬勃发展。

近几年来，我国各级政府出台了一系列政策文件，对婴幼儿早期家庭教育予以关注。2004 年，我国出台了《中共中央国务院关于进一步加强和改进未成年人思想道德建设的若干意见》，其中第五部分是关于重视和发展家庭教育的意见；《中国儿童发展纲要（2001—2010）》《中国儿童发展纲要（2011—2020）》为儿童权益保护提供了综合性的政策框架；2015 年 10 月，教育部出台了《教育部关于加强家庭教育工作的指导意见》，阐述了充分认识加强家庭教育工作的重要意义，进一步明确了家长在家庭教育中的主体责任。可以看出，新时期国家

▲ 图 1-14　家庭教育，保护孩子的好奇心

---

① 马叙伦. 儿童教育平议[J]. 新世界学报，1902(09)：108—114.

② 何媛，郝利鹏. 我国当代 0—3 岁婴幼儿教育政策分析[J]. 广西师范大学学报(哲学社会科学版)，2009，45(03)：94—98.

对于家庭教育越来越重视。另外，一些城市已制定了相关的配套制度。上海市教育委员会制定了《上海市 0—3 岁婴幼儿教养方案（试行）》，作为全市托幼园所实施 3 岁前教养工作的活动指南；广州市卫生局制定了《广州市社区妇婴卫生服务"婴幼儿家庭健康指导计划"实施方案》，完善了家庭与社区的共同教养网络；2008 年，福建省教育厅颁布了《福建省 0—3 岁儿童早期教育指南》，并依托福建儿童发展职业学院成立了"福建省早期教育研究指导中心"，提出"福建省 0—3 岁儿童早期教育实验工作方案"。但是目前我国还没有建立特殊儿童的家庭支持保障体系，因此家庭深受服务碎片化的影响。

拓展阅读

陈鹤琴和他的家庭教育思想

陈鹤琴是我国现代著名的幼儿教育专家，家庭教育是他研究的一个重要领域，其丰富的教育思想对我国的家庭教育产生了重要的影响，至今还有着深远的意义。他提出："幼稚期（自生至七岁）是人生最重要的一个时期，什么习惯、言语、技能、思想、态度、情绪都要在此时期打一个基础，若基础打得不稳固，那健全的人格就不容易塑造了。"陈鹤琴先生认为，儿童早期所接受的家庭教育关系着人一生的发展，具有积极的奠基作用。

（二）发展现状

1. 教养观念

教养观念是家庭中教养人对教养对象实施教养的理念和观点。有学者将父母的教养观念定义为父母在教育和抚养儿童的过程中，对儿童的发展、教育儿童的方式和途径以及儿童的可塑性等问题所持有的观点和看法。作为家庭教育中最为核心的组成部分，教养人的教养观念将直接影响其对孩子的教养行为。随着社会的发展和信息的现代化，家庭对于婴幼儿的关注已从过去传统的"吃饱穿暖"上升到对科学的喂养方式的重视以及对婴幼儿的认知、情感以及行为习惯等方面的培养。年轻的父母在养育婴幼儿的过程中对其身心发展有着更高的需求，不仅会关注婴幼儿健康领域的发展，重视和婴幼儿的沟通互动，同时也更注重对婴幼儿在认知、情感、规则意识等方面的培养，尤其以智力开发为培养的重中之重，希望婴幼儿能够不输在起跑线上，因而在普遍的家庭教育中还是存在明显的功利性观念。

2. 教养方式

教养方式就是教养人的教养观念、教养行为及其对婴幼儿的情感的表现方式，反映着亲子交往的本质，对婴幼儿的心理发展有着内在而复杂的影响。当前国内的婴幼儿家庭教养方式主要因教养者的角色不同而呈现不同的形态。年轻的父母在教养方式上多以鼓励、引导、接纳等方式为主，其中母亲对于婴幼儿的需求更为感性，因而教养方式较为细腻；而父亲则因为男性的果敢自信，在对婴幼儿的教养方式上会更为粗犷。祖辈教养者在隔代教养中相对比较专制，由于他们会给予婴幼儿的日常生活照料更多的关注，时常会担心婴幼儿各种情况的出现，从而可能会干涉婴幼儿的自由发展。

3. 家庭结构

目前,我国社会正处在转型过程中,家庭规模与结构的改变使家庭教育的功能发生了一定程度的变化,并在不同历史时期呈现出不同的特点。曾经,我国家庭多为多子女家庭,祖辈、父辈与多个子女共同生活,呈现出四世同堂、三代同堂的格局。后在独生子女政策的推动下,家庭人员的数量减少,家庭结构趋于简单化。随着二胎的开放,家庭结构再次发生了变化,由社会发展的现状可以看出,父母外出工作,祖辈教养婴幼儿的现象相当普遍。隔代教养模式已成为一种客观存在的家庭教养模式,并将长期存在。

(三) 现状反思

1. 家庭教养观念的多元化发展

由于家庭结构的变化和父辈繁重的社会任务,目前承担婴幼儿教养的主要职责落在了祖辈身上,不少城市的祖辈也开始通过各种渠道学习新的教养方式,并乐于与自己的子女探讨教养理念和方法,从而改进传统方式。随着社会竞争的激烈化,不少家长在实施早期家庭教育的时候会优先进行智力的开发,并将其主要锁定在学科知识上,而对于婴幼儿人格发展及社会交往能力的提升却关心不够。也有父母开始注重对婴幼儿行为习惯的培养,并重视与孩子的沟通互动,意识到早期的婴幼儿人格发展将使其终生受益。可见当今家庭教养观念已呈现多元化的发展趋势,说明教养者对婴幼儿的早期家庭教育开始逐步重视,但理念还是偏功利性,另外也普遍缺失父亲参与的家庭教育。

2. 在亲子互动方式上存在认知偏差

大部分家长都认同早期家庭教育对婴幼儿个体发展具有不可或缺的作用,并认为父母应该承担主要的教育职责,但这种观念往往只停留在意识层面,而缺乏与之相应的科学育儿观念和方式方法。不少家长,尤其是祖辈认为亲子互动就是陪玩,只要让孩子开心就好,因而在与婴幼儿的亲子互动中,这些家长往往态度很积极,但是陪伴的质量却很低,陪伴者角色形同虚设。同时,由于受到传统家庭教育思想和原生家庭带来的影响,不少祖辈以及父母往往会采用专制消极的亲子互动模式来控制婴幼儿的行为。可见目前家长在亲子互动的方式上还存在明显的认知偏差问题。

3. 国内婴幼儿家庭教育法律保障制度不完善

目前在全国范围内早期家庭教育政策存在着极大的地区差异,除了部分地方政府制定了相应的配套政策文件,给予了家庭服务指导领域很大的关注和支持外,还有相当多的地区没有出台相关政策。不难看出,我国的0—3岁早期家庭教育政策还处在极不完善的阶段。此外,对于近几年国内出现的家庭虐待婴幼儿的严重暴力事件,以及由此引发的家庭教育中如何保证婴幼儿的合法权益和人身安全问题,法律制度和监督管理体系目前也是空白。有关特殊婴幼儿的早期家庭教育政策支持和法律保障还有待政府高度重视。

4. 家长对社区指导的需求明显,但参与度低

在社区开展家庭教育的活动中可以发现,家长对于社区的指导需求很大,但由于对家庭教育指导的认知偏差,导致家长的参与度较低,觉得其对自身有些帮助但意义不大,往往更热衷于参加收费高昂的学前机构。这些急功近利的育儿观念需要引起有关部门的关注,思考如何改变家长的教育误区,如何帮助他们树立科学的家庭育儿观念,如何给予0—3岁婴幼

儿符合其身心特点的教育指导服务支持。同时也要看到社区开展服务过程中指导形式单一、没有系统化和规范化、参与的受众面小等问题。以上这些都是目前社区0—3岁婴幼儿家庭早期教育指导工作迫切需要解决的现实问题。

第六节　0—3岁婴幼儿家庭教育的发展趋势与展望

一、0—3岁婴幼儿家庭教育的发展趋势

（一）素质教育逐渐成为家庭教育的主旋律

我国部分家庭，尤其是城市家庭，开始重视孩子的个性发展，重视其认识自然和社会环境的教育，注重从小培养自立自主的精神，注重培养其交往能力和在各种环境中的自我保护能力。从生活自理到同伴交往，家长开始学会放手，让孩子接受锻炼。在公园里我们会时常看到带孩子的家长在耐心地鼓励年幼的孩子自己往前跑或者摔倒后自己爬起来。家长注重孩子的全面发展逐渐成为家庭教育的主旋律。

▲ 图1-15　登山杖借来玩玩，也能帮助婴幼儿发展

《国家中长期教育改革和发展规划纲要（2010—2020年）》中明确提出"学前教育对幼儿身心健康、习惯养成、智力发展具有重要意义。遵循幼儿身心发展规律，坚持科学保教方法，保障幼儿快乐健康成长"。当前0—3岁婴幼儿家庭的早期家庭教育观念趋于多元化发展，然而传统和功利的观念仍然是大部分家庭的主流观念，如何去功利化、重视婴幼儿的全面成长是摆在当前最为重要的婴幼儿家庭教育课题之一。素质教育是注重人的全面发展，尊重人的主观能动性，以提升个体综合素养的教育。对于0—3岁婴幼儿的家庭教育而言，教养者应给予婴幼儿全方位能力上的关注，顺应婴幼儿的发展规律，调动婴幼儿的学习主动性，从根本上促进婴幼儿的身心健康和快乐成长。

（二）从传统家庭向学习型家庭转变

随着信息时代的到来和终身学习观念的形成，我国传统的专制型家教方式逐步瓦解，民主型、学习型家庭正在逐步建立。家庭教育中家长与婴幼儿的角色发生了转变，家长不再是教育实施的主体，而孩子也不再是单一的受教育一方。家长在养育婴幼儿的过程中可以从其身上获取值得学习的方面，也转变为受教育一方。家长与孩子之间相互学习和取长补短正逐渐成为一个新的家庭教育方式，而家长的角色也将从原先的权威型转为民主型和学习型，这样的家庭氛围将会逐步成为主流趋势。

▲ 图1-16　来到家门外,踩踩水塘

(三) 家庭教育从"小家庭"走向"大社会"

随着社会对早期家庭育儿的不断宣传和指导,越来越多的家长意识到现在的家庭教育仅仅局限于在小家庭的教育资源上做到自给自足是远远不够的,而是必须依靠整个社会的力量。只有将家庭教育、幼儿园教育和社区教育密切配合、融为一体,实现合作共育,才能提高教育的力度和质量。因此家庭、幼儿园、社区三方面紧密配合,共同协作教育婴幼儿已成为趋势。为真正实现科学育儿这一目标,越来越多的家长开始有意识地利用区县街道资源,积极参加家长指导中心和亲子园活动,尝试进行家园、社区的合作共育。

(四) 婴幼儿家庭教育逐步受到法律法规的监督和保护

许多国家根据不同的国情制定了一系列法律措施,以确保家庭教育顺利实施。我国改革开放以来,政府正在逐步建立和健全家庭教育的有关法律法规,《未成年人保护法》《家长教育行为规范》都对提高家长的法治意识起到了积极的推动作用。越来越多的父母开始关注这个问题,意识到婴幼儿不是父母的私有财产,其权利是不可侵犯的。

(五) 婴幼儿家庭教育的内容逐步走向丰富多彩

近年来,我国教育领域引进了大量的国外教育理论,传统单一的幼儿家庭教育内容受到了冲击。诸多家庭有意识地借鉴国外的教育思想和方法,对家庭教育的内容进行了拓展,将对婴幼儿进行的生命意识、创新意识、理财意识、合作精神以及环保意识的培养充实到家庭教育中来,使婴幼儿家庭教育的内容逐步呈现出丰富多彩的形态。

二、0—3岁婴幼儿家庭教育的展望

(一) 政策层面

1. 建立健全的早期家庭教育法律保障

家庭是社会最基本的组织形式,而婴幼儿是国家的最弱势群体,国家和地方政府要积极重视婴幼儿家庭教育的立法,保障早期家庭教育的有效开展及婴幼儿的合法权益和人身安全。因此,应尽早组织专家研究制定相关的法律政策,尽快颁布规范婴幼儿家庭教育和监管的法规、文件,对教养人实施的婴幼儿家庭教育进行指导和监督,填补此项空白。同时,在家庭教育政策的推出上要加大力度投入专项资金,扶持各地区开展家庭教育指导,这将更好地增加家长的参与意识,提升重视程度。国家还应积极从宏观层面着手为特殊婴幼儿及其家庭提供政策的支持和环境的保障。

2. 设立多级网络加强社区联动,切实增强家长的参与度和规范化指导

首先要加大社区对家庭教育指导的宣传力度,可以建立大数据平台整合相关信息(包括家长对服务的各类需求信息、社区中每个婴幼儿的家庭教养情况信息等),通过设立多级网络服务站点推进社区内的家庭指导服务及社区与社区之间的资源联通,让家长有更多的不同服务上的选择,也吸引更多的家长来参加社区亲子指导活动,扩大家庭指导的辐射面,同

时规范社区的服务管理，让社区的家庭教育指导模式更专业。在指导的内容上可以设置单一的或多种组合的指导服务菜单，根据教养人的需求提供科学的专业指导并建立相应的监督回访制度，使社区家庭教育指导更系统性和规范化，从而有效促进社区指导整体质量的提升。

3. 加强家庭教育知识的培训宣传力度

我国多数婴幼儿家长对家庭教育的知识储备不足。家长要用科学的理论、扎实的专业知识来武装自己，让自己成为教育的"行家"，并将所学知识落实到孩子的教育实践中。社会应通过媒体宣传、家长联谊会、早教机构、巡回讲座等方式加强对0—3岁婴幼儿家庭教育知识的培训、宣传，让家长掌握科学的营养哺育以及正确的家庭教育方法，学会简单实用的亲子游戏等。

4. 加强对0—3岁婴幼儿家庭教育的研究

目前，我国学者对0—3岁婴幼儿家庭教育的研究不多，0—3岁婴幼儿家庭教育还缺乏理论支持，实践经验尚不充分。因此需要加强对0—3岁婴幼儿家庭教育的研究，利用现代技术的支持，开展多角度、多层次的系统研究，以此促进我国0—3岁婴幼儿家庭教育的发展。

（二）教养观念层面

教育观念是父母在教育子女过程中所持有的对子女及其发展的期望、对子女教育的看法和认识。良好的家庭教育需要科学的教育观念。

1. 科学的儿童观

家长的儿童观是实施家庭教育的基础，它主导着家庭教育的定位和方向。社会的发展要求我们必须建立现代的、科学的儿童观，必须认识到，婴幼儿是自然人，也是社会人，有其自身的发展规律，同时应该享受同等的社会地位和应有的权利。家长要尊重婴幼儿的人格和尊严，尊重婴幼儿自身的特点。

2. 科学的儿童发展观

科学的儿童发展观能有效指导家长促进婴幼儿的发展。家长必须尊重婴幼儿的发展规律，了解婴幼儿发展的顺序性、差异性、阶段性等规律特点，科学地引导婴幼儿发展。婴幼儿的发展需要其主动地活动，自发地在环境中学习。这种学习不需要他人的指导、奖励或惩罚，而是来源于婴幼儿的内部需要，是婴幼儿主动进行的活动。婴幼儿就是在这种不断主动与外界刺激进行联系、互动的活动中得到发展的。因此，家长在教育中应注意调动婴幼儿的积极性，发挥婴幼儿的主体性。

▲ 图1-17 用游戏引起孩子的兴趣

3. 科学的教育观

首先，家庭教育必须促进婴幼儿的和谐发展。家长要重视婴幼儿的全面培养，让婴幼儿获得身心和谐的发展。其次，家长应关注婴幼儿可持续发展的需要，应尽量放手让婴幼儿在自主活动中获得经验，增长能力。此外，家长要成为婴幼儿成长的支持者，婴幼儿在很多方面发展尚不成熟，需要家长为婴幼儿的成长提供帮助。

（三）教养方式层面

科学的教养方式是婴幼儿健康成长的重要因素。研究表明，在氛围良好的家庭中成长的儿童，其智商和情商高于在氛围差的家庭中成长的儿童。只有采取科学的教养方式才能营造良好的家庭心理氛围，这种氛围主要表现为平等、理性、开放。

1. 平等

婴幼儿是具有独立人格的个体。家长应该把婴幼儿看成和自己一样平等的人，尊重婴幼儿的兴趣和需求，并与婴幼儿平等对话。"蹲下来，与孩子平视"是家长和婴幼儿沟通、交流时应遵循的原则，这样婴幼儿在成长中才有安全感，并乐于在家长面前说出自己的意见和要求，真正成为家庭中的平等一员。同时，也能让婴幼儿在与家长相互尊重的过程中，懂得谦让和尊重他人。

▲ 图1-18　儿孙乐开怀

2. 理性

在家庭教育中，家庭成员，特别是父母，不但要用无私的爱来关爱婴幼儿，更需要情感与理智相结合，使婴幼儿的身心得到健全发展。家长要针对婴幼儿的身心发展特点对他们进行教育，既不放纵，也不过分限制、强迫婴幼儿。在教育的过程中，家长要时刻保持清醒的头脑，约束自己在心理上的冲动，做出理性的反应行为。家长尽量不要训斥、指责婴幼儿，要选择适合的方式从正面鼓励婴幼儿，帮助他们成长。

3. 提供有准备的环境

家长要为婴幼儿准备专门的游戏区，使他们愉快地体验、自由地探索，精神充实。例如，可以提供多样化的材料来促进孩子身体协调性、观察力、注意力、认知能力、创造能力的发展等。家长还可以利用废旧物品与婴幼儿一起自制玩教具，既可以增进亲子感情，又可以促进婴幼儿创造力的发展。

4. 实践和理论并重

我们应当认识到早期家庭教育首先要重视对父母的教育。作为家长应加强自身的育儿理论学习，较好地掌握婴幼儿的生长发育规律和婴幼儿的心理常识，学会以日常良好的言行举止教育、影响婴幼儿，树立科学的早期家庭教育理念，建立良好的亲子互动方式，促进亲子互动的良性发展，这将有助于婴幼儿良好性格和亲社会行为的塑造和养成，会使其受益终生。因而父母以及祖辈要经常找时间来自学或参加专业的家庭教育指导，或通过学习交流、利用网络等其他形式提高自身的理论水平，并通过积极的实践提升亲子互动质量。

思考与练习

1. 0—3岁婴幼儿家庭教育的作用体现在哪些方面？
2. 谈谈你对0—3岁婴幼儿家庭教育的原则的理解。
3. 就0—3岁婴幼儿家庭教育的不同方法分别举几个实例。
4. 根据0—3岁婴幼儿家庭教育的发展趋势和展望谈谈自己的感想。

推荐资源

1. 纸质资源

(1) 关颖.社会学视野中的家庭教育[M].天津：天津社会科学院出版社,2000.

(2) 胡晓凤,等.陶行知教育文集[M].成都：四川教育出版社,2007.

(3) 赵忠心.家庭教育学(第三版)[M].北京：人民教育出版社,2017.

(4) 蒙台梭利.童年的秘密[M].单中惠,译.北京：中国长安出版社,2010.

(5) 卢梭.爱弥儿[M].彭正梅,译.上海：上海人民出版社,2011.

2. 视频资源

(1) 微课程"家庭游戏'躲猫猫'",上海市普陀区早教中心制作①。

(2) 微课程"家庭阅读角",上海市普陀区早教中心制作。

---

① 本书中由上海市普陀区早教中心制作的视频资源,可访问微信公众号"上海市普陀区早期教育指导中心",点击底部菜单栏中的"口袋早教",进入"家长学堂",查询并观看视频。

第二章

0—3岁婴幼儿家庭教育指导概述

学习目标

1. 理解家庭教育指导的内涵，了解家庭教育指导的价值与意义
2. 初步了解婴幼儿家庭教育指导中存在的主要问题
3. 掌握婴幼儿家庭教育指导的任务和内容，并了解指导的方式与途径

本章导览

0—3岁婴幼儿家庭教育指导概述

0—3岁婴幼儿家庭教育指导的意义

◇ 0—3岁婴幼儿家庭教育指导的定义
◇ 0—3岁婴幼儿家庭教育指导的意义

0—3岁婴幼儿家庭教育指导的任务与内容

◇ 帮助家长树立正确的育儿理念
◇ 指导家长积累科学的育儿知识
◇ 协助家长改变不合理的育儿行为

0—3岁婴幼儿家庭教育指导中存在的主要问题

◇ 指导意识薄弱
◇ 指导能力不足
◇ 指导内容片面
◇ 指导方式单一

0—3岁婴幼儿家庭教育指导的方式与途径

◇ 集体指导
◇ 个别化指导
◇ 线上线下的文字、影像资料的推送与提供

0—3岁婴幼儿家庭教育指导的评价

◇ 婴幼儿家庭教育指导评价的原则
◇ 婴幼儿家庭教育指导评价的内容
◇ 婴幼儿家庭教育指导评价的方法

2岁半的萌萌在早教中心参加活动时,总是一言不发。萌萌的外婆常常在一旁催促她:"你在家里不是话很多的么,怎么出门就不说了呢? 到底是像谁,怎么那么怪。"早教中心的王老师发现了萌萌的这个问题,多次和外婆沟通,尝试分析萌萌不开口的原因,建议外婆以鼓励为主,不说负面、催促的话来强迫萌萌开口。经过几次沟通,外婆的言行有了改变。上个月,萌萌第一次开始主动和王老师打招呼,说了"你好"。从这则案例中,不难看出家庭教育指导对于家长和婴幼儿的作用,本章将介绍家庭教育指导及其具体内容。

第一节　0—3岁婴幼儿家庭教育指导的意义

　　家长作为孩子的第一任教师，对孩子不仅起着启蒙作用，更有着终身影响。但有许多家长没有经过科学系统的学习，缺乏专门的教育知识和素养，面对孩子纷繁复杂的成长问题常常不知所措，这就对家庭教育指导工作提出了新的要求。为0—3岁婴幼儿家庭提供系统有效的专业指导，不仅可以帮助家长提升家庭教育的质量，更有助于开启婴幼儿良好的人生开端。

一、0—3岁婴幼儿家庭教育指导的定义

　　家庭教育指导是指社会和儿童教养机构根据家庭教育过程中存在的问题、家长的困惑和需要，向家长提供帮助的过程。[①] 0—3岁婴幼儿家庭教育指导是指社会或早期教育指导机构等面向0—3岁婴幼儿家庭，以家长面临的教、养问题的解决为主要内容，通过多种途径和方法，旨在帮助家长了解婴幼儿身心发展规律和科学育儿知识、提高科学育儿能力的系列活动。具体可以从以下方面进行理解。

（一）婴幼儿家庭教育指导的对象是0—3岁婴幼儿家长

　　0—3岁婴幼儿家长既包括婴幼儿的父母，也包括婴幼儿日常的主要教养人，如祖辈、保姆等。家庭教育指导的目标主要是向教养人传递科学育儿理念，提升其科学育儿的能力。

（二）婴幼儿家庭教育指导的主体丰富

　　实施家庭教育指导的单位包括教育部门、卫计部门等，具体落实的机构包括：早期教育指导中心、早教托育园、妇婴保健院、社区、公共媒体等。

（三）婴幼儿家庭教育指导是一个双向互动的过程

　　家庭教育指导基于婴幼儿家庭中遇到的具体问题，以实际问题为导向，具有较强的针对性和实用性。指导主体为婴幼儿家庭提供家庭教育的一般理论以及具体的指导策略，家长通过反思发现家庭教育存在的问题，分享家庭教育经验，为指导主体提供新鲜素材。

　　我国的家庭教育指导起源于家校合作，从上世纪90年代被正式提出以来，家庭教育指导工作得到了突飞猛进的发展，国家层面出台了多部文件规范家庭教育指导工作。21世纪以来，随着早期教育事业的蓬勃发展，0—3岁婴幼儿的早期家庭教育指导工作也日益受到关注，应运而生的是各类亲子早教指导站、早教中心、早教指导教师等。这一新兴职业的职责就是传授家庭教育知识、分析解决家庭教育问题，以及提供其他相关服务。

上海市科学育儿指导公益活动

　　上海市每年会在全市范围内开展大型科学育儿指导公益活动——"育儿加油站"。

[①] 李洪曾.学前儿童家庭教育[M].大连：辽宁师范大学出版社，2002：264.

▲ 图2-1 上海市科学育儿指导活动现场

2011年以来,"育儿加油站"在市教委的指导下,坚持以指导家长为核心,通过活动影响力加强家庭科学育儿指导队伍的建设,同时聚焦当前家长关注的热点议题,汇聚学前教育、心理、医学专家资源,通过线上、线下的指导,帮助家长掌握会照料、会抚爱、会陪玩、会倾听、会沟通、会放手、会等待等"合格家长"的"七个会"技能,从而提升家庭科学育儿的意识与水平。

如2018年上海市科学育儿指导公益活动普陀区专场,邀请了华东师范大学的多位专家学者以及普陀区12个幼儿园的24位教师莅临现场为家长提供面对面咨询,解答家长关于"入园入学"的种种疑问。除此之外,还推荐了"探索游戏""绘本天地""快乐足球"等十余种游戏指导活动,指导家长做"会陪玩"的合格家长,将实用、高质量的亲子互动方法带回家庭教养生活中。

拓展阅读

父母须知的家庭教育30条原则

(1) 任何时候都对孩子满怀希望。

(2) 经常了解孩子喜欢什么,让孩子在家里感到很快乐。

(3) 经常鼓励孩子,当孩子遇到失败的时候,不要泼冷水。

(4) 要求孩子做到的,父母首先做到。

(5) 父母不在孩子面前争吵。

(6) 不对孩子说外祖父母或祖父母的坏话。

(7) 能向孩子承认自己的错误。

(8) 不在别人面前数落孩子。

(9) 当别人指出孩子的缺点时,不护短。

(10) 正确面对孩子的"为什么",知之为知之,不知为不知。

(11) 经常带孩子到大自然中去玩。

(12) 每天都给孩子自由活动的时间和空间。

(13) 每天带孩子到户外活动。

(14) 鼓励孩子主动做事,即使失败了,也认为是值得的。

(15) 经常和孩子讨论各种问题,加强双方思想情感的沟通和交流。

(16) 孩子有话对你说时,不管你多忙也要耐心倾听。

(17) 批评孩子时,允许孩子辩解和反驳。

(18) 不对孩子说"就你笨,什么都不会做"之类的话。

(19) 一般不强迫孩子,给孩子自己选择和判断的机会。

(20) 对孩子许诺的事,说到做到。

(21) 欢迎孩子的小伙伴来家里玩。

(22) 注意孩子的情绪变化,了解其心理需求。

（23）在家里,给孩子一个属于自己的天地。

（24）给孩子买玩具不宜过多和过于高档。

（25）不要动不动就恐吓孩子。

（26）经常与老师保持联系。

（27）家里有大事,尽量征求孩子的意见。

（28）孩子犯错误时,不要与孩子算陈年旧账。

（29）不要纵容孩子的攀比心理。

（30）不要对孩子不闻不问或放任自流。

二、 0—3岁婴幼儿家庭教育指导的意义

对0—3岁婴幼儿家庭进行科学有效的指导有着特殊的意义,它不仅是家庭解决日常家庭教育需求的有效途径,更是一项利国利民的公益事业,直接影响着国民素质的提高和家庭生活水平的提高。

（一） 家庭教育指导有利于国民素质的提升

家庭教育是现代教育的起点,是学校教育和社会教育的基础,不仅影响着学校教育的开展,更影响着教育质量、国民素质的发展。提高家庭教育的质量,提升家长的素质是国家提升国民素质的有效途径,即可以从源头上提升国民素质。在教育改革的大背景下,0—3岁婴幼儿托育的相关机构、教师和家长更清晰地认识到家庭教育和机构教育要形成合力,共同促进婴幼儿的健康成长。家庭教育指导工作的重要性日益突出,对每个家庭提供专业指导逐步成为社会发展的必然趋势,成为一项不容小觑的教学任务。

（二） 家庭教育指导有利于家长教育水平的提升

虽然,作为孩子第一任教师的家长,对于孩子的启蒙十分重要,但有许多家长没有经过科学系统的学习,缺乏专门的教育知识和素养,面对孩子的成长问题常常不知所措,这就对家庭教育指导工作提出了新的要求。为0—3岁婴幼儿家庭提供系统有效的专业指导,不仅可以帮助家长提升家庭教育的质量,更有助于开启婴幼儿良好的人生开端。

目前我国专门的0—3岁早期教育指导中心和托幼机构还较少,0—3岁婴幼儿家庭教育仍处于一种自由、自发、自生的状态。0—3岁婴幼儿家长在教育中面临的困难和挑战日益突出,具体表现在:一方面,重养育轻教育,婴幼儿家长常常在照顾孩子起居、生活方面十分细心,而对于性格培养、习惯养成方面则有所忽视,往往将教育等同于知识的学习。同时,对于孩子生活方面无微不至的照料常常也可能会滋生溺爱。另一方面,重教学轻方法,随着社会的发展、家长对于婴幼儿教育的日益重视,他们热衷于教婴幼儿学习各类知识,但对于婴幼儿身心发展的特点和学习的特性缺乏了解,

▲ 图2-2 家长参与家庭教育指导

以说教代替真实物体和操作,自身缺乏知识经验,这些都体现出家长的教育水平亟待提高。科学有效的家庭教育指导,能够向家长传递科学育儿的理念、科学育儿的方法,提高家长科学育儿的水平。

(三) 家庭教育指导有利于婴幼儿的健康发展

婴幼儿自出生之日起就作为一个社会成员进入家庭,家庭是他们生活的第一站。有人说,婴幼儿是一张白纸,很容易涂上各种颜色。由此可见,在婴幼儿早期,家庭及家长对其成长的影响非常之大。教育质量堪忧的家庭会给婴幼儿带来不良的影响。正如之前所报道的,南京市一名工人由于患有精神性心理疾病,生怕孩子受到迫害,因而从小长期将三个孩子锁在家中,使他们长达数十年与外界隔离,最终造成语言发育严重迟缓、智力发展远落后于同龄人等后果。由此可见,家庭教育对婴幼儿的身心健康有巨大影响。而有着良好家庭教育的婴幼儿,他们身体健康,性格活泼开朗,乐意与人亲近。因此,及时发现、诊断出婴幼儿家庭教育中存在的问题,有针对性地向家长提出改进措施,得到家长的支持和实施,有利于营造良好的家庭教育环境,进而促进婴幼儿的健康发展。

拓展阅读

古往今来,众多名人的成才,与他们良好的家庭教育密不可分。例如剧作家歌德,两三岁时父亲就带他到野外,让他观察自然,培养歌德的观察能力。三四岁时,父亲教他唱歌、背诗歌、讲童话故事,并有意让他在众人面前演讲,培养他的口语能力。

▲ 图2-3 歌德

(四) 家庭教育指导有利于早教机构教育职能的完善

众所周知,家庭教育和学校教育是相互支持、相互补充的。0—3岁婴幼儿的身心发展水平还尚且稚嫩,因而主要活动场所是在家庭中,这就决定了0—3岁婴幼儿的家庭教育与早教机构之间的关系非常紧密。

早教机构是专门的教育机构,作为学校教育的一个分支,早教机构也有专门的教育工作者,机构对于家长和婴幼儿承担一定的教育责任。但正如前文所说,0—3岁婴幼儿的教育不同于学龄后的教育,它是以家庭为主要场所,机构教育作为辅助的。因此,早教机构教育职能的实现离不开家庭的支持与配合。

首先,家长作为早教机构教育的对象之一,他们原本的学习动机、品质、习惯、兴趣等不尽相同。有效的家庭教育指导,能够指导家长树立科学的学习观,帮助家长正确认识家庭教育与机构教学之间的关系,激发家长的学习动机,从而在实践中更加积极主动配合早教机构,贯彻落实早教机构的指导与建议,家园合作,实施更优质的家庭教育。

其次,家长作为早教机构重要的信息源之一,为早教机构提供实时的问题现象以及研究的素材。一方面,早教机构中实施的教育不同于一般意义上的学校教育,它是一种基于问题与需要的教育,每个家庭所面对的教育问题和困惑不同,这就需要家长和教师进行真诚的沟通,继而针对问题提出解决对策。只有家长提供的信息真实并且愿意配合实施,教师才能真正完成有效的家庭教育指导,实现机构的职能。另一方面,早教机构常常还兼具一定的研究职能,会针对家长提供的案例开展教研,因此早教机构研究职能的实现与完善也离不开家长与家庭。

案例 2-1

家园共育,助力幼儿成长

走进上海市普陀区早期教育指导中心,远远地就能看到学校大门口站着的家长志愿者:在平日,他们参与学校安全保卫;每学期,会有家长定时进课堂,为孩子带来更生动的教育素材;此外,还有家委会成员定期进入学校的后厨、课堂等,予以监控。

家长进入机构,有助于帮助家长了解机构的活动,建立信任;同时,也能有效整合利用多方资源,为孩子提供更优质的教育资源。

▲ 图2-4 家长进课堂

▲ 图2-5 家长志愿者

第二节　0—3岁婴幼儿家庭教育指导中存在的主要问题

随着家长对孩子成长关注度的深入，对家庭教育作用认识的深刻，更多的家长开始期望能为孩子提供良好的家庭教育。针对目前很多年轻的婴幼儿家长虽有着强烈的科学育儿愿望，但家庭教育能力不足的问题，各类社区、媒体、早教机构等均组织开展家庭教育知识普及等家庭教育指导工作。但由于我国专门的0—3岁婴幼儿早期教育的研究机构、托幼机构较少，0—3岁婴幼儿早期教育指导处于一种自由、自发的状态，0—3岁婴幼儿家长教育指导面临的问题和挑战显得尤为突出。

一、指导意识薄弱

0—3岁婴幼儿家庭教育指导的意识薄弱表现在以下两方面。一方面，是指导者对家庭教育指导的意义了解不够深刻，常常想用一套模板解决所有问题，缺少有针对性的、分层指导的意识。由于婴幼儿家庭教育指导的对象是婴幼儿家长，每个家庭的环境不同，每位家长的阅历不一，这就决定了家庭教育所面临的问题往往是具体的、特殊的教育问题，这些问题的解决需要有针对性的专业指导，因此对家庭教育指导者来说，他们面临的挑战也是巨大的。另一方面，0—3岁婴幼儿家庭教育指导常常渗透在早教机构的亲子活动中，在这一类活动中，常常出现的问题就是教师关注与婴幼儿的互动，而忽略家长的作用，缺乏对家长的关注与指导。

案例 2-2

我会自己吃——亲子活动中协商式早教案例

一、情况介绍

▲图2-6　我不要吃饭

轩轩，25个月，是家里的独生子。在早教班期间，轩轩活泼好动、乐观开朗，愿意跟随教师的指令一起活动。但是在家轩轩却有个不好的习惯，吃饭磨磨蹭蹭，因此妈妈很为轩轩的吃饭问题担心。

二、幼儿存在问题的原因分析

1.与家长商讨幼儿问题的成因

教师：你觉得轩轩在饭桌上主要存在哪些问题？

妈妈：吃饭的时候，只吃两口就等在那里了，提醒他一下，他才意识过来，但吃着吃着又开始发呆了。为了能让孩子吃下热的饭菜，家里的爷爷、奶奶就急忙喂轩轩吃了。

2. 分析

第一，关乎"权利之争"的问题。家中的孩子不肯在吃饭的时间里乖乖地吃饭，与父母本身的态度有密不可分的关系。由于父母对孩子不肯吃饭的行为不了解及不放心，聪明的孩子便会抓住父母的弱点，以不吃饭的行为作为与父母交换条件的筹码，孩子"拒绝吃饭"的理由多数为想与父母做"权利之争"。

第二，放任孩子边吃边玩。孩子边吃边玩会延长吃饭的时间，等到下一顿吃饭的时候又不饿了。

第三，促进孩子的食欲。孩子肚子不饿自然吃不下饭，试着促进孩子的食欲，如增加他的活动量，他的肚子真正感到饿了，自然不会抗拒吃饭。

3. 家园共同协商的策略

阶段一：用餐环境的重现。通过妈妈拍摄就餐时的视频，观察轩轩对于菜品的喜好、家长在进食过程中的行为表现，进一步了解轩轩的生活环境和导致其不愿意吃饭的原因。

阶段二：参与幼儿园集体用餐。轩轩很喜欢早教班的活动和这里的教师，能严格按照教师的要求完成每一项活动。因此在午餐时间，我们邀请轩轩与小班的孩子一起用午餐，并提供了幼儿园的统一餐具和食物。

阶段三：抓住兴趣，激励发展。一周后，在与轩轩妈妈的协商下，我们考虑到轩轩喜欢幼儿园的用餐活动，于是以幼儿园的餐具入手，由幼儿园提供幼儿园的餐具，而轩轩在家用幼儿园的餐具进食。随后，尝试鼓励轩轩与同龄孩子一起玩娃娃家。轩轩在早教班学到了很多如何喂娃娃的游戏，开始学会说："娃娃，样样东西都要吃，吃了会长大的。"

总之，孩子吃饭的问题常常困扰着家长，但每个孩子不爱吃饭的原因又不尽相同。当家长有疑问向教师提出时，教师首先要与家长进行充分交流，了解婴幼儿及其家庭的基本情况，可以通过对话、视频录像、现场观察等方式寻找孩子出现问题的真正原因，再提出针对性的建议和意见。

二、指导能力不足

在我国，家庭教育的指导者主要是教师。但目前，0—3岁婴幼儿家庭教育指导中存在的显著问题之一就是教师的指导能力不足。究其原因，一般有以下几点：一是我国的早教机构多数是私立民办的，教师年龄偏低，育儿经验不足，难以很好地指导家长来解决家庭教育中遇到的问题。二是其他领域的专业人才，虽然具有一技之长，但是他们自身工作很繁重，时间和精力都不足以再投入到婴幼儿的家庭指导中。而且目前我国大部分地区尚不具备一个完整的家庭

▲ 图 2-7 究竟我该如何指导

教育培训,专业指导者的指导难以形成体系及保持连贯性。三是由于家庭教育指导的对象是成人,指导者与家长的沟通也成为一个挑战。

三、指导内容片面

前文提到婴幼儿家庭教育中存在的显著问题之一是重养育轻教育,存在教育内容较为片面的问题,而在家庭教育指导中同样存在这一类问题,即指导的内容具有较强的偏向性:比如早教机构教师在进行家庭教育指导时,偏向于教育领域,对于养育、保健方面的指导较少涉及;妇婴保健医生进行家庭教育指导时,集中于营养保健,对于其他领域的内容也几乎没有涉及。这一问题出现的主要原因是:现在家庭教育指导的各指导者之间尚没有连结成有效的网络,家庭教育指导内容缺乏体系性。

四、指导方式单一

婴幼儿家庭教育指导中主要的集体指导方式是讲座、亲子活动和家长沙龙,个别化指导方式主要是面谈和微信。其中,最常用的集体指导方式是亲子活动,最常用的个别化指导方式是面谈。在文字、影像资料介绍方面,主要有书籍和公众号文章,其中最常用的就是公众号文章。

相比于其他年龄段的家庭教育指导方式,0—3岁婴幼儿家庭教育指导方式相对少,就比如幼儿园中常见的半日开放活动等,在0—3岁这一年龄段使用得并不广泛。这其中最主要的原因就是大多数婴幼儿是散居在家庭中的,没有特定的学校,散居婴幼儿数量大、流动性大,因而社区能够提供给散居婴幼儿的家庭教育指导在数量上偏少,在方式上也较为单一。

第三节 0—3岁婴幼儿家庭教育指导的任务与内容

0—3岁婴幼儿家庭教育指导的任务是开展指导工作的出发点和落脚点,其核心在于更新家长理念,提升家长素质,实现科学育儿,促进婴幼儿健康成长。

一、帮助家长树立正确的育儿理念

育儿理念作为家长对婴幼儿发展和各项育儿活动所持有的看法,会对家长的各种育儿行为产生深刻的影响作用。因此,家庭教育指导的首要任务就是要帮助家长树立更科学的儿童观,使家长更好地认识育儿这件事情,即对婴幼儿的教育形成科学全面的认识。一方面,要让家长意识到0—3岁婴幼儿家庭教育的重要性,盲目或纵容的家庭教育可能会贻误孩子的一生;另一方面,家长要形成自己的育儿哲学,包括想要培养什么样的孩子、希望如何去培养等问题,树立正确的育儿理念。

现代科学育儿的新理念

尊重孩子的独立性,给予他们信任、自由和自尊。

相信孩子。看到每个孩子的独特的个性,用纵向比较代替横向比较,积极地为孩子创造适合他们发展的条件,鼓励他们大胆地去活动、去实践。

养儿要心宽,多一点童趣,学会调节自己的心态,创造宽松的氛围,不要给孩子太大的压力。快乐的童年让人终身受益。

▲ 图2-8　爸爸陪你一起玩

二、 指导家长积累科学的育儿知识

育儿知识主要是指有关婴幼儿身心发展的知识和相关的家庭教育理论。丰富科学的育儿知识,是婴幼儿家庭实施科学育儿的基础。

众所周知,0—3岁的婴幼儿身心发展速度快,生长发育水平日新月异,发展具有不平衡性与阶段性。帮助家长全面了解婴幼儿的身心发展规律,了解不同年龄阶段婴幼儿的身心发展水平,有利于使家长知道如何创造适宜的条件,以促进婴幼儿健康发展。除此之外,帮助家长了解影响婴幼儿身心发展的各方面因素,有利于家长寻找适合的教育方法,营造适宜的育儿环境。

指导家长获得婴幼儿的身心发展知识是帮助他们解决依据什么教的问题,但怎么教就成为家长和指导者关心的第二个关键问题。为此,向婴幼儿家长传递家庭教育理论,帮助他们理解家庭教育的原理,了解促进婴幼儿心理发展、语言发展、动作发展等的相关方法,明确各环节家庭教育的内容、任务、策略等也成为了指导者工作的重点。

宝宝口齿不清，真心烦

康康马上就要三岁了，吐字发音还是不清楚，比如常常将"爸爸"叫成"发发"，"我要"说成"我奥"，很多话只有家人才能勉强辨别出来。为此，全家都很焦虑，担心他长大后也会口齿不清。妈妈特意找到老师，想求助是否需要去医院检查。

类似于康康的问题其实并不罕见，口齿不清是0—3岁婴幼儿常常会遇到的语言问题，建议家长了解婴幼儿的语言发展规律，及时寻找这一问题的原因，究竟是暂时的发音不清还是语言发育迟缓，是先天的还是后天教育引起的，并尽早检查，进行干预。

三、协助家长改变不合理的育儿行为

只是停留在理论、思想层面的家庭教育指导并不能带来良好的家庭教育效果，正确的育儿理念、科学的育儿知识只有转化为家长良好的育儿行为才能产生实际的成效。这就需要指导者在日常的活动中、在与婴幼儿家长的沟通中发现婴幼儿家长家庭教育中存在的不合理的育儿行为和问题，并提出建议，协助家长解决问题。婴幼儿家长在指导者的帮助下改变不合理的育儿行为的过程，也是他们理念和知识理解的深化。每个婴幼儿家庭的背景、环境不同，出现的不合理育儿行为也不相同，需要具体问题具体对待，但广大婴幼儿家庭也存在很多共同性的不合理育儿行为，如轻易满足婴幼儿的不合理要求、过分关注婴幼儿智力的培养，等等。

如何应对孩子的不合理要求

0—2岁的孩子语言功能还不完善，如果爸爸妈妈对他讲比较复杂的道理，孩子可能会听不明白。建议家长直接对孩子说"不可以"或是对他摇头。

2—4岁的孩子正处于人生第一个"反抗期"。对这个时期孩子的不合理要求，"冷处理"是个不错的办法。当孩子大吵大闹的时候，不去理睬他，等事后双方都冷静下来了，再跟他讲道理。

"反抗期"的孩子还会产生一个错觉，那就是我无所不能，我什么都可以，虽然事实常常是——做不到，哇哇大哭。这时爸爸妈妈不要以此为乐，嘲笑他们，而是要试着去理解和引导，帮助他们掌握生活技巧，让他们在自己动手的过程中获取成就感。

当然，设置底线也是重要的一点。聪明的孩子早早就学会了用哭泣换取自己想要的东西。如果孩子哭闹不止，就给他一点时间冷静，待孩子冷静后再耐心沟通，什么时间该做什么事，在多次哭闹妥协的博弈过程中，孩子会渐渐摸到成人的底线。

第四节　0—3岁婴幼儿家庭教育指导的方式与途径

　　家庭教育指导的方式与途径是指指导者有目的、有计划地指导家长，对家庭教育产生影响的方式和方法。家庭教育指导常用的方式与途径是：集体指导，个别化指导，线上线下的文字、影像资料的推送与提供等。

一、集体指导

（一）亲子活动

　　亲子活动是指学前教育专业人员（早教中心、托幼机构、社区等）组织的家长和婴幼儿共同参加的活动。亲子活动的内容生动有趣，寓教于乐，在活动中指导者向家长传递理念与知识，对家长进行指导。除了指导者与家长的互动外，不同家庭之间，也可以相互学习、发生互动。

　　相对于幼儿园集体课，0—3岁婴幼儿亲子活动最核心的内容是指导者、婴幼儿、家长三位一体的关系。指导者与婴幼儿的互动体现为：指导者设计、组织、实施亲子活动，使婴幼儿主动快乐地参与并获得发展。家长与婴幼儿的互动体现为：家长作为早期教养的主要角色主动引导婴幼儿参与活动，并随时准备为婴幼儿提供帮助、鼓励和指导。指导者和家长的互动，也就是家庭教育指导，主要体现为：在指导者示范的过程中，向家长阐释活动价值与婴幼儿身心发展的特点；在亲子互动中，指导者对家长进行观察，指导其进行亲子互动；在结束时，对婴幼儿的发展特点和家长的指导状态作出分析，并为家长提供在家庭中进行活动迁移的方法。在愉快和轻松的氛围中，家长潜移默化地学习育儿理念，丰富育儿知识，走出育儿误区，提高科学育儿的能力。因此在"教养结合，以养为主"的0—3岁婴幼儿阶段，亲子活动是被广泛提倡的，高效的亲子活动不仅教了孩子，更教了家长。

▲ 图2-9　和哥哥老师一起做游戏

▲ 图2-10　好玩的彩虹伞

（二）家长会

　　家长会是一种传统的方法，是家庭教育指导的一种基本形式，是机构向家长介绍工作、与家长协调的主要途径之一。0—3岁婴幼儿主要就读的机构是早教中心或托幼机构，一般一学期开一次到两次家长会。

　　按照家长会的类型，一般可以分为：讲座型家长会、介绍型家长会、综合型家长会等。

▲ 图2-11　刚入园，开展介绍型家长会

1. 讲座型家长会

这类家长会与家长学校的性质相类似，通过这类家长会，机构可以向家长宣传教育科学，提高家长的教育水平。例如早教机构经常在新生入园准备阶段，召开家长会，邀请经验丰富的教师向家长介绍"入园适应"的内容。

2. 介绍型家长会

在婴幼儿刚刚入园时，往往首先由机构教师向家长介绍机构情况，包括教师情况、机构的传统、机构对家长的基本要求、课程设置、作息时间、机构教室设施等。此类家长会可以使家长对机构有大致的了解，有利于家长对机构建立归属感，也有利于展开家庭教育指导。

3. 综合型家长会

这类家长会首先由机构开始汇报机构近期的工作，然后介绍机构活动的情况，请家长观看活动照片、视频等，遇到节日，还要请家长观看婴幼儿的表演等。此外，综合型家长会会鼓励家长发言，征求家长的意见、建议，最后再分别和家长交换个别意见。

（三）专题讲座

机构通常会邀请儿童保健专家、学前教育专家、心理学专家、资深一线教师等，根据家长的需求，围绕相关主题通过讲座的形式集中传递家庭教育的理论知识和实践经验。专题讲座一般采取讲授、提问相结合的形式，能在短时间内为尽可能多的家长普及系统的家庭教育知识，现在已经成为婴幼儿家庭教育指导的一种重要形式。

拓展
阅读

针对婴幼儿家庭的常见讲座

▲ 图2-12　营养讲座

常见的讲座专题有：0—3岁婴幼儿家庭教育的误区与对策、婴幼儿膳食搭配技巧、婴幼儿换季保健、婴幼儿家庭隔代教养问题等。

以上海市某托幼机构面向家长开展的"婴幼儿秋冬食疗与营养菜谱"营养讲座为例。讲座分为三个部分。第一部分为：舌尖上的安全，通过图片讲解的方式，让家长了解机构食堂的运作和整体环境情况。第二部分为：婴幼儿秋冬食疗与营养菜谱，主要是帮助家长了解0—3岁婴幼儿的饮食特点，帮助家长了解在婴幼儿生病时，可以吃些什么来帮助身体的恢复。第三部分为：美食风暴，邀请家长现场来品尝营养员的手艺。

（四）家长沙龙

家长沙龙的主持人一般具有较深厚的婴幼儿教养理论知识与实践经验，常常围绕一个婴幼儿家庭中常见或者具有争议性的问题与家长开展深入讨论，分享经验、交流看法。家长沙龙为家长提供了交流互动的平台，使家长成为沙龙的主角，能充分调动家长的积极性，有利于家长之间总结经验、相互学习。家长沙龙的主题一般来源于生活，来源于让人纠结的育儿问题，例如"孩子不愿意睡觉怎么办""孩子不爱吃饭怎么办""孩子大小便不会叫，要不要提前训练"等。在家长畅所欲言后，一般主持人会有一个画龙点睛或者提纲挈领的小结，帮助家长梳理整场讨论的精华。

拓展阅读

家长沙龙剪影

教师：今天我们的沙龙议题是"托幼衔接"，相信这是大家都很感兴趣且想了解的，大家有困惑、疑问可以提出，也欢迎大家分享经验。

家长A：我们家宝宝是八月份出生的，到了班级里就是最小的，又是男孩子，我比较担心他是不是能适应。

家长B：你们家弟弟虽然月份小，但是看起来还是比较活泼的，不像我们家孩子性格内向，怕到了幼儿园不合群。不过我们对吃饭、睡觉比较放心，他从去年2岁开始就一直是自己吃饭了，睡觉从小也一直比较规律，容易入睡。

▲ 图2-13　家长沙龙

家长C：刚刚A妈妈说孩子年龄小又是男孩子，在刚进入幼儿园时估计是会相对弱一点，不过问题不大，我自己就是幼儿园教师，小班教育以快乐适应为主，对于小月龄的孩子，老师一般也会理解的，别太担心。

家长D：我想问问老师，幼儿园一般是怎样的作息时间啊？都进行些什么活动？这样我们在暑假就可以提前准备起来。

在家长的畅所欲言后，教师对疑问进行解答，并小结整场活动。

二、个别化指导

（一）个别化游戏指导

机构一般除了提供集体教育外，还会有分散性的游戏活动。分散性的游戏活动，是指指导者不预设统一的教学目标，而是根据当前主题或其他考虑，投放多种玩具供婴幼儿自由选取摆弄，在轻松自然的环境下，让家长与婴幼儿开展互动。在这个过程中，指导者随机观察婴幼儿家长与婴幼儿的现场互动，与家长进行交流，及时发现家长不合理的教养行为，并给予有针对性的建议；同时，也要发现家长家庭教育行为中的闪光点，提炼并分享给其他家长。

（a）　　　　　　（b）　　　　　　（c）　　　　　　（d）

▲ 图2-14　好玩的小社会情境室，家长和孩子一起玩

（二）个别咨询

个别咨询是指婴幼儿家长与指导者之间一对一的指导。家长可以通过微信、电话、邮件、面谈、家园联系册等方式向指导者咨询问题、交流困惑、寻求帮助。指导者则利用专业知识和教育经验，根据婴幼儿的发展情况、家长介绍的具体信息为家长答疑解惑。个别咨询有利于弥补集体指导活动的不足，更加能满足家长多元化、个性化的需求，可以为婴幼儿家长提供更具针对性的指导服务。

案例 2-4

不爱说话的瑞瑞

瑞瑞快三岁了，每次由奶奶带着到早教中心来上课，已经半年了。但每次上课的点名环节，瑞瑞从来不肯上来，奶奶总是说"这小孩真没用"。但是瑞瑞在上课时有时又会捣乱，吸引老师的注意。

针对瑞瑞的情况，老师课下和奶奶进行了交流。老师了解到，瑞瑞的主要教养人是奶奶，周一到周五都是全天和奶奶在一起，爸爸妈妈住在另外一个区，是一对"周末父母"。了解了瑞瑞的家庭情况后，联系瑞瑞平时的表现，老师建议奶奶不要每次当着瑞瑞的面说"你真没用"这种话，同时建议父母如果有时间，多陪陪瑞瑞，给瑞瑞更充分的关注和陪伴。

三、线上线下的文字、影像资料的推送与提供

政府、社区、早教机构等可以通过微信公众号、网站、短信等线上渠道，或者书籍、杂志、报纸等线下渠道，为婴幼儿家庭提供视频、文字、语音等不同类型的育儿资料，向婴幼儿家长传播早期教育的相关知识和有效策略，更新婴幼儿家长的育儿理念。在信息化的今天，线上渠道的推广，有利于家庭教育指导突破时空的限制，更具有便捷性和可传播性，已经成为当前应用最广、影响面最大、受众人数最多的一种家庭教育指导方式。尤其随着互联网的普

及、"上海科学育儿指导""成长树""二胎妈妈圈"等育儿微信公众号受到家长的热捧,《超级育儿师》《超级保姆》等育儿真人秀节目的播出也为很多婴幼儿家长提供了教育启发。当然,还有众多优秀出版物的面世,为家长提供了丰富育儿知识的好选择。

适合家长阅读的书籍介绍　　拓展阅读

(1) 松田道雄著,王少丽主译:《育儿百科》,华夏出版社 2010 年版。

(2) 本杰明·斯波克著,罗伯特·尼德尔曼修订,哈澍、武晶平译:《斯波克育儿经(第9 版)》,南海出版社 2013 年版。

(3) 帕蒂·惠芙乐著,陈平俊等编译:《倾听孩子——家庭中的心理调适(第 3 版)》,北京大学出版社 2016 年版。

(4) 海姆·吉诺特著,张雪兰译:《孩子,把你的手给我(最新修订版)》,北京联合出版社 2018 年版。

(5) 阿黛尔·法伯、伊莱恩·玛兹丽施著,安燕玲译:《如何说孩子才会听 怎么听孩子才肯说》,中央编译出版社 2013 年版。

(6) 孙瑞雪著:《爱和自由》,中国妇女出版社 2013 年版。

(7) 孙瑞雪编著:《捕捉儿童敏感期》,中国妇女出版社 2013 年版。

(8) 李跃儿著:《谁拿走了孩子的幸福》,国际文化出版社 2013 年版。

第五节　0—3岁婴幼儿家庭教育指导的评价

教育评价就是衡量教育工作的价值。0—3 岁婴幼儿家庭教育指导的评价,即收集教育指导系统各方面的信息,并依据一定的客观标准对 0—3 岁婴幼儿家庭指导的发展状况和婴幼儿家庭教育指导的过程、内容、方法、效果等进行客观的衡量和科学的判断的过程。对 0—3 岁婴幼儿家庭教育指导评价的认识,是随着家庭教育和早期家庭教育指导的认识的深化而逐步萌芽和发展起来的。对家庭教育指导的评价是婴幼儿家庭教育指导过程中不可缺少的一个环节,它调节、控制着整个教育指导过程,使之朝着家庭教育指导的预期目标前进,并最终达成目标。

一、婴幼儿家庭教育指导评价的原则

家庭教育指导评价的原则是在进行家庭教育指导时必须遵守的基本要求。无论是谁来进行评价,都必须遵守以下的原则。

(一) 客观公正性原则

客观公正性原则是指实施家庭教育指导评价时,必须采取客观的、公正的、实事求是的态度,而不能凭主观臆断或掺杂个人的情感因素,并以此妄加评论,妄加指责,这是进行家庭教育指导评价的最基本的原则。实践证明,家庭教育指导评价如果是客观的,就可以促进家庭教育指导活动的开展与改进工作,反之则会产生阻碍的作用,使得评价失去其真正的意义。

在家庭教育指导评价中要遵循客观公正性原则,首先,要求评价者根据客观公正的评价方法和手段,根据教育指导目标来实施评价,评价标准一旦确定,就不能随意改动。其次,要求制定的标准应适合每一个评价对象,否则,就不能称为客观公正的标准。再次,要求在实施评价的过程中,要以客观公正的态度对待每一个评价对象,不能因评价者本人的好恶而使评价结果出现偏差。如果评价者不能以客观公正的态度对待评价对象,在评价过程中包含主观成见或个人情感色彩,则会产生不良的后果。

（二）连续全面性原则

家庭教育指导实践是一个不断地运动、全面性发展的过程,家庭教育指导评价必须是连续不断地对家庭教育指导活动的各个组成部分和各个构成要素进行全面的评价。这就要求评价者既要对家庭教育情况进行评价,又要对教师的教育指导进行评价;既要对婴幼儿的行为进行评价,也要对家长的陪伴行为进行评价;既要对家庭教育指导的目标进行评价,又要对家庭教育指导的内容和方法进行评价;既要对形式、方法的选择和利用进行评价,又要对教师与家长、婴幼儿的互动情况进行评价;既要对静态的活动结果进行评价,又要对动态的活动过程进行评价。同时评价者所用的评价方法和评价工具还应有连续性,对婴幼儿家庭教育指导的评价记录资料应妥善安置,形成制度,只有这样才能保证评价的连续性和全面性。

（三）针对性原则

家庭教育指导评价的目标在于改进指导,所以对家庭教育指导目标的达成既要有量的显示,又要有质的评定。这样不仅能看出达成目标的数量和程度,还能看出达成的各种具体情况,以便找到原因,有针对性地进行教育指导。如对家长参与集体活动的评价,在不同时期分别对家长的陪伴行为、指导情况进行记录,找到问题,分析原因,这样就能有针对性地对家长参与集体活动的状况进行分析和指导。

二、婴幼儿家庭教育指导评价的内容

（一）对婴幼儿家庭教育指导发展状况的评价

婴幼儿家庭教育指导的对象包括婴幼儿、家长。因而在对其开展评价时,首先需要对婴幼儿及家长的目标达成程度进行评价。其中,婴幼儿教育活动目标的制定通常立足情绪情感和经验能力两大维度,所以在考量婴幼儿目标达成上主要考量情绪情感目标的达成和经验能力目标的达成,又由于0—3岁婴幼儿"以养为主、教养结合",且婴幼儿发展存在较大个体差异性,因此较少有机构对婴幼儿经验能力的达成做标准的量化评价,而对情绪情感部分关注较多。另外,亲子活动性质的独特性决定了活动目标的制定还应当包括针对家长的,因此在进行评价时,要考虑家长的目标达成度。其次,需要对婴幼儿及家长的参与度进行评价:记录活动过程中婴幼儿和家长参与活动的程度、注意力的集中程度、情绪愉悦的表现、与教师的互动情况等。

表2-1 上海市 T 区 2—3 岁亲子班某婴幼儿评价表

填表日期 要点	1	2	3	4	5	6	7	8	9	10
洗手(☆、○、△)										
晨检(☆、○、△)										
坐着吃点心(☆、○、△)										
尝试脱鞋(☆、○、△)										
和成人一起玩(☆、○、△)										
与成人打招呼(☆、○、△)										
哭闹行为(√、/)										
攻击性行为(√、/)										
表达便意(√、/)										

注：☆——表示愿意、○——表示不愿意、△——成人辅助；"√"表示"有"、"/"表示"无"。用文字具体描述攻击性行为。如婴幼儿当天未出勤，请用"/"表示。

表2-2 上海区 T 区 2—3 岁亲子班婴幼儿家长评价表

其宝宝姓名 要点	1	2	3	4	5	6	7	8	9	10
关注婴幼儿的活动情况										
进入班级后,与他人进行互动										
在活动中提供支持与帮助										
在教师引导下调整互动方式										
遵守集体活动规则										
融入各环节活动										
根据活动要求与婴幼儿进行互动										
利用环境、材料进行互动										

（二）对婴幼儿家庭教育指导活动的评价

对婴幼儿家庭教育指导活动的评价应建立在对指导对象实际了解的基础上,并对以下方面进行评价：教育指导活动的目标、内容、组织形式,环境是否向家长传递科学的理念、向婴幼儿提供有效的学习经验,活动能否有效地促进他们朝目标发展；教育指导活动的内容、方式和环境条件能否调动家长和婴幼儿参与活动的积极性,有利于他们主动学习;活动的内容、方式是否能兼顾群体需要和个体差异,从而使每个参与的家庭都能有进步和成功的体验;教师的指导是否有利于家长和婴幼儿进一步探索和思考等。

(三) 对教师的评价

在婴幼儿家庭教育指导活动中,对教师本身的评价也是一个很重要的方面。有效的评价可以促进教师自身的发展,促进家庭教育指导活动目标的达成,提高婴幼儿家庭科学育儿的能力。对教师进行评价,主要从以下几个方面考虑。一方面是教师的专业素质:教师的口语表达能力和普通话水平、教师对于示范性表达的注意程度、教师对于婴幼儿月龄发展阶段特征的掌握程度、教师对于家长需求的解读与沟通、教师对于活动的组织与实施、教师是否积极进行随机的家庭教育指导。另一方面是教师与婴幼儿、家长的互动情况:教师是否发挥了主动作用、教师能否创设有利于激发婴幼儿及家长参与活动的物质环境和可使婴幼儿及家长主体性作用发挥的精神环境、教师与婴幼儿及家长在活动过程中的交往是否和谐融洽、积极主动等。

表2-3　上海市T区2—3岁亲子班集体活动教师评价表

项目	评价标准	评价分值	得分
活动价值 (22分)	结合婴幼儿的年龄特点、已有的认知经验制定集体活动计划,活动价值指向婴幼儿与家长两个不同的维度。	8	
	体现本次亲子活动的特质,表述清晰,可操作性强。	7	
	重、难点把握准确。	7	
活动内容 (20分)	适宜地开展亲子集体活动,体现集体活动的价值。	7	
	贴近婴幼儿的生活经验,满足婴幼儿的发展需要,具有挑战性。	7	
	注重挖掘教育素材,有创新精神。	6	
活动准备 (4分)	根据活动目标及内容,创设丰富、多元的游戏环境,发挥各种教育资源的作用。	4	
活动过程 (37分)	围绕活动价值设置游戏环节,环节衔接自然,时间安排合理;突出重点、难点,活动有层次、有递进。	6	
	指导方法多样化,符合婴幼儿的认知规律、游戏特点以及经验基础,能有效地推进婴幼儿发展。	7	
	提问有针对性、开放性和挑战性,能引发婴幼儿的积极回应。	7	
	关注互动形式,积极有效地与家长、婴幼儿进行互动;有针对性地开展指导。	7	
	既能面向全体,又能关注个体差异,体现教学民主。	4	
	有效地进行梳理归纳,活动迁移能体现指导性与在家庭中的延伸。	3	
	能利用所创设的环境、材料与各种资源提高亲子互动的有效性。	3	

项目	评价标准	评价分值	得分
表达展示（17分）	语言规范，表达清楚、流畅、生动，富有感染力。	5	
	表述详略得当，有理有据，逻辑性强。	4	
	在规定时间内完成活动。	4	
	激发婴幼儿良好的活动情绪，培养良好的学习习惯。	4	
总分		100分	

三、 婴幼儿家庭教育指导评价的方法

对婴幼儿家庭教育指导进行评价，需要有一定的方法。评价的方法实际上是收集信息的方法。评价时，可以综合运用几种方法，收集多方面的信息，作为评价的量和质的客观资料，为科学的评价提供依据。

（一） 自由叙述评价法

自由叙述评价法是将对家庭教育指导活动的意见、反馈、判断等自由地说出来或写下来，即通过语言或文字叙述的形式对教育指导活动加以评价的方法。这种方法既适用于自我评价，也适用于对他人的评价。

这一方法的最大特点是不作定量分析，不需要专门的测量工具和复杂的评价程序，有利于综合反映活动过程中的情况，既可以对静态的因素（如活动目标、内容、方法、材料和环境布置等）进行分析，又可以对动态的因素（如婴幼儿、家长在活动中的行为表现）加以分析。

（二） 观察评价法

观察评价是一种既有科学性又切实可行的评价婴幼儿及家长的方法。通过观察可以获得大量的评价信息，可以及时了解活动的开展状况，还可以通过观察得来的反馈信息，随时调整活动的内容、方法和组织形式。这一方法主要通过对现场婴幼儿、家长行为表现的观察了解，来对整个家庭教育指导活动的效果进行分析，是一种行之有效的评价方法。

它的具体运用可以通过多种途径来进行，最常见的是在自然情况下进行观察。有时也可以通过提供玩具材料，来观察家长与婴幼儿的互动情况。在个别化游戏活动中，教师可以通过与个别家庭的交往和访问来观察婴幼儿、家长的活动情况。

思考与练习

？

1. 婴幼儿家庭教育指导与婴幼儿家庭教育一样吗？请谈谈你的理解。
2. 如何开展婴幼儿家庭教育指导？
3. 婴幼儿家庭教育指导的任务就是丰富婴幼儿家长的科学育儿知识，你认为这个说法准确吗？你是如何看待婴幼儿家庭教育指导的任务的？
4. 在婴幼儿家庭教育指导的评价中，需要遵循哪些原则与方法？

推荐资源

1. 纸质资源

（1）茅红美.宝宝心语［M］.上海：上海教育出版社,2017.

（2）陈鹤琴.家庭教育［M］.武汉：长江文艺出版社,2013.

（3）伯顿・L.怀特.从出生到 3 岁［M］.宋苗,译.北京：北京联合出版公司,2016.

（4）珍妮特・冈萨雷斯-米纳,戴安娜・温德尔・埃尔.婴幼儿及其照料者：尊重及回应式的保育和教育课程（第 8 版）［M］.张和颐,张萌,译.北京：商务印书馆,2016.

2. 视频资源

（1）安徽卫视《超级育儿师》节目,80 Film(80 制作)制作。

（2）电影《阳光宝贝》,托马斯・拜尔梅斯导演。

第三章

0—1 岁婴幼儿的家庭教育与指导

学习
目标

1. 全面了解 0—1 岁婴幼儿家庭教育的内容
2. 有效运用 0—1 岁婴幼儿家庭教育指导的策略
3. 熟练掌握 0—1 岁婴幼儿家庭教育的常见误区及应对策略

本章
导览

0—1岁婴幼儿的家庭教育与指导

7—12个月婴幼儿的家庭教育

◇ 7—12个月婴幼儿家庭教育的内容
◇ 7—12个月婴幼儿家庭教育指导的策略

0—6个月婴幼儿的家庭教育

◇ 0—6个月婴幼儿家庭教育的内容
◇ 0—6个月婴幼儿家庭教育指导的策略

0—1岁婴幼儿家庭教育的常见误区

◇ 不了解发展的特点，盲目比较
◇ 不合理的饮食结构，营养不足
◇ 不关注发展关键期，缺少方法
◇ 不适宜的衣着玩具，过度追求

悉心怀胎十月,欣欣宝宝终于呱呱坠地了,看着怀里纯净美好的小可爱,欣欣妈妈的内心变得非常柔软,有时会禁不住因感动而落泪。她时常想:"这么柔弱的小宝贝,我该怎样呵护她、养育她,给她最好的照顾,让她健康成长呢?"

　　摇篮中看似柔弱的婴儿是奇妙的,蕴涵着无穷的力量,他们与生俱来的对于世界的敏感和探究就如同科学家一样艰难和伟大,而推动这个摇篮的手正是父母和家庭。如何有效地指导婴幼儿家长,让推动摇篮的这双手更加自信而有力量呢? 让我们一起去探寻一下0—12个月婴幼儿发展的秘密吧!

第一节 0—6个月婴幼儿的家庭教育

想要了解0—6个月婴幼儿家庭教育的指导内容和策略,首先要探寻0—6个月婴幼儿发展的特点。

一、0—6个月婴幼儿家庭教育的内容

（一）0—6个月婴幼儿的发展特点

1. 身体发展

身体发展主要是指婴幼儿体能的发展。根据动作所涉及的身体器官与肌肉部位,可以大致将婴幼儿的身体发展分成粗大动作发展与精细动作发展两大方面。粗大动作发展指涉及身体躯干和四肢大肌肉群的大幅度动作的发展。常见的粗大动作包括:抬头、翻身、坐、爬、站、走、跑、跳等。精细动作发展指手与手指等部位的小肌肉与小肌肉群的运动。常见的精细动作有很多,例如:握、捏、抓、击、撕、推、摇等,不同月龄的发展内容不同。

（1）粗大动作。

新生儿(0—1个月)出生后,给人们最常见的感受是"无助",他们不能主动抬头,不会翻身,甚至连自己手臂和腿脚的运动方向也无法控制,四肢呈现无规则运动和无条件反射的状态。然而,就是这样一个看起来弱小的生命却有着独特的发展顺序,每天都会发生着奇妙的变化:2—3个月就可以逐渐支撑起头部,抬头45度,头可随看到的物品或听到的声音转动,幅度逐渐增大;4—6个月的婴幼儿从俯卧到逐渐能抬头90度,抬胸并用双臂支撑,其四肢也逐渐能相互接触,会握住自己的手脚,将握住的脚丫放进嘴里,显得特别可爱。

▲ 图3-1 尝试抬头

▲ 图3-2 抬高头

（2）精细动作。

新生儿有很强的握拳本能反应:2—3个月的婴幼儿在成人的帮助下抓住物体后能坚持

▲ 图3-3 抓握小玩具

5秒左右,试图拿走其手中的物体时会出现轻微的抵抗;4—6个月的婴幼儿能将握持的物体放入嘴中或随意挥动,逐渐能张开五指自发性地伸手握住或去摸物体,并慢慢地通过双手配合翻转物体,还能自己双手扶奶瓶吸吮。

婴幼儿认识周围事物的能力,很大程度上是和双手动作的发展相联系的。他们通过抓握物体,翻转物体,以及在松开物体后观察会发生什么情形等,习得了大量有关物体形状、声音以及触感的知识,双手动作的发展经历了一个从本能的抓握到逐渐手眼协调的过渡,及从不灵活到逐渐灵活的过程。

拓展
阅读

GMs 全身运动质量评估

GMs全身运动质量评估最早可应用于妊娠9周的胎儿,并可持续应用至出生后5—6个月,能够十分有效地评估年幼儿童神经系统的功能。GMs指整个身体参与的运动,臂、腿、颈和躯干以变化运动顺序的方式参与运动。在运动强度、力量和速度方面具有高低起伏的变化,运动的开始和结束都具有渐进性。沿四肢轴线的旋转和运动方向的轻微改变使整个运动流畅优美,并形成一种复杂多变的状态。

凡具有以下特征的高危婴幼儿家庭应尽早关注婴幼儿的全身运动,进行早期筛查,防患于未然:①母亲曾有自然流产、孕期保胎、发热感染、服用药物、妊娠高血压综合征、糖尿病等情况。②出生后因各种疾病住院者,包括感染、缺氧缺血、窒息、严重黄疸、颅内出血、抽搐、呼吸暂停、呼吸衰竭、先天发育缺陷等。③出生为早产儿、低出生体重儿、巨大儿、双胎多胎儿等。

2. 语言发展

在婴幼儿掌握语言之前,有一个较长的语言发生的准备阶段,一般把从婴幼儿出生到能够说出第一个具有真正意义的词之前的这一时期(0—12个月)称为前语言阶段。新生儿期的孩子能对声音进行空间定位,表现出对语音,特别是对母亲语音的明显偏爱;发音游戏期(2—4个月)的婴幼儿开始理解语言活动中的某些交流信息,能和成人进行"互相模仿"式的发音游戏。以上这些统称为前语言现象或前语言行为。

新生儿会表现出不同的哭声,对说话声很敏感;而2—3个月的婴幼儿对于成人逗引已经有反应,经常会发出"咕咕""a""o""e"的声音;4—6个月的婴幼儿逐渐开始咿呀学语,发辅音,如"d""n""m",看见熟悉的人和玩具能发出愉悦的声音,叫他的名字也会转头看。

3. 认知发展

早期的婴幼儿研究普遍认为,婴幼儿时期认知的主要特点是"被动适应",而近年来有越来越多的研究和实践证明,婴幼儿借助感知觉认识客体和自我,从一开始就是一个积极主动探索世界的过程。

表 3-1　0—6 个月婴幼儿认知的发展①

认知发展　　　月龄	新生儿	2—3 个月	4—6 个月
视觉注意	眼睛能注视红球，但持续的时间很短；喜欢注视人脸。	眼睛能注意并追随移动的、较大的物体。	会用目光找寻物品，如手中的玩具掉了，会用目光找寻；看见熟人、玩具能发出愉悦的声音。
听觉反应	对说话声很敏感，尤其对高音敏感。	开始将声音和形象联系起来，试图找出声音的来源；对于成人的逗引有反应。	叫他的名字会转头看。
知觉意识	无意识地对一两种味道有不同反应；有不同的哭声。	常喜欢咬书或拉扯图书，有时会安静地看图书。	看见熟悉的人与陌生的人有不同的反应；开始注意看图书，抓起书或其他物品试着放进嘴里。

4. 情感和社会性发展

　　婴幼儿一出生就是一个社会的人，社会交往，尤其是借助语言进行的沟通交流，是人类区别于其他动物的主要特点。婴幼儿就是一个小小的交流家，他们很早就能借助各种方式与人沟通，而他们掌握交流手段和策略的速度之快，更是超乎我们的想象。

表 3-2　0—6 个月婴幼儿情感和社会性的发展

情感和社会性发展　　　月龄	新生儿	2—3 个月	4—6 个月
情绪感知与变化	当看见人的面部时，活动会减少；对他讲话或抱着他时表现安静；当抱着时，会表现出独特的、有特征性的姿势（如蜷曲着，像一只小猫）。	逗引时出现动嘴巴、伸舌头、微笑和摆动身体等情绪反应；能辨别不同人说话的声音及同一人带有不同情感的语调；开始注视自己的手，出现吮指现象；哭声少且分化为表示不同的需求。	会对着镜子中的镜像微笑、发音，伸手试拍自己的镜像；能辨别陌生人，对熟悉的人有偏爱；开始怕羞，会害羞地转开脸和身体；高兴时大笑。

① 上海市人口和计划生育委员会.上海市 0—3 岁婴幼儿教养方案[M].上海：上海科学技术出版社,2008：14—19.

月龄 情感和社 会性发展	新生儿	2—3个月	4—6个月
社会性发展	哭吵时听到看护者的呼唤声能安静。	能忍受喂奶的短时间停顿；看见最主要看护者的脸会笑；会自发地微笑迎人，见人手足舞动表示高兴，笑出声。	随着看护者情绪的变化而变化自己的情绪，会伸手举起期望被抱；当让其独处或拿走他的小玩具时会表示反对；逐渐会用哭声、面部表情和姿势动作与人沟通。

（二）0—6个月婴幼儿家庭教育指导的重点内容

了解婴幼儿的发展特点，是有效开展家庭教育指导的前提。基于0—6个月婴幼儿发展的关键点，这一阶段应落实家庭教育重点的指导内容如下。

1. 确保充足奶量

营养对婴幼儿的生长发育起着重要作用。研究表明，大脑形成的早期是发育最快的时期，也是最易受损的时期。从出生到2岁是容易引起营养伤害的脆弱期，该时期的营养不良可能产生严重的后果，尽管大脑组织所具有的可塑性和适应环境的能力能够对脑损伤进行修复以克服这些不良因素，但生命早期的营养不良所致的某些神经系统损伤较难修复。早期营养不良会导致大脑细胞数目减少、脑容积增加减慢、头围缩小等大脑的结构变化和生物化学的变化，从微观上观察，可以发现神经细胞的大小、神经元在中枢神经系统所处的位置、树突和轴突的发育、突触联系的发育、神经递质的产生、髓鞘的组成均发生了变化。

可见，在生命早期尤其要重视母乳喂养，重视按需哺乳，确保婴幼儿成长所需的充足奶量和水。另外，应参照月龄逐步添加辅食及生长发育所需的营养补充剂。

2. 保证充足睡眠

人的脑垂体在儿童时期会分泌一种十分重要的激素，叫生长激素，这种激素在睡眠时分泌得特别旺盛，在醒着的时候分泌得相对少些，因此婴幼儿身高的增长主要是在睡眠的时间进行的，从生理需要上说，婴幼儿睡眠的时间应该长一些。此外，婴幼儿发育不完全，容易疲劳，因此年龄越小，睡眠时间越长。睡眠能解除大脑的疲劳，使身体得到充分的休息，婴幼儿如果睡眠不足就会烦躁哭闹，食欲不佳，足够的睡眠是婴幼儿健康成长的保证。

婴幼儿出生后的前几个月是人一生中睡眠时间最多的时期，一天的大部分时间是在睡眠中度过的，余下的时间除了吃喝拉撒以外，玩的时间并不多。睡眠包括浅睡和深睡。深睡时婴幼儿很少活动，表现平静，眼球不转动，呼吸规律。而浅睡时有吸吮动作，面部有很多表情，有时似乎在做鬼脸，有时微笑，有时撅嘴，眼睛虽然闭合，但眼球在眼睑下转动，四肢有时有舞蹈样动作，有时伸伸懒腰或突然活动一下。家长要了解婴幼儿在浅睡时有很多表现，不要把这些表现当作婴幼儿不适,用过多的喂养或护理去打扰他们。衡量婴幼儿睡眠是否充足主要看婴幼儿清晨是否自动醒来,精神状态是否良好,食欲是否正常,体重、身高是否能够按正常的生长速率增长。

▲ 图 3-4 睡眠

3. 做好日常护理

婴幼儿皮肤娇嫩、代谢快,且易受汗水、大小便、奶汁和空气中灰尘的刺激而发生异常,因此及时关注并做好日常护理尤其重要。勤洗脸、洗手、洗澡,尤其是勤洗皮肤的皱褶处,使颈部、腋窝、腹股沟、臀部等地方保持干净,减少感染的几率。另外,应勤剪指甲,婴幼儿手指甲长了不仅会把自己的脸抓伤,而且还会藏有污垢,随意间吃手时会把细菌带入体内,引起疾病。

婴幼儿所处的居室环境应该朝阳,安静清洁、空气新鲜、阳光充足。白天不要拉窗帘,每天开窗通风换气至少 2 次,每次 15—20 分钟。冬季要注意保暖,室温保持在 18—24℃。春天气候干燥,可以在屋里放一盆清水,使婴幼儿鼻子不干。夏天很热的时候,可用扇子轻轻给婴幼儿扇扇。如果开空调,温度要适宜,应与室外温差不太大,不对着婴幼儿直吹。此外,为防止苍蝇蚊虫的叮咬,房间要安上纱窗,使用蚊帐。

万物生长靠太阳。适当地在阳光下活动,对于提高身体对外界环境的抵抗力、增强体质、提升各脏器的生理功能有着重要意义。阳光里除了能看见的普通光线外,还有肉眼看不见的红外线和紫外线,红外线照射到人体后,能使全身温暖,血管扩张,增进血液循环,促进新陈代谢,增强人体抵抗力。紫外线直接照射婴幼儿的皮肤,可使皮肤中的 7-脱氢胆固醇转变为维生素 D_3,促进身体吸收食物中的钙和磷,促进骨骼的增长,预防和治疗佝偻病;紫外线还有强力的杀菌特性,能够提高机体的免疫力,以及刺激骨髓制造红细胞,防止贫血。因此只要气候许可,应尽量让婴幼儿多晒太阳。

4. 促进感知觉发展

感知觉是婴幼儿出生后认识世界和自我的主要手段。感觉能力和知觉能力是两种不同的能力,但又密切相关,感觉是反映当前客观事物个别属性的认识过程,例如物体的声、色、冷、热、软、硬等;知觉是反映当前客观事物整体特性的认识过程,它是在感觉的基础上形成的。任何一个客观事物,都包含多方面的属性,单纯靠某一种感觉是不能把握的。视觉、听觉、触觉、味觉、嗅觉、物体知觉、空间知觉、时间知觉、运动知觉、多通道知觉等感知觉是人类早期最初的认识活动方式,婴幼儿凭借手摸、体触、口尝、鼻闻、耳听、眼看,发展起感觉、知觉能力,开启了认知的大门。因此,要多创设机会让婴幼儿去感知体验。

▲ 图 3-5 游泳

二、0—6个月婴幼儿家庭教育指导的策略

在婴幼儿早期家庭教育中,应在顺应婴幼儿的生理节律,满足需求的同时特别注意个别差异,这样才能促进每一个婴幼儿的健康发展。

(一) 选择适宜的喂养方式

1. 了解不同的喂养方式

婴幼儿喂养有三种方式:母乳喂养、人工喂养、混合喂养。在充分了解喂养特点的基础上,结合每一个家庭自身的环境特点,应选择适合的喂养方式。

(1) 母乳喂养。

母乳是妈妈为宝宝准备的第一份礼物,是适合婴幼儿生长发育需要的最理想的天然营养品。新生儿出生后30分钟左右觅食反射最强,这时就要开始帮助新生儿吸吮乳头,要做到早开奶、早接触、早吸吮。最初几天的乳汁称为初乳,它呈浅黄色,看上去有点脏,但其实含有很多保护成分,可以使新生儿免受感染,是最好的乳品,千万不能浪费。家长也不要过度担心母乳不够,只要保证产妇睡眠充足、心情舒畅、多喝汤水,让婴幼儿多吮吸,就能刺激母乳分泌。一般而言,乳汁的分泌量取决于婴幼儿的需求量,哺乳应该是一种放松的体验。

在哺乳时妈妈要用C字型的手(下面四个手指,上面一个手指)托住乳房进行喂哺。喂哺过程中注视婴幼儿,与他微笑交流,使其产生进食时的快感,感受妈妈的皮肤气息。哺乳后,家长应抱起婴幼儿,让他的头靠在家长肩上,一手托住臀部,另一手轻轻抚摸或轻拍婴幼儿的背部,帮助其打嗝,预防吐奶。如果妈妈的奶水充足,纯母乳喂养能满足6个月内婴幼儿所需的全部水分、能量和营养。

(2) 人工喂养。

由于多种因素不能进行母乳喂养而使用配方奶粉、其他奶制品进行喂养的方式称为人工喂养。人工喂养应根据宝宝的不同发育阶段,选择优质、安全、营养的配方奶粉;奶瓶选择透明度好,刻度清晰准确,能够看清奶瓶里奶水的为宜。注意太软或者有异味的奶瓶都不能选择,同时奶嘴的软硬、奶孔的大小要合适。刚出生的新生儿应该选择小孔的奶嘴,能让奶一滴一滴地流出。如果奶像水一样流出来,表明奶孔过大,这样婴幼儿吃奶时容易呛奶。但如果奶嘴太小,婴幼儿吃奶时费力,不容易吸出。因此要及时根据婴幼儿的吸吮能力变化做相应的调整。在冲调配方奶粉时,在奶瓶里倒入需要的温开水,注意要先倒水,后加奶粉,这样才能保证比例精确。应严格按照比例量取奶粉,溶入瓶中,使浓度适当,满足婴幼儿的需要。后盖上瓶盖,拧紧奶嘴轻轻摇匀,需要注意的是不要上下摇晃,而是要左右匀速摇晃。再将奶瓶倒置,在肘内侧上滴一滴,确定温度和奶嘴流速是否适中。

▲ 图3-6 人工喂养配方奶粉

婴幼儿喝完奶后要对奶瓶进行清洗、消毒。首先在专用水池中倒入洗洁精清洗奶嘴,重点清洗奶嘴顶端。先清洗奶嘴表面,然后将奶嘴外翻擦洗。再将奶瓶、奶嘴、盖子放在温水中漂洗,后用流动水冲洗,检查橡皮奶嘴的圆孔是否变大。奶瓶可用煮沸的方式消毒,先浸没水中,煮沸10分钟后,盖着锅盖让它冷却,然后用消毒钳取出,晾干后盖上毛巾防尘。

（3）混合喂养。

在确定母乳不能满足婴幼儿需要的情况下，以配方奶粉来补充喂养婴幼儿的方式称为混合喂养。混合喂养虽然不如母乳喂养好，但在一定程度上能保证妈妈的乳房按时受到婴幼儿吸吮的刺激，从而维持乳汁的正常分泌。而且婴幼儿每天还能吃到母乳，对其健康仍然有很多好处。采取混合喂养的妈妈，每天一定要让婴幼儿定时吸吮母乳。其他乳类补充的奶量要充足，并且要注意卫生，注意食品安全。

2. 遵循适宜的喂哺原则

案例
3-1

长不胖的乐乐

老师抱起 6 个月的乐乐宝宝，不禁说："好轻呀！"乐乐妈妈忙说："是的老师，我们宝宝太轻了，体检不合格，急死我了。""乐乐平时奶和辅食吃得怎么样啊？睡眠好吗？"老师一连抛了几个问题。乐乐妈妈说："我们到现在都是纯母乳喂养的，她比较依赖吃我的奶，辅食胃口一般般。晚上一直要醒来找我喝奶，睡眠也不太好。我自己也没什么精神、胃口不太好。""那为什么不调整一下喂养方式呢？"乐乐妈妈说："我是全职妈妈，听下来也感觉母乳喂养是最好的，所以我一直在坚持，希望让宝宝多吃点母乳……"

给婴幼儿喂哺应遵循"母乳优选，适合为宜"的原则。对于婴幼儿来说，母乳有以下这些好处：①母乳含有婴儿出生后前 6 个月生长发育所需的所有营养，适合婴幼儿的消化和需要，而且不易引起过敏反应；②母乳含有多种增加婴幼儿免疫、抗病能力的物质，可使其在第一年中减少患病概率，预防各类感染；③母乳温度合适，想吃就吃，省却了消毒奶瓶、保温等麻烦，更加方便卫生；④母乳不必花钱去买，省钱。另外，母乳喂养对妈妈的好处也很多，它可以促使妈妈的身体尽快恢复，日后不易得乳腺疾病。在给婴幼儿哺乳的过程中，肌肤接触有利于增进母子间感情及心理上的联系，使婴幼儿能感受到妈妈的爱，妈妈也会更加疼爱婴幼儿，这种母婴之间的情感交流，是奶粉喂养取代不了的。母乳是独一无二的，也是最经济、安全、营养的方式。因此，在妈妈身体健康、奶量充足、喂哺方便的情况下应优先选择母乳喂养。

大多数健康的妈妈都能给孩子喂奶，但有些妈妈因自身胃口不好、消化吸收不好导致母乳营养不丰、奶量不足，则可以考虑混合喂养或人工喂养；有些妈妈因为工作等原因白天不方便哺乳，宝宝抗拒用奶瓶喝奶，到了晚上又过于依赖母乳，造成母婴都无法休息好而产生焦虑情绪时，建议也可以考虑选择人工喂养。因为只有对母婴都适宜的方式才是最好的方式，不必因为母乳好就一味强求，以免造成困扰。另外，有的妈妈患有某些疾病，如严重的心脏病、肾脏病、恶性肿瘤、精神病、传染病等，就更不能对婴幼儿进行母乳喂养了，此时可以为婴幼儿选择适宜的配方奶粉进行人工喂养，同样可以满足其生长的营养需求。

给婴幼儿喂哺还应遵循"按需哺乳，趋于规律"的原则。按需哺乳有利于婴幼儿的生长发育、营养补给。母乳喂养提倡饿了就喂，想吃就吃，平均一天至少吃 8 次，人工喂养一般每隔 3～

4 小时喂一次,一天大约喂 6 次。但这些数字都只是平均数,每个婴幼儿都不一样,家长要根据自己孩子的食量来逐渐掌握喂养次数,在满足需求、确保充足奶量的同时趋于规律化。

如何让乳汁分泌适宜

宝宝出生后头几天,妈妈的奶少很正常,不要因此着急。在日常生活中要保持精神愉快,保证足够的睡眠和休息,适当地下床活动。在饮食方面,哺乳期间不可偏食,适当多吃一些促进乳汁分泌的营养丰富的食物,比如多喝汤,吃鸡蛋、鱼、虾、瘦肉、豆腐、花生、黄豆、核桃仁、芝麻、红枣、新鲜的蔬菜和水果等。在此基础上,只要给宝宝足够的吸吮时间和次数,注意两侧乳房交替哺乳,吃空一侧再吃另一侧,妈妈的奶水就会逐渐正常分泌。另外,如果妈妈的乳汁分泌过多,无法被完全吸出,在乳腺管内乳汁淤积,会造成乳腺不通。对此,除了增加喂奶的次数,让宝宝多次吸吮之外,在喂奶前要先用湿的热毛巾敷乳房 3—5 分钟,然后柔和地按摩乳房,再用手或吸奶器挤出一些奶,使乳晕部分变软,这样宝宝就容易吸吮了。如果每次喂完奶后感觉乳房还涨,就要把剩余的奶挤掉。另外,妈妈要注意佩戴大小适合的乳罩。

(二) 创设舒适的睡眠环境

1. 了解生理特点,确保充分的睡眠时间

充足的睡眠是保证婴幼儿健康的先决条件之一,若睡眠不足,婴幼儿会烦躁、食欲减退、体重下降,并且影响感知觉的发育。婴儿所需的睡眠时间有较大的个体差异性,随年龄增长睡眠时间逐渐减少,且两次睡眠的间隔时间延长。为保证充足的睡眠,应从出生后就开始培养良好的睡眠习惯,睡前不要让婴幼儿吃得过饱,避免过度兴奋,同时保持身体清洁、干爽和舒适,保持固定的睡眠场所和睡眠时间,睡前可利用固定的乐曲催眠,尽量做到不拍、不摇、不抱,安静入睡。

表 3-3　婴幼儿 0—6 个月的睡眠时间

月龄	睡　眠　时　间
新生儿	每昼夜大部分时间是在睡眠中度过的,每天能睡 18—20 个小时,其中有 3 个小时睡得很香甜,处在深度睡眠状态;睡眠以外的时间大部分用于吃喝拉撒,玩的时间并不多。
2—3 个月	每昼夜睡约 17—18 小时,白天睡 3—4 觉,每次 1.5—2 小时,夜间睡 10—12 个小时;白天睡醒一觉以后,可持续活动 1.5—2 小时。
4—6 个月	每昼夜睡约 15—17 个小时,白天睡 2—3 觉,每次睡 2—2.5 小时,夜间睡 10 小时左右;白天睡醒一觉以后,可持续活动 1.5—2 小时。

家长应该了解婴幼儿的生理特点,确保充分的睡眠时间。同时也要了解睡眠是有个体差异的,有的婴幼儿需要的睡眠比较多,有的婴幼儿需要的睡眠会少一些,只要孩子睡醒之

后表现非常愉快、精神充足,也不必勉强他多睡。

2. 做好物质准备,创设适宜的睡眠环境

创造适宜的睡眠环境是保证婴幼儿高质量睡眠的前提。尽量让婴幼儿在自己所熟悉的环境中睡觉,给他布置一个温馨、舒适、安静的睡眠环境。卧室内的灯光最好暗一些,室温控制在18—24℃,窗帘的颜色不宜过深。同时,还要注意开窗通风,保证室内的空气新鲜。为婴幼儿选择一个适宜的床,床的软硬度适中,最好是木板床,以保证婴幼儿脊柱的正常发育。睡前将婴幼儿的脸、脚、手和臀部等身体部位洗净,换上宽松的、柔软的睡衣,尽量让婴幼儿自然睡眠,而不是抱着或摇着睡。

▲ 图3-7 舒适的睡眠环境

(三)给予合理的生活养护

婴幼儿以养为主,要积极满足其生存和健康的基本需要,包括喂哺、睡眠、洗澡、大小便等,帮助婴幼儿建立生活常规,适应母体外的环境。生活养护的内容很多,其中尿布的更换和身体的清洗是确保婴幼儿卫生舒适的重要保证。

1. 及时观察,勤换尿布

1岁以内的婴幼儿还不能把排泄大小便的生理现象与自己的内部感觉结合起来,所以不能有效控制大小便。如3个月的婴儿在吃奶时或吃奶后马上大便,这是单纯的胃肠道刺激反射的结果。因此,合理使用一次性纸尿裤和尿布就显得非常重要。一次性纸尿裤具有清洁方便、吸湿性强的特点,不会使婴幼儿感到臀部潮湿不适。如果更换的次数过少,尿液和汗液会刺激皮肤,使婴幼儿臀部发红、表皮破损,继引发尿布皮炎。但是,一次性纸尿裤的裤裆比较宽厚,婴幼儿的髋关节活动易受到限制,进而影响翻身动作等。因此,纸尿裤要选择合适的尺码,不能过大或过小。尿布应选择柔软、透气性能较好、浅颜色的纯棉布类,撕成长宽为75厘米的方块,煮沸10分钟,晒干后再用。使用时叠成三角形或长方形,男孩容易尿湿前面,可把前面反折一下;女孩易尿湿后面,可把后面反折一下,以免尿湿衣裤被褥。使用过的尿布,必须洗烫后再用,并定期煮沸消毒。另外,包裹婴幼儿臀部的尿布外不宜使用塑料布,以免发生尿布皮炎。

尿布更换的时间和次数要因人而异。一般是早晨醒来、睡觉前、每次洗澡后,及每次喂食后,容易发生粪便排泄,要及时换尿布。换尿布和一次性纸尿裤时要注意舒适、安全,可以把柔软、温暖、防水的垫子放在床上、桌上或地板上,为婴幼儿换尿布,防止其翻滚和扭动。换尿布时,要轻轻地用尿布的边缘擦掉大部分粪便,用卫生纸把屁股擦净(女孩要从前向后擦),再清洗婴幼儿的臀部。换尿布时可以事先准备一些玩具或图书来分散婴幼儿的注意力,并充满爱心,充分利用这个机会用目光、语言和动作与婴幼儿进行沟通。要养成良好的卫生习惯,每次给婴幼儿换尿布时,用清水和肥皂清洗双手。最后,注意室内和水的温度,过冷婴幼儿易感冒,过热易伤及婴幼儿的皮肤。

2. 保持卫生,勤洗身体

每日早晚要为婴幼儿擦洗,如洗脸、脚和臀部,勤换衣裤,用干净尿布保持会阴处皮肤清洁。定期沐浴,天气炎热、出汗多时应酌情增加沐浴次数。人体在水中的散热速度大于在空

▲ 图3-8 洗澡

气中的散热速度,婴幼儿洗澡、洗脸、洗脚的水温均可在35—40度,室温应在18—24℃。沐浴后,将皮肤皱褶处,如颈、腋、腹股沟等部位擦干。为婴幼儿勤洗身体,既是为了保持卫生,也是为了通过水浴法,用水温和水的机械作用对身体进行轻拍刺激,达到锻炼的目的。婴幼儿头部前囟门处易形成鳞状污垢或痂皮,不可强行剥落,可以涂上消毒的植物油,于24小时后用肥皂和热水洗净。另外,婴幼儿衣着应简单、宽松,便于穿脱及活动四肢。衣服上不宜用纽扣,以免婴幼儿误食或误吸,造成意外伤害。婴幼儿颈短,上衣不宜有领,可穿和尚领、圆领或连体衣裤,以利于胸廓发育。

（四） 提供适宜的视听刺激

婴幼儿的大脑有上亿个神经细胞,从出生开始就具备了会看、能听、有味觉、有触觉的生理基础,如果经常给予婴幼儿适量适宜的感知觉刺激,让婴幼儿在看看、听听、玩玩中感知世界,学习接受和处理各种信息,就能更好地促进其智能发展。其中视感知和听感知是学习的最重要的途径,也是促进智力发展最重要的环节。

1. 适宜的视觉训练刺激

早期的视觉训练活动主要是注视和追视活动。

注视活动随时可做,可以购买或者选择硬纸片自制成黑白两色的卡片,规格20＊20厘米,内容是靶心图、棋盘等对称的图案,也可以是放大的彩色照片等,放在距婴幼儿30厘米左右的地方,让婴幼儿练习注视,每次20—30秒。展示的方式和位置要经常变换,使婴幼儿保持新鲜感,这是训练颜色、图形知觉和注意力的好方法。

追视活动,可以选用一个直径约10厘米的红球、吹气动物或娃娃,最好用绳子吊着,放在婴儿眼前30厘米的地方,待其注视后,再从左到右、从上到下、由近到远或呈环形缓缓移动,让婴幼儿的视线追随移动的物体。要经常变换方向和位置,同时还要讲出图、字、卡、玩具的名称。

▲ 图3-9 看黑白卡

▲ 图3-10 看彩色布书

2. 适宜的听觉训练刺激

听觉训练主要有追声寻源、音乐训练和亲子阅读。

追声寻源,即在婴幼儿睡醒后,用铃棒、八音盒、钟表、小杯子、小勺子、橡皮玩具等多种发声的物体训练婴幼儿的听觉辨别力和方位感。可先将各种发声物体在婴幼儿的视线内进行演示,并告诉其物品的名称,待其注意后再慢慢移开,让婴幼儿追声寻源。当辨出声源后,再变换不同距离或方位。还可以把动物的叫声、电话声、火车、汽车等声音的录音放给婴儿听,使他更多地熟悉生活中的事情。

音乐训练,即每天可以结合婴幼儿起床、喂奶、做操、游戏、入睡等日常生活环节,在固定的时间播放节奏明快、旋律优美的音乐,既可以增强婴幼儿的音乐记忆力,又能帮助其建立良好的行为习惯。

亲子阅读,即成人把婴幼儿抱在怀里,共同翻看色彩鲜艳、图文并茂、内容健康的图书图片或家庭照片,对内容进行简单的、略带夸张的讲解,还可以模仿动物叫声和大自然中的某些声音,并配上相应的实物或图片,让婴幼儿看看听听,使听觉、视觉、触觉都得到综合训练。

当然,除了视听训练,家长还可以每天给婴幼儿进行皮肤按摩、触摸自然等触觉训练刺激,开展抱抱、举高高等促进婴幼儿前庭平衡发展的刺激活动等。总之,提供各种适宜的机会让婴幼儿感知体验,促进多感官发展。

▲ 图3-11　日常语言刺激

▲ 图3-12　小乐器听觉刺激

第二节　7—12个月婴幼儿的家庭教育

7—12个月,婴幼儿进入了新的发展阶段。只有了解7—12个月婴幼儿发展的特点,才能有效确定家庭教育的重要指导内容和指导策略。

一、7—12个月婴幼儿家庭教育的内容

(一)7—12个月婴幼儿的发展特点

1. 身体发展

婴幼儿身长、体重有规律地增长是健康的表现之一。如果发现体重、身长偏离了正常标准的范围,可到医院请医生分析可能的原因,及时矫治,以保证婴幼儿健康地成长。家长可以参考上海市教育委员会2008年编写的《上海市0—3岁婴幼儿教养方案》中发育与健康中

的相关内容和教育部编写的《0—6岁儿童发展里程碑》，进行相关月龄的判断。

（1）粗大动作。

躯体和下肢动作在婴幼儿动作的发展中有着重要的作用。坐和爬会给婴幼儿的生活带来了巨大的变化。坐视物体对于形成物体的主体像有很大好处，对婴幼儿知觉的发展更为有利。7—12个月婴幼儿的粗大动作呈现以下发展特征。

表3-4　7—12个月婴幼儿粗大动作的发展

月龄 粗大动作发展	7—9个月	10—12个月
独坐	开始能够坐起，逐渐独坐稳定，不需要外力支持。	独坐自如，从坐位随意切换至爬或扶站扶走。
爬行	开始匍匐移动，逐渐向四肢着地手脚并用的爬行发展。	可轻松完成四肢着地爬行，逐渐会膝盖离地爬行。
扶站	以爬行为主，喜欢成人扶腋窝抱着蹬腿、着地；逐渐可依附物体尝试自己站起，时间短。	可以依附物体站立并迈步行走，自己扶物能蹲下取物，从不会复位逐渐过渡到会复位或自己坐下。
扶走	以爬行为主，少数爬行能力强的婴幼儿会自己扶物站起，慢慢移步。	从尝试独自站立、扶着行走逐渐到能独走几步，后扑向成人怀里。

（2）精细动作。

7个月以上的婴幼儿动作逐渐灵活，开始把兴趣从自身的动作转移到动作对象上来，通过动作来了解自己动作的对象，了解动作所带来的结果，这对婴幼儿的智力发展是非常重要的。婴幼儿能解决一些涉及够物动作的简单问题，手的动作进一步复杂化，还会借助成人的手去拿自己够不到的玩具，这说明此时婴儿不仅有了行动的目的，而且有了行动的方法。

表3-5　7—12个月婴幼儿精细动作的发展

月龄 精细动作发展	7—9个月	10—12个月
抓握	左右手可以分别握持不同物品，能够自己松开握持的物品。	能用手抓笔，点点涂涂；还能抓握糖果尝试打开包糖的纸；可以左右交替叠放手中物品；能将手中物品放入容器或递给他人。
捏放	能拨弄桌上的小东西（小积木、葡萄干等），难以做到自己放开手中的物品。	出现将物品放入容器内的内向调整动作；可用拇指及食指抓住斜上方的小件物品；能将物品集中放入某一容器中；尝试堆起1—2个积木。
敲击	有意识地摇东西（如拨浪鼓、小铃），双手拿两物对敲；特别喜欢乱扔东西。	双手拿物对敲较稳定、准确；能用手抓住小棒尝试敲击鼓。

2. 语言发展

在这一阶段,婴幼儿语言的知觉能力、发音能力和对语言的理解能力逐步发展起来,出现了咿呀学语。

表3-6　7—12个月婴幼儿语言的发展

语言发展 ＼ 月龄	7—9个月	10—12个月
语言发音	能反复发出"ma ma""ba ba"等元音和辅音,但无所指。	能说出最常用的词汇,如"爸爸""妈妈"。
语意理解	试着模仿声音,发音越来越像真正的语言。	出现难懂的话,自创一些词语来指称事物。

3. 认知发展

此时婴幼儿认知能力的发展处于感觉动作期,婴幼儿还不会使用语言,于是以感觉、知觉和动作来适应环境,以行动来"指挥"或"控制"周围环境。婴幼儿最常用的认知方式是动作,尤其是与手的精细动作和手眼协调密切相关的,如抓、握、嚼等,通过这样的动作来了解世界和事物。婴幼儿用形象、声音、色彩和感觉来进行思维,所以培养婴幼儿的思维能力,要采用形象直观的教育方法。

表3-7　7—12个月婴幼儿认知的发展

认知发展 ＼ 月龄	7—9个月	10—12个月
视觉注意	会用较长的时间来审视物体;注意观察成人的行动,喜欢模仿成人的动作。	故意把东西扔掉再捡起,把球滚向别人;喜欢凝视图画;会用手指向自己感兴趣的东西。
听觉反应	会试着翻书,喜欢以前听过的故事。	能懂得一些词语的意义,如成人问"灯在哪儿呢",会看灯;向其索要东西知道给。
动作意图	尝试通过一系列的有意图的行为来完成一件事,如从椅子上起来,再爬向玩具,挑出彩球。	手眼逐渐协调,会将大圆圈套在木棍上,从杯子中取物放物;尝试使用工具解决问题,如用一根棍子拨回物体。
辨别指认	能分辨地点;会寻找隐藏起来的东西,如拿掉玩具上盖着的布。	感知分辨能力进一步提高,如区分动物和车,把红色的物体归为一类;用动作表示同意或不同意(点头、摇头);能按要求指向自己的耳朵、眼睛和鼻子。

▲ 图 3 - 13　咬咬水果　　▲ 图 3 - 14　摸摸玩玩水果

4. 情感和社会性发展

　　婴幼儿的社会性心理发展基础可分为个体和社会两个方面。就个体而言,主要是气质和情绪、情感的发展;就社会而言,是各种人际关系的发展,主要是亲子关系和同伴关系。"哭"和"笑"是婴幼儿表达情绪最直接的手段,是实现情绪交流功能最重要的手段。

表 3 - 8　7—12 个月婴幼儿情感和社会性的发展

情感和社 会性发展 ＼ 月龄	7—9 个月	10—12 个月
情感理解和表达	能看懂成人的面部表情,对成人说"不"有反应,受责骂不高兴时会哭;喜爱家庭人员,对熟悉喜欢的成人伸出手臂要求抱;当从他那里拿走东西时,会遭到强烈的反抗;见到陌生人会表现出异常行为,如盯看、躲避、哭等。	准确地表现出高兴、生气和难过;显示出一定的独立性,如不喜欢被成人搀扶和抱着;更喜欢情感交流活动,还懂得采取不同的方式进行交流;用哭引起人的注意;对主要照料者表现出明显的喜爱,开始听从其劝阻;对同龄人表现出极大的兴趣,会互相凝视或彼此触摸。
游戏重复和模仿	喜欢玩躲猫猫一类的交际游戏,而且会笑得非常激动、高兴;喜欢和成人玩重复的游戏,如拍手、再见、躲猫猫等游戏,以此交流情感。	会模仿他人的手势,同时面部伴有表情;喜欢重复的游戏,例如拍手游戏、躲猫猫;能玩简单的游戏;惊讶时会笑。

（二）7—12个月婴幼儿家庭教育指导的重点内容

1. 添加营养辅食

婴幼儿能否生长发育得好,关键在于能否保证其足够的营养供给,营养是保证婴幼儿正常生长发育、身心健康的重要因素。营养关系到大脑功能的发展,营养不良将对婴幼儿大脑的发育产生灾难性的影响,造成智力和体格发育不良,并且在成年后也无法弥补,有的人还会把智力缺陷传给后代。因此,为了婴幼儿能有健康的体魄,就必须从小重视营养。

在婴幼儿阶段,母乳当然是最理想的食品,但4个月以上的婴儿在行为上和生理上会逐渐开始发出准备学习新的进食技巧的讯号,如体重不再增加,吃完奶后还意犹未尽等。满6个月的宝宝光吃母乳或者配方奶粉已经无法满足营养需求,所以这段时间除了母乳或配方奶粉之外,还应添加一些辅食,这也标志着婴幼儿的成长迈上一个新台阶。添加辅食对成长中的婴幼儿来说是很重要的一个过程,随着月龄的增加,辅食的质与量也随之变化,在这一阶段,母乳或配方奶粉,每天吃4到6顿,提供主要的热量与营养,另一部分则由辅食提供。辅食不仅能补充奶类提供不了的营养,还能锻炼咀嚼吞咽能力,促进婴幼儿牙齿的发育,增强消化机能。另外,婴幼儿通过吃东西能学会用勺、杯、碗等餐具,逐渐适应普通食物,最终达到断奶目的。

▲ 图 3-15　自己喝奶

▲ 图 3-16　吃辅食

拓展阅读

婴幼儿气道阻塞的紧急救助

给婴幼儿喂奶、喂药、喂辅食,或婴幼儿误食异物时,如果孩子突然出现呛咳、气急、面色青紫、烦躁不安等情况,千万不要惊慌失措。由于婴幼儿的胸部小,柔韧且具有弹性,所以对意识清楚的窒息婴幼儿可采用背部拍击法去除异物。拍击背部时使婴幼儿头处低位,拍击的力量足以引起胸部振动,加上重力作用可使异物朝口移动。如果异物移动一点而未排出,此时婴幼儿可能会因咳嗽反射而进一步使异物排出。

急症救助要点:

（1）通知120急救中心（若急救现场只有一人时,则先进行2分钟的急救,然后再拨打120急救电话）。

（2）给予背部拍击5次。

（3）给予胸部按压5次。

（4）检查口内有无异物排出。

（5）继续交替进行背部拍击5次，胸部按压5次，直到急救中心专业人员赶到或异物排出。若婴幼儿出现意识不清，立即停止背部拍击和胸部按压。

2. 练习爬站扶走

动作的发展是活动发展的直接前提，也是心理发展的一个重要指标。婴幼儿动作的发展遵循一定原则，有其内在规律，一般遵循从整体到分化、从上到下、从大肌肉到小肌肉的顺序：①婴儿最初的动作是全身性的、笼统的、散漫的，以后才逐渐分化成局部的、准确的、专门的动作。②婴儿最早的动作出现在头部，随后是躯干，最后是下肢。③整个过程顺序是顺着抬头、翻身、坐、爬、站、行的方向发展的。

爬行在婴幼儿成长过程中具有里程碑式的意义。爬行能锻炼婴幼儿全身大肌肉活动的力量，增强四肢活动的协调性和灵活性，是一种综合性的强身健体的活动，还可以促进婴幼儿大脑的发育，促进其认知和语言的发展，也有利于个性的培养。7—9个月是婴幼儿爬行的关键期，应重视学爬，并通过一定的活动来锻炼其爬行能力。行走对于婴幼儿的发展同样重要。婴幼儿学习行走是一个长期积累的过程，一般要经历扶站、扶走等过程。10个月及以上的婴幼儿的身体已经比较灵活，开始喜欢扶着物体站立起来，并尝试移步，一段时间的体验后尝试脱手独站。在爬爬、站站、走走中，婴幼儿的肢体平衡能力得到锻炼，逐渐由爬多站少向爬少站多过渡，最终独自站立，行走起来。

▲ 图3-17　爬行

▲ 图3-18　扶站、扶走

▲ 图3-19　独走

3. 引发咿呀学语

哭声是婴幼儿早期最主要,也几乎是唯一的交流手段。很快地,婴幼儿会从最初的比较单一的哭声开始分化为更加丰富的交流信息,而且逐渐会在不同情绪状态下有意无意地发声。婴幼儿逐渐地对自己的发声器官感兴趣,将主要精力放在探索自己的发声器官上,不厌其烦地开展语音游戏。婴幼儿从最初的只会用哭声表达需求,发展到能说出第一个有真正意义的词,需要近一年的时间积累。

引发婴幼儿咿呀学语,首先,要了解婴幼儿语言发展的规律和特点,理解婴幼儿语言发展的个体差异;其次,要理解与婴幼儿对话回应的重要性,创设丰富积极的语言环境,掌握恰当适宜的交流方式;再次,要理解讲故事对婴幼儿理解和叙述能力发展的价值,具有在日常生活情景中编讲故事的意识和能力;最后,要理解正确的语音对婴幼儿语言发展的重要性,具有正确语音示范的意识。

婴幼儿从 9—12 个月开始进入学话萌芽期,这时的婴幼儿已能辨别母语中的各种音素,能把听到的语音转化为音素,并认识这些语音所代表的意义,这使他们能够经常系统地模仿和学习新语音,为语言的发生做准备。

4. 启蒙社交互动

婴幼儿在生命之初接触最多、最亲密的人是自己的父母。然而,在出生后的前半年中,他们在不知不觉间发展了同伴交往所需的心理技能,表现在对他人不同面部表情的区分和模仿上。社会交往的关键在于交往双方之间的理解,婴幼儿在与他人的社交互动中,逐渐对交往对象的细节线索给予更多关注,例如对方的语气、语调,对方喜欢以什么样的方式开展交往,是面对面亲切地讲话还是做游戏。婴幼儿在与不同人的互动中了解每个人的交往风格,加强对不同人的区分。

到半岁左右,当婴幼儿对他人形成比较稳定的整体认知时,其区分不同个体的能力变得迅速准确,在社会交往中,已准备好进入交往的下一个阶段,对交往同伴产生社会预期。婴幼儿在社会交往中地位被动,因为不管是他们的行为能力还是社会认知水平,都不足以发起和维持一次真正的社会交往,所以他们的社会交往需要成熟个体的启蒙,尤其是父母的引导和帮助,这也是众多研究在婴幼儿早期只将目光投射到亲子交往的原因。

▲ 图 3-20　模仿打电话

▲ 图 3-21　一起玩玩具

二、7—12个月婴幼儿家庭教育指导的策略

（一）搭配合理的营养膳食

案例
3-2

教养理论不是"金科玉律"

悦悦正在漫不经心地喝一碗汤,爸爸很自豪地说:"老师,我上次看书上说粥汤营养好,就尽量给她多喝点。"一旁的妈妈补充道:"悦悦爸爸很相信书上的和老师说的话,说粥汤好,就要求我每天熬一锅粥,所有用到水的地方都用粥汤代替,连调奶粉都得用粥汤。"妈妈又说:"悦悦爸爸教养宝宝很武断的,他总觉得,书上说的理论和老师讲的东西是一定要遵循的,我的做法他都看不惯,总觉得这不好那不好。老师你说说他,他听老师的。"爸爸听后急着地辩解道:"我只是觉得我们都不懂得教养孩子,书本比较权威,老师比较专业,肯定比我们强。"

悦悦爸爸年过四十才有宝宝,自然十分珍惜疼爱孩子,希望给孩子最好的照顾和教育,他把书上的话和老师的话当成了"金科玉律"。但是,由于孩子天生的气质特点、家庭环境、健康和发育状态等不同,每个个体的表现都会有其特殊的一面。在这一案例中,家长过分认定和夸大教养理论,是不能满足孩子的营养需求的。由此可见,教育孩子不能千篇一律,更不能钻牛角尖,也不能过度听从依赖别人,哪怕是专家。家长要将学到的理论和知识点结合孩子的发展特点形成自己的思考和行动,逐渐建立教养自信。

1. 了解营养素的组成结构

合理的营养是指每天有规律地让婴幼儿按照适当比例摄取生长发育所需的各种营养素,提供给婴幼儿从事各种活动、维持机体正常生长发育的热能。缺乏某种营养素或营养比例失调,都会影响身体健康。合理的营养能够促进婴幼儿的生长发育,促进婴幼儿身心潜能的发展,有助于预防急慢性疾病,提高机体应激能力。

营养素可以被分为四大类:有能量价值的物质、水、维生素、矿物质。除了这四种外,膳食中还包括纤维,虽然它本身没有营养价值,但有利于消化。①有能量价值的物质包括碳水化合物、蛋白质和脂肪,它们都能提供热能。这三大途径提供的热能大部分可以相互转化,但是每一种类型的物质机体都是需要的。热能不足会导致婴幼儿体重下降、免疫功能不良、发育迟缓。②在所有营养物质中,水是维持机体生存最重要的成分,人体每日需要的水量,随年龄、气候和劳动强度等因素的不同而有差异。为了维持水的恒定,正常情况下,体内的水是通过饮水、食物和体内代谢产生的,同时又通过尿液、大便,以及呼吸、皮肤蒸发等方式排出体外。③维生素没有热能价值,但它是机体许多新陈代谢过程中需要的。维生素必须从膳食中摄入,机体本身不能合成。对大多数婴幼儿来说,每天摄入新鲜蔬菜比多种维生素补充剂更有益,因为新鲜蔬菜除了含有维生素外,还能提供有益的纤维。④矿物质对机体非

常重要,如钙形成骨骼和牙齿,血中有铁和铜,碘为甲状腺需要,锌、硒、铬在新陈代谢过程中有用,氟对预防龋齿有效,等等。不同的营养素起着不同的作用,而不同食品含有的营养素也不一样。了解营养素的组成及其各自的价值,在婴幼儿健康养育的过程中非常重要。

2. 遵循辅食添加的原则

每个婴幼儿的健康和喂养情况都不相同,所以在给婴幼儿添加辅食的过程中会遇到很多的烦恼。但是如果掌握了辅食添加的原则,注意观察婴幼儿的精神状态和大便情况,那么喂养就会变得不那么困难了。

辅食添加应遵循以下原则:①一种到多种原则。开始时不要几种食物一起加,应先试加一种,让婴幼儿从口感到肠胃道功能都逐渐适应后再加第二种。如拒绝食入就不要勉强,可过一天再试,三五次后婴幼儿一般就接受了。②少量到适量原则。添加辅食应从少量开始,待婴幼儿愿意接受、大便也正常后,才可再增加量。如果婴幼儿出现大便异常,应暂停辅食,待大便正常后,再以原量或少量开始试喂。③由稀到稠、由细到粗原则。食品应从汁到泥,由果蔬到肉类,如从果蔬汁到果蔬泥再到碎菜碎果,由米汤到稀粥再到稠粥。

辅食添加应注意的问题有以下几点:①应使用小勺添加。不要放在奶瓶中吸吮,要让婴幼儿学习咀嚼吞咽,以有效地锻炼他们的口部肌肉,这样也为婴幼儿断奶以后的进食打下了良好的基础。②应在身体健康时添加。婴幼儿患病或腹泻时应暂缓添加,以免加重其肠胃道的负担。③应给婴幼儿添加专门为其制作的食品,不要只是简单地把成人的饭做得软烂一些给婴幼儿食用,因为婴幼儿的肝脏肾脏还很娇嫩,功能还没有完全发育完善,咀嚼吞咽功能也不够强。④给孩子添加食物一定要讲究卫生,原料要新鲜优质,一次做一餐,现做现吃,吃剩的不要再吃。⑤应口味偏淡,食物尽量少加盐,甚至以不加盐为原则,以免增加婴幼儿肝、肾的负担,同时颗粒尽量小一点,不要卡住喉咙。⑤应创设愉快的饮食环境。

3. 定制科学合理的每日食谱

从婴幼儿时期就养成良好的进餐习惯,才能保证婴幼儿的进食量,使其获得充足的营养,其身体才会健康。首先婴幼儿一天的进餐次数、进餐时间要有规律,按时进餐,每到该吃饭的时间就喂他吃,但不必强迫他吃,吃得好时就夸奖他,长期坚持下去就能养成定时进餐的习惯。

表3-9　7—12个月婴幼儿一日食谱参考

时间	食　物
7:00	母乳或配方奶160—200毫升。
9:00	米粉＋蛋黄或蒸蛋羹(10月龄)、饼干或馒头磨牙(额外补鱼肝油)。
12:00	母乳或配方奶160—200毫升或蛋花肉末碎菜粥1小碗。
14:00	水100毫升(补钙粉的时间),母乳或配方奶80—100毫升*。
15:00	水果50克。
18:00	母乳或配方奶160—200毫升,也可食荤素烂面条。
20:30	母乳或配方奶160—200毫升,也可食营养米粉25克,无夜奶。

* 说明:体重正常的宝宝,14点不必吃奶,体重轻的宝宝可吃半量奶

（二）创设适宜的活动环境

1. 创设宽敞安全的室内活动空间

婴幼儿趴着或爬行时，可以使颈部、胸部、背部的肌肉得到很好的锻炼，肺活量也可以有所提高，还可以增强对呼吸道疾病的抵抗能力，所以应该利用各种机会让婴幼儿适当多趴多爬。因此，创设宽敞的空间就显得尤为重要。

爬行需要舒展四肢、需要较大的空间开展爬行练习，空间小的家庭，可以暂时把茶几等物品挪至一旁腾出空间。爬行时，柔软的床褥、较滑的地板，都不利于婴幼儿支撑和用腿蹬地，可以提供摩擦力小且不易摔伤的接触面，如大块厚泡沫垫，这样既不会摔疼，也有助于婴幼儿匍匐前行或手膝爬行。

到 10 个月左右，婴幼儿逐渐开始尝试扶站、扶走，这时需要有较稳固、安全的物体支撑，如茶几、沙发、矮柜等，满足婴幼儿站起来、移步的需求。室内环境创设时要注意避免使用有很多小块拼接的软垫，以防婴幼儿将小块抠起误食。场地周围应当没有尖锐、坚硬的物品，家具的尖角用海绵包起来或套上护垫，并使用安全插座或带防护盖的电源插座。

▲ 图 3 - 22　敞开式的室内活动空间

▲ 图 3 - 23　围栏式的室内活动空间

2. 提供丰富安全的户外环境体验

婴幼儿学习的一个最重要的条件是有机会使用感官知觉去接受体验和刺激：用眼观看有变化的事物，用手操作各种物体，用耳聆听各种变化的声音。这些早期的感官经验对婴幼儿日后的学习行为有重要的意义。大自然中天空、花朵、树叶、果实的明亮色彩，草、木、沙、水的不同触感，虫鸣鸟语的不同声音，都可以给婴幼儿提供丰富的感知机会。丰富的环境能

▲ 图 3 - 24　摸摸小草

▲ 图 3 - 25　草地上玩泡泡

引发婴幼儿与之产生各种互动,从而发展动作与认知。家长应充分利用阳光、空气、水等自然因素,提供较大的、安全的活动空间,选择空气新鲜的户外场所,开展适合婴幼儿的户外游戏和体格锻炼,尤其保证冬季出生的婴幼儿接受日光浴的时间,提高其对自然环境的适应能力。

（三）营造积极的语言环境

语言的发展从新生儿出生那一刻就开始了。婴幼儿通过对语音的辨别、对语言交流整体情境的感知,以及咿呀发声练习,逐渐控制自己的声带。营造积极的语言环境有助于婴幼儿早期语言的学习、模仿和表达,是其后续语言发展的前提和基础。

1. 利用生活环节渗透日常语言环境,引发回应

婴幼儿日常生活的喂哺、盥洗等环节,可以作为引发其情绪情感、语言和社会交往的重要途径之一。例如,在喂哺时与婴幼儿开展交流:"宝宝肚子饿啦,要吃奶咯!"在盥洗时与婴幼儿开展交流:"宝宝尿片湿了,不舒服吧! 妈妈帮你换个新的。""好热呀,宝宝要洗澡喽! 水流下来啦,好舒服呀! 我们坐到水里去吧!""宝宝穿衣服啦,小手钻洞洞,小脚钻洞洞。"交流的内容围绕着养育的内容,轻松的语言让婴幼儿感受到亲切放松、自然惬意。通过每天的日常生活环节中有意义的输入,婴幼儿会更加积极地关注与成人的交流内容,配

▲ 图 3-26　可利用洗澡书进行互动

合度也会更高。这样温馨平和的语言环境能给婴幼儿带来舒适、安全但又丰富多彩的语言刺激和社会交往互动,逐渐地婴幼儿会喜欢和成人积极互动,并以特有方式作出回应。

2. 利用亲子游戏营造轻松语言环境,引发模仿

亲子游戏是以亲子关系为基础,以亲子双方情感交流为目的,以婴幼儿逗乐为途径的一种游戏,它不一定借助玩具材料,是1岁前婴幼儿最常见的游戏形式。在亲子游戏中婴幼儿可以体验感知语言、体验情绪情感,最后获得互动、模仿和认知。例如,我们最熟悉的"躲猫猫"游戏,成人可以用纱巾遮住自己,然后突然出现,并配以夸张的面部表情、有趣的象声词或简单的语言,给婴幼儿一种快乐的交流互动的体验。在游戏中,婴幼儿逐渐会期待和模仿,甚至会用其特有的语音或肢体动作作出反应,在快乐情绪中发展社会交往能力,积累并激发语言表达。

▲ 图 3-27　宝宝不见啦

▲ 图 3-28　宝宝出来啦

（四）建立安全的亲子依恋关系

婴幼儿的人际交往关系,有一个发生、发展和变化的过程,首先发生的是亲子关系,其次是同伴关系,再次是逐渐发展起来的群体关系。0—1岁阶段主要建立的是亲子关系,即婴幼儿同父母的交往关系,父母是婴幼儿最亲近的人,也是接触最多的人,在关怀照顾的过程中,与婴幼儿有充分的体肤接触、感情展示、行为表现和语言刺激,这些都会对婴幼儿的成长产生深刻的影响。

1. 满足口唇期需要,建立安全感

弗洛伊德将人的心理发展分为五个阶段,其中0—1岁就是口唇期。婴幼儿在这一时期最主要的活动是吃奶,并通过这种方式和妈妈互动,因此吮吸成为快乐的来源,口唇成为利比多投射的部位。妈妈给婴幼儿喂奶的敏感性、反应程度,对其心理成长意义重大。如果婴幼儿的口唇需要过度或者不足,可能造成口唇期的固着。比如有的父母对婴幼儿要求哺乳的信号不敏感,导致婴幼儿丧失安全感,长大后也会对其他人缺乏信任,难以建立正常的人际关系。与此相反,有的父母怕婴儿烦,总给一个奶嘴哄他,这样做可能使其长大后,出现依赖、缠人等不良的性格。这一时期的口唇需要没有得到适当满足,也易使儿童期的孩子养成咬铅笔、啃手指头的坏习惯。随着婴幼儿的成长,其主要食物发生变化,口腔活动的重要性逐渐降低,这时婴幼儿就进入了肛门期。①

2. 形成对环境的信任,建立信任感

埃里克森的心理社会发展理论认为人的一生有八个发展阶段,每个发展阶段都会出现一个主要的冲突或危机。如果个体想要成功应对后面发展阶段的冲突行为,就需要认真地解决前面阶段的冲突和危机。0—1岁的婴幼儿处于第一个发展阶段,其冲突是基本信任与不信任。婴幼儿需要通过与父母建立良好的关系,而产生对环境的基本信任。信任是对父母强烈依恋的、自然的伴随物,因为父母为婴幼儿提供食物,同时身体接触带来安全感。在精心呵护下,婴幼儿产生了信任感或自信,认为世界是美好的。如果婴幼儿的基本需要没有得到满足,遭受到粗暴对待或者经常回应不及时,缺乏身体的接近和温暖的情感,就可能发展出一种强烈的不信任感、不安全感和焦虑感。

3. 正确看待怕生现象,建立稳定的依恋关系

6个月以前的婴幼儿,不论谁抱总是喜欢的,见到陌生人也如此,只是比对妈妈笑得要少,此时他还不能明显区分熟人和陌生人;7—9个月的婴幼儿见到陌生人就开始显得紧张;9—12个月的婴幼儿见到熟悉的人表现出亲近、愉快的样子,见到陌生人则会感到不安、哭吵或躲避。这种对不熟悉的人的害怕被称为怕生,婴幼儿怕生不是毛病,一般随着年龄的增长会减轻。但个别怕生严重的婴幼儿长大后很可能是一个腼腆、怯弱的人,所以家长要注意教育和培养,例如应经常带婴幼儿接触外界,去公园等人多的场所,或经常让其和小伙伴一起参加活动,使其不断适应陌生的环境和陌生人。心理学研究发现多数婴幼儿都有不同程度的怕生现象,其产生和程度取决于很多因素。②

---

① 周念丽.学前儿童发展心理学(第3版)[M].上海:华东师范大学出版社,2014:92.
② 许积德,顾菊美.育儿咨询(第二版)[M].上海:上海科学技术出版社,2001:75—76.

表3-10 怕生现象的影响因素

影响因素	怕 生 表 现
父母是否在身边	如果有父母和亲密的人在身边,如被父母抱在怀中的婴幼儿,对陌生人就没那么怯生。
对环境的熟悉性	婴幼儿在熟悉的环境中(如家里)怕生的程度比在不熟悉环境中的怕生程度要小得多。
陌生人的特点	婴幼儿怕生主要是对陌生的成人,而对陌生的儿童则较友好、容易亲近。脸部表情较悦目、慈善、温和者也不易使婴幼儿胆怯。
与人接触的机会	很少与家庭以外的人接触的婴幼儿容易胆怯,尤其在三口之家,由于种种原因(如父母本身少交际,或怕孩子外出遭遇意外而关在家中等),怕生现象更为突出。一般来说,在托儿所或幼儿园中的婴幼儿,与在家里抚养的时候相比,确实要少些怕生的现象。
受到各种感官刺激的多少	婴幼儿听得多了、看得多了,就习惯去接受各种新的事物,对物或人有了较强的适应性。

怕生与依恋紧密相关。依恋是婴幼儿寻求并企图在躯体上与另一人保持亲密联系的一种倾向。依恋的对象主要是妈妈或其他亲近的养育者,依恋的主要表现为微笑、啼哭、咿咿呀呀、依偎、追随等。依恋是逐渐发展的,出生后6到7个月时较明显,妈妈接近时就表现得安静、愉快、舒适。不到1岁的婴幼儿,当看见妈妈要离开他时就会哭闹。亲子间的依恋是一种积极的、充满深情的感情联系,对婴幼儿形成最初信赖和不信赖的个性特点有重要的意义。婴幼儿所依恋的人出现会使他有安全感,有了这种安全感,婴幼儿就能在陌生的环境中克服焦虑和恐惧,从而去探索周围的新鲜事物,并尝试与陌生人接近。这样就可使婴幼儿扩大视野,其认知能力、智力都可得到快速发展。否则,长大后将不能很好地与他人交往。

▲ 图3-29 和爸爸妈妈一起玩

▲ 图3-30 探秘外面的世界

第三节　0—1岁婴幼儿家庭教育的常见误区

一、不了解发展的特点，盲目比较

早教活动不是一场竞技比赛

"宝宝，快！爬到外婆这儿来。快来抓小老鼠！"萱萱在外婆热情的招呼和可爱小老鼠的逗引下爬了过去，可还没等萱萱抓到小老鼠，外婆一个转身，拖着小老鼠走到了小楼梯旁。看到萱萱停了下来，开始东张西望，外婆有些急了，大声叫道："萱萱，快爬过来呀！你看，辰辰、妮妮会爬楼梯了，真厉害呀！萱萱快来爬楼梯！"萱萱却不为外婆着急的样子所动，而是转向了其他家长和宝宝在玩的小老鼠。只见萱萱铆足劲儿，快速地爬向其他宝宝的小老鼠，并伸出手抓到了小老鼠，小脸上露出了开心的笑容，外婆却在边上叹了口气。

由于意识到爬行对于宝宝发展的重要性，家长对爬行练习都很投入。而宝宝的表现有时达不到家长的心理预期，看到别的宝宝的爬行能力超过了自己的宝宝，有些家长会着急和失望，他们不希望自己的宝宝输在起跑线上。

随着信息化社会的发展，家长获得育儿知识的途径越来越丰富、便捷，大多数家长都知晓婴幼儿早期教育的重要性，对孩子各方面的发展比较关注和重视。爬行是1岁以内婴幼儿动作发展的核心内容，也是促进其他发展的关键。以此为例，在早期教育活动中常常看到因为不了解婴幼儿发展特点而盲目比较的现象。其实，爬行的发展受以下因素的影响。

（一）个体差异

个体差异是指由于受到遗传、性别、环境、教养等因素的影响，同月龄的婴幼儿之间，在发展速度、发展水平、体型特点、功能特点、达到成熟的时间等方面存在的差异，表现为形态功能、心理发育等方面的不同。婴幼儿越小，发展越快，变化越大。1岁内的婴幼儿经历了三翻六坐七爬等变化，每一个月的发展本身都是翻天覆地的。但是受先天发育、气质类型、后天环境支持的不同，个体间会呈现差异。很多家长只会以人家孩子的表现来对比自己孩子的发展，心理干着急：人家孩子8个月爬得很好了，自己孩子9个月怎么还不会爬；人家孩子10个月开口叫妈妈了，自己孩子11个月了就是咿咿呀呀不肯叫妈妈。诸如此类，家长如果不看自己孩子的原有发展特点，而是进行盲目比较，就会不客观不科学。

（二）经验差异

爬行是需要有一系列前奏的，并不是到了七八个月，把婴幼儿放在地上，他就会爬的。

抬头、翻身、俯卧是爬行的一系列前奏,尤其是当婴幼儿开始坐时,应经常让婴幼儿坐姿、翻身、俯卧等多种体位交换,并逐渐延长俯卧的时间,减少抱在怀里的时间,以免失去锻炼的机会。婴幼儿的爬行过程有很多阶段,成人应给予相应的支持。如手膝爬行熟练了,就可以提供有障碍的翻越爬行、穿洞爬行,利用家庭中的桌子、窗帘搭建遮盖的山洞,用靠垫、棉被、成人的身体做成小山,创设多种问题情境,给婴幼儿更多的体验与经验积累,使其尝试将行为目的和手段相区分和协调,解决日常生活中面临的问题。在爬爬、站站、走走中,婴幼儿的肢体平衡能力得到锻炼,逐渐由"爬多站少"向"爬少站多"过渡,最终独自站立起来行走。纵观整个发展过程,有个体差异也有经验差异。教养人只有多创设条件和机会让婴幼儿锻炼、积累经验,婴幼儿才能发展得更充分更好。

（三）气质类型不同

案例 3-4

不一样的宝宝

青青宝宝一进活动室,小眼睛就瞄准了地上的玩具小房子。他快速爬向玩具,抠抠这里、摸摸那里地玩了起来。老师和青青宝宝互动,青青宝宝笑眯眯地把小积木递给老师。阳阳宝宝和妈妈在一旁的角落里玩球,老师刚一过去,阳阳就把小球一丢,扑向了妈妈。妈妈说:"哎!这孩子特别黏人,不喜欢人家碰,像个刺毛虫,要很熟了才行。在家里只要我在,其他人他都不要。"

每个宝宝都有不同的气质类型,有的宝宝易于适应新环境、乐于与人互动,比较"好养",而有的宝宝则对新环境适应比较缓慢,甚至对不够熟悉的人表现出排斥,相对比较"难养"。家长应客观了解宝宝的气质类型,积极营造环境,提供互动机会,这样有助于培养宝宝良好的性格特点。

气质是神经反应的特征,既涉及个人的先天特性,也受环境、人际关系、接受刺激和活动条件的影响。气质既是稳定的,又是可变的,它在出生后的最初一段时间,表现得最充分。经过观察,可以发现新生儿的睡眠规律、活动水平、是否爱哭、哭声大小等,有明显的个体差异,因而表现出的情绪性、活动性不同,对陌生人是接近还是回避、对入托的新环境是否适应也各有不同,这些在婴幼儿早期已经表现出来的个人特点就是气质。

气质表现个人特点,并无好坏之分。婴幼儿的气质有不同的表现,根据这些不同的表现特征,可以将其归纳分类为若干类型,不同的学者有不同的归类方法。托马斯和切斯提出儿童气质类型的划分维度如下:将儿童气质分为易养型、难养型和启动缓慢型。当儿童的气质与周围环境协调时,调试良好,处于这一状态的儿童会获得最佳发展,反之当调试不良时,儿童易出现行为问题。婴幼儿的气质类型是儿童个性发展的最原始的基础,其特点具有先天的性质,父母是无法选择的,但在气质的基础上,儿童个性的形成受后天环境、教育条件的影响极大。教养者充分了解婴幼儿的气质类型,并有针对性地采取良好的、适宜的环境刺激,施加相应的教育影响,会促进婴幼儿的良好个性特点的发展。

二、不合理的饮食结构，营养不足

合理的饮食结构能让婴幼儿的营养摄入更全面、发展更健康。婴幼儿到了辅食添加的月龄，如果缺少适宜的辅食添加，营养可能会不足，生长发育会受到影响；而辅食中的"辅"字是支持、帮助的意思，也就意味着辅食不能代替主食。当前家长育儿过程中存在以下现象值得注意。

（一）主辅食颠倒

案例3-5

我的宝宝是大胃王

亲子活动中的家长沙龙环节，老师请家长谈谈孩子的辅食添加情况。翔翔妈妈自信地说："我家宝宝是个大胃王，吃得很好的，吃什么都嘛嘛香。他的一顿辅食粥或者面，我放些肉呀、菜呀，他可以吃三碗。"老师问宝宝奶喝得怎么样，翔翔妈妈说："奶也不少，宝宝现在9个多月，一昼夜能喝800 ml左右。"老师问到大便情况，翔翔妈妈有点无奈："他一天要大3次便，每次都很多，有时便便里还会有添加的菜。老师，这样正常吗？"

家长对婴幼儿的营养状况总是特别在意，却很少有人知道该怎样来评判婴幼儿的营养状况究竟是否良好。有时候，即便婴幼儿的营养状况很好，家长也常常感觉心里没底，于是就拼命往其小肚子里瞎填塞食物。结果事与愿违，好心常常办了坏事，婴幼儿的营养状况越来越糟糕。这一情况经常会发生在婴幼儿刚开始添加辅食时，家长会很用心地制作辅食，看到婴幼儿喜欢吃辅食就会一味满足，没有把控好量，导致其摄入奶量不足，又因为辅食固形物过多难以消化，造成主辅食颠倒，弄坏了肠胃，最终导致营养摄入不足，影响婴幼儿正常发育。奶制品是1岁以内婴幼儿营养的主要来源，对促进婴幼儿正常的体格和智力发育非常重要，是不能断掉的。平时喂养主要还是应以吃奶为主，随着婴幼儿月龄的增加、牙齿萌出越来越多，逐渐增加辅食量、减少奶量。

（二）辅食选择不当

有些家长认为孩子只要喜欢吃、能吃饱就好，在辅食的选择和制作上并不仔细研究，于是会出现过早添加辅食、随意添加辅食等现象。虽然添加辅食是婴幼儿成长中一件十分重要的事，但6个月以前的婴幼儿消化功能尚未发育完善，过早地添加辅食或者让他们吃跟成人一样的饭菜，容易导致消化不良，造成腹泻，影响生长发育。所以，家长不能因为婴幼儿爱吃就随便给他吃，要考虑其娇嫩的肠胃能否承受得了，没有到一定月龄不要盲目乱添加。

婴幼儿的饭菜尽量单独制作，应少用盐或不用盐，少放糖，不加调味剂，但可以加少量食用油。添加的食物要新鲜，制作过程要卫生，婴幼儿用的碗筷、勺子也要高温消毒，防止婴幼儿因吃了一些不干净的食物而生病。最好现吃现做，不要喂剩的食物。在给婴幼儿做饭时，要尽量丰富食物的种类、花色、口味，提高婴幼儿进食的兴趣。很多婴幼儿营养不良的发生都与不科学的喂养方式有着密切的关系。如果辅食添加不能做到及时、合理、安全、符合营养要求，就会影响婴幼儿的生长发育。

我家宝宝只吃银鳕鱼

当老师问到家长辅食添加一般吃什么鱼时，乐乐爸爸说："我们只给她吃深海银鳕鱼。这个鱼又鲜又没有骨头，还营养好，我其他鱼都不买的。"好几个家长听后也频频点头表示同意：给小宝宝吃就选择最好的、最贵的、最方便的银鳕鱼。

还有些家长认为给婴幼儿选择的食物一定是最好、最贵、最顶级的，因此会在辅食食材选择上存在固有模式，如：蛋一定要鸽蛋、鱼只吃进口海鱼等，殊不知食材虽然好，但饮食会有局限、不全面，还可能造成婴幼儿今后挑食的毛病。有些家长辅食过度依赖各种各样进口的辅食罐头和一些或购买、或自制的肉松、鱼松，虽然婴幼儿喜欢也方便添加，但它们的缺陷是食材放置久了新鲜度不够、过于软烂不利于婴幼儿口腔咀嚼练习。还有些家长认为动物内脏不干净就不给婴幼儿添加，而实际上动物内脏可以补铁补锌，也是婴幼儿生长发育必不可少的食材。可见，过于讲究或追求片面的好也会影响婴幼儿的生长发育。

三、不关注发展关键期，缺少方法

发展关键期的概念最早出现于实验胚胎学中，此后很快引起了生物学、行为科学和心理学的关注。20世纪30年代，奥地利习性学家劳伦兹发现，小鸭在出生后数小时就能跟随自己的母亲，且这一现象仅在这一时期发生。这说明动物某些行为的形成，有一个关键时机，错过了这个时机，有关行为就再也不能形成。小动物的其他行为也有类似的情形，劳伦兹将这种现象称为印刻，印刻发生的时期就叫做关键期。目前普遍认为，婴幼儿发展中存在着最佳发展年龄及敏感期这一现象，在某一特定的年龄时期，婴幼儿的某些发展或者行为十分敏感，学习起来非常容易，错过了这个时机，学习就会发生困难，甚至影响终身的发展。

（一）教养方式不当

没办法，宝宝就是要走不肯爬

诺诺爸爸扶着宝宝腋下，让宝宝在垫子上蹭蹭跳跳，好欢乐。又过了一会儿，爸爸拉过一辆学步车给诺诺玩。只见诺诺拽着小车子，身体摇摇晃晃地站了起来，很开心。一旁的爸爸边扶着车子边鼓励："诺诺，往前推！"老师见状说："诺诺现在才7个多月，不适宜站，让她多爬爬呀！"爸爸说："她就喜欢站，一有可以扶的东西就想站起来，让她爬就不高兴，我也没办法。"

婴幼儿从卧到坐、从爬到立要12个月左右的时间。有些家长因过于宠溺孩子,常将其抱在怀里,使孩子缺少了俯卧、翻身、坐爬等机会,错过了动作发展的关键期;也有些家长过早让孩子扶着站、扶着跳、扶着走,家里可以扶的东西又多,孩子自然就过早地站立和行走了,有些甚至跳过了爬行直接站立行走了。

其实,婴幼儿不宜过早学走,不满周岁的婴幼儿过早站立和行走,弊大于利,表现在会影响骨盆发育上。骨盆是由脊柱下端的骶骨、尾骨和髋骨愈合而成的。婴幼儿的骨盆尚未定型时,这三块骨头通过软骨相连,之间结合得不牢固,容易在外力的作用下发生位移,导致不正常的联结,从而影响骨盆的发育。此外,足弓是主骨通过坚强的韧带连接而成的,向上隆起的弓形,具有缓冲震荡的作用。婴幼儿的足骨肌肉和韧带还未发育完善,当足弓负荷超过它的负担能力时,可能使婴幼儿成为扁平足,下肢也会因负担过重而变形。

即便是已经具备了一定的腿部力量和身体平衡能力的婴幼儿,家长也要关注其站立和行走的情况:刚开始行走的婴幼儿对走来走去、看看玩玩非常投入,往往自己不知道调节,导致一天中大半时间都是站立的。家长要适时地引导其坐坐、爬爬,再走走,不让身体因太疲劳而影响发育。

(二)环境支持不当

与婴幼儿动作相关的研究表明,气候变化是一项重要的物理因素,出生季节对婴幼儿爬行动作的发展具有重要影响,不同季节出生的婴幼儿,其爬行起始年龄存在明显差异。冬季出生的婴幼儿较其他三个季节出生的婴幼儿,其爬行的起始年龄平均提前2—4周。婴幼儿可能开始爬行阶段的气温与其实际爬行的起始年龄之间也存在密切关系。研究认为婴幼儿爬行动作发展的季节效应与气温变化效应背后的内在因素是婴幼儿家庭生态环境的变化,即由于出生季节的不同及气温的差别,婴幼儿在爬行开始前自身的衣着、活动水平、日常活动场所与活动时间等因素发生了相应的变化,也因此导致家庭的养育活动存在较大差异。具体来说,冬季出生的婴幼儿,在其可能爬行的几个月中,由于气温正处于逐渐上升的阶段,父母会有意识地创造让婴幼儿爬行的机会,而春、夏、秋季出生的婴幼儿则正好相反。[1]

尽量为宝宝提供可爬行的时间、空间,并做好环境、衣着等支持很重要。例如家长可以选择较厚实的塑胶垫子让婴幼儿在上面爬行,也可以在婴幼儿洗澡前后开会儿空调,调节好温度并适当减少过厚的衣物穿着,让婴幼儿轻松练习爬行。无论在哪个季节,只要环境支持得当,让婴幼儿有充分的"地板时光",婴幼儿都能爬得很好。

四、不适宜的衣着玩具,过度追求

当今社会物质丰沛,商品琳琅满目、应有尽有,为家长提供了给婴幼儿选择物品的有利条件。然而,过度的物质追求往往也会带来一些弊端。

---

[1] 柳倩,徐琼.0—3岁儿童健康与保健[M].上海:华东师范大学出版社,2012:62.

（一）穿着打扮过度

宝宝的头花真好看呀

真真刚满7个月,是亲子班里最小的宝宝。妈妈很会打扮宝宝,刚一进教室就惹来了很多家长的赞赏:真真好可爱呀,真像个洋因因。只见真真穿着漂亮的小花裙、白色的连裤袜(袜子上还有两个立体的小动物),头上套了一个大大的蝴蝶结,肉嘟嘟地躺在垫子上,一看真像个娃娃。只听有两个妈妈在向真真妈妈询问:"这个蝴蝶结头花好看,哪里买的?可以发一下链接吗?我们也去买,宝宝戴了特别可爱。"

家长对婴幼儿的穿着自然是很用心的,什么样的牌子最流行最舒服、什么牌子最好看最酷炫都了然于心,并积极添置。1岁不到的婴幼儿的衣柜里、鞋柜里衣服鞋袜已经是琳琅满目了。有些家长会过度迷恋装扮自己的孩子,把孩子打扮成小王子小公主。这样的装扮确实可爱,但是孩子舒服吗? 以近年来家长尤为推崇的头花为例,不到1岁的婴幼儿头骨比较软,卤门还未完全闭合,此时在头上长期箍着一个有松紧带的头花,容易影响其生长发育,而且此时婴幼儿还未能清晰地表达自己是否舒适,过多的装扮对其来说可能是累赘,只不过满足了成人自己的喜好。从婴幼儿的舒适度、生长发育、动作发展等角度考虑,家长准备的衣物、鞋子及饰品应遵循简单、舒适、便捷的原则,切不可过度装饰。婴幼儿的穿着打扮应该以自然舒适、柔棉透气、便于运动为主。

（二）玩具选择过度

买了那么多玩具,宝宝却不大喜欢玩

几个宝宝对老师提供的塑料小瓶子特别感兴趣,滚滚、敲敲、摇摇,不亦乐乎。家长在一旁窃窃私语:"我们宝宝就喜欢这些小瓶小罐。""是呀! 我们也喜欢的,我买了很多好玩的玩具,她却兴趣不高。""对的对的,我们家宝宝就喜欢手机、遥控器、家里的拖鞋、篮子什么的,买的那么多玩具玩起来时间很短的。"……

宝宝喜欢玩的玩具一般是常见的、重复使用的,对购买的新奇的玩具,如果家长解读不够,或选择了不符合宝宝的发展特点的,宝宝不会玩,自然兴趣持续时间就不会长。不是家长觉得好的玩具,宝宝就喜欢玩。

对于婴幼儿来说,生活就是游戏,尤其是7个月及以上的婴幼儿,其随意和不随意的运动正在慢慢形成,视觉和触觉之间已建立了联系,会用手做各种动作,如扔东西玩、交换物品、

用拇指和食指捏东西等;同时,婴幼儿也逐渐开始通过爬行扩大活动范围,身体趋于灵活。而玩具在婴幼儿成长过程中扮演了极其重要的角色,它能锻炼肌肉,促进动作发展,启迪婴幼儿的心智。因此,家长普遍对婴幼儿的玩具比较上心,而且由于市场上、网络上的玩具品种特别丰富,选择采购又非常方便,家长往往看到喜欢的就买、看到认为有用的就买、看到流行的也买,再加上亲朋好友赠送的,家里的玩具都是一筐一筐的,出现过多过剩的现象。

的确,婴幼儿是在游戏中不断成长的,并且是通过丰富的玩具去感知世界、认识世界的。然而过多的玩具,有时会分散婴幼儿的注意力,过度频繁地更新玩具,有时会让婴幼儿始终处在新奇却不解的状态中。为了让婴幼儿能在游戏中健康成长,家长合理地选择玩具、使用玩具就显得尤为重要。

玩具除了要求安全耐用外,根据婴幼儿的年龄特点,最好的、最有趣的玩具往往最简单、最普通、最便宜。另外,玩具有多种类型和功能,对婴幼儿的影响和作用也不同。因此,选择玩具不要过于片面,不是看着五花八门的就是好的。同时,家长千万不能忘记生活中材料的运用,例如干净安全的小瓶小罐等都是婴幼儿喜欢的玩具。另外,家长还要注意定期、定时地给婴幼儿的玩具归类整理、清洁消毒,并根据其发展状态、兴趣特点等综合因素进行购买和提供。

思考与练习

1. 添加辅食时婴幼儿的饮食应注意的问题有哪些?

2. 如何看待孩子怕生的现象?

3. 如何形成安全的亲子依恋关系?

4. 1岁以内的婴幼儿站立行走是否越早越好?如何看待婴幼儿不爬就走的现象?

5. 现在的孩子物质条件好,购买衣物当然是越多越好、越贵越好、越好看越好。你怎么看待这样的说法?

推荐资源

1. **纸质资源**

(1) Debby Cryer, Thelma Harms, Beth Bourland. 0—1岁婴儿学习活动指导手册[M].鲍立铣,傅敏敏,译.上海:少年儿童出版社,2006.

(2) 艾莉森·戈波尼克,安德鲁·N.梅尔佐夫,帕特利夏·K.库尔.摇篮里的科学家[M].袁爱玲,廖莉,任智如,译.上海:华东师范大学出版社,2004.

(3) 河原纪子.0岁—6岁幼儿成长保育大全[M].陈涵石,译.北京:中国青年出版社,2012.

2. **视频资源**

微课程"高危儿的早期关注",上海市普陀区早教中心制作。

第四章

1—2 岁婴幼儿的家庭教育与指导

学习目标

1. 全面了解 1—2 岁婴幼儿家庭教育的内容
2. 有效运用 1—2 岁婴幼儿家庭教育指导的策略
3. 熟练掌握 1—2 岁婴幼儿家庭教育的常见误区及应对策略

本章导览

1—2岁婴幼儿的家庭教育与指导

13—18个月婴幼儿的家庭教育

◇ 13—18个月婴幼儿家庭教育的内容
◇ 13—18个月婴幼儿家庭教育指导的策略

1—2岁婴幼儿家庭教育的常见误区

◇ 求开口，叠词加儿语
◇ 求超常，阻止啃、撕、扔
◇ 求满足，无条件养育
◇ 求安全，双脚不着地

19—24个月婴幼儿的家庭教育

◇ 19—24个月婴幼儿家庭教育的内容
◇ 19—24个月婴幼儿家庭教育指导的策略

球球 16 个月了，妈妈为了让宝宝更好地感知和认识自己的身体，特地安装了一块大镜子。球球很喜欢对着这面大镜子手舞足蹈，甚至尝试做出夸张的表情。在持续一段时间的"舞蹈"后，球球突然对撕餐巾纸产生了兴趣。一次偶然的机会，妈妈观察到被球球撕下的餐巾纸碎片，由于静电作用，被吸附到了镜子上。球球看到后兴奋不已，又撕了很多张餐巾纸，并用手尝试把地上的餐巾纸碎片聚拢起来，扔到镜子上。但是这次却没有成功。

　　于是，妈妈拿来一块湿毛巾，擦拭了镜子。让球球再次尝试，这下好多餐巾纸碎片贴到镜子上去了。球球爸爸则用餐巾纸折了一艘小小的船，贴在了湿镜子上，只见小船慢慢地顺着镜面向下"游动"，球球看到后激动地拍起了小手……

　　我们可以看到，球球的爸爸妈妈，从环境材料的提供到陪伴引导，都给了球球探索的可能性。由此可见，家庭亲子陪伴蕴含着诸多教育契机，能够激发宝宝成长中更多的创造性。在这样的家庭教育中，不到 2 岁的宝宝，也表现出了极强的专注力和探索欲望。那么，针对 1—2 岁的婴幼儿，究竟该如何开展家庭教育呢，本节将给予详细的阐述。

　　接下来我们就分两个月龄段：13—18 个月，19—24 个月，来看看家庭教育的具体内容。

第一节　13—18 个月婴幼儿的家庭教育

一、13—18 个月婴幼儿家庭教育的内容

当婴幼儿进入 13 个月之后，就开始了一段快速生长期。这个阶段的婴幼儿在整体身形上，会有较为明显的变化，且在动作发展、认知能力、适应能力等诸多方面有迅速提升。这个时期，婴幼儿的成长十分关键，家长必须要加强相应的关注与指导。

13—18 个月的婴幼儿，大部分在学说话，且已经开始尝试行走。这将会大大地提升婴幼儿的情绪以及行为的表达欲望，并且他们的行动空间快速扩大。家长在这个时期，必须要有方法地加强与宝宝的沟通交流，让他们掌握初步的沟通和行动技能。

（一）13—18 个月婴幼儿的发展特点

1. 身体发展

13—18 个月是婴幼儿身体发展的快速期。从形态上看，此时婴幼儿的头部与四肢及身体其他部位相比较，在比例上更大一些，这使他们看起来仍有几分婴儿的模样。他们的手臂与大腿还比较短，且柔软（并非结实的肌肉），脸部看起来仍然相当圆润，这就使行走、低头拾物等技能的获得更有难度。所以，该时期的婴幼儿应该在肌肉和骨骼上有一定的发育，而身体动作的发展也对生长发育起到了推动作用。

（1）粗大动作。

▲ 图 4 - 1　1 岁宝宝头部比较大

表 4 - 1　13—18 个月婴幼儿粗大动作的发展

月龄 粗大动作发展	13—15 个月	16—18 个月
钻爬	保持 1 岁之前的钻爬兴趣，但钻爬速度更快，四肢更协调，还能很好地控制速度，可以突然停下，然后继续快速爬；可以在高低不平的地面上爬行，也可以更好地控制爬行方向。	婴幼儿的爬行能力每个月都会有进步；如果能提供更有趣、更有挑战的爬行场地，宝宝会学会低头钻爬，还可以绕障碍爬；爬行中，婴幼儿可以一下子坐起，关注吸引自己的事物，然后持物继续爬行。

续表

月龄 粗大动作发展	13—15 个月	16—18 个月
行走	初步掌握站立的技能；可以稳当地站立，也可以推着椅子、箱子等往前走两步；个别婴幼儿可以在成人的搀扶下行走，或者独立走出一两步；站立时间比较短，几分钟后就会坐下，或者趴下来爬。	可以初步独立行走，可以从站立到下蹲，可以独立着从坐到站立，可以弯腰拾物后撑地站起；有部分婴幼儿，行走时腿成 O 型，重心不太稳，极容易摔倒。
平衡	需要依靠外部力量来平衡身体并站起；站起后，可以随着音乐有节奏地连续蹲；在转方向的时候，需要借助外物来平衡身体，使自己不倒。	相较于前两个月，可以借助外部帮助，通过张开双臂来平衡身体，并站立着做出调整方向的动作；可以顺利爬过平衡木，但需要在成人的帮助下走过平衡木。
扔	扔是上肢粗大动作的标志性动作，可以在坐姿的情况下，做到单手扔；投掷方向一般朝下，所以投不高也投不远，更像是举起来后扔在地上。	能够坐着用双手扔，也能尝试站着单手扔；举高——投出的动作更连贯，力度更大；扔的方向还是朝着地面，且有时控制不好力度，扔后会立即往前摔倒。

拓展
阅读

扔

13—18 个月的婴幼儿特别喜欢扔东西，这其实是他们的运动技能在发展。因为随着婴幼儿的上肢力量、抓握能力和手眼协调能力等的进一步发展，1 岁到 1 岁半左右的婴幼儿，开始执着于扔东西。此时，我们可以通过提供合适的投掷物，让婴幼儿扔个够，比如豆袋、质量轻且好抓握的球、海绵飞盘、纱巾等。同时，我们还可以关注婴幼儿扔的动作的发展和进步。

单手扔是宝宝最先产生的扔的动作：一只手高举过头，然后将投掷物扔出去。13—18 个月的婴幼儿单手扔可以做到力度足够，但方向都是朝着地面的。家长在家训练的时候可以把婴幼儿放在小床或者沙发等高于地面的地方，让宝宝对准稍远一点的目标进行扔。适当的扔的训练有利于婴幼

▲ 图 4-2 扔海洋球

儿手部肌肉的发育以及身体协调能力的发展。

　　双手扔较之单手扔,对身体协调性的要求更高:两只手或是捧着一个大投掷物,或是拿着两个小投掷物,同时挥手扔出去。1 岁到 1 岁半的婴幼儿,在站立进行双手扔时,极容易往前摔倒。所以我们可以把婴幼儿放在软地垫上,或在充分保护下进行双手扔的练习。

（2）精细动作。

　　对于 13—18 个月的婴幼儿来说,精细动作的发展具体可以分为:手腕动作、手指动作和手眼协调。

表 4-2　13—18 个月婴幼儿精细动作的发展

精细动作发展　　　　月龄	13—15 个月	16—18 个月
手腕动作	手腕的灵活度还未充分发展;能快速换手,缓慢开盖取物体,但不能很顺畅地舀东西;由于手腕控制力弱,婴幼儿经常用大臂带动手腕运动。	手腕的灵活度和控制力越来越好,能够熟练地翻盖取物,喜欢舀东西(豆类或者沙水等),但动作依旧不太流畅;在成人的指引下,能关注到自己手腕的运动和翻转。
手指动作	熟练而习惯地呈爪状抓握、拿取长条或者有柄的东西(蜡笔、玩具铲子等),喜欢拿着末端;钳状抓握的能力慢慢显现,但使用起来不灵活。	更多地使用钳状抓握:大拇指和食指能够进行更精准的抓握,因此拿蜡笔时会拿住笔身而不是笔尾;按琴键时,几个手指同时按下,但五指分离能力还不够。
手眼协调	能较好地完成单手取物对准瓶放入的动作;会走到套圈玩具前,把圈圈套到玩具上;能完成 2—3 个大积木的垂直叠高;插洞洞的速度比较慢,需要较长时间,以完成力度和准确度的调整;与其说会撕纸,不如说会用手指的力量"扯纸"。	能够完成一手拿着瓶子,另一手取物放入的动作;可以尝试用相对硬质的材料(比如扭扭棒、吸管等)完成串珠;还不足以用绳线完成串珠游戏;会用前后"扯"的办法撕纸,但两边手指不够靠拢。

案例 4-1

这也是串珠玩具

▲ 图4-3　吸管穿筷筒

16个月的嘟嘟很喜欢拆吸管，家里独立包装的吸管，都被他一根根剥开来了。这些吸管既然已经不能使用了，妈妈就想到了用吸管做串珠游戏的材料，以此锻炼宝宝的精细动作，也可以提高宝宝的专注力。

可是家里找来找去都没找到吸管可以穿过去的串珠积木。突然，妈妈看到了有洞的筷筒，于是拿过来给嘟嘟玩，嘟嘟从一开始只穿单面洞洞，慢慢自主发展为对穿，一玩就是十分钟，兴趣盎然。原来吸管和筷筒也可以做串珠玩具呢！

2. 语言发展

对于大部分家长来说，他们在婴幼儿这个阶段最期待的一件事情就是婴幼儿开始学说话，能够与他们进行简单的沟通交流。不过这个阶段的婴幼儿的语言活动处于被动的状态，因为婴幼儿只是暂时粗浅地理解了语言的表达方式，但是运用还是不够灵活自如。[1]

一般情况下，婴幼儿在1岁左右开始进入正式学习语言的阶段。在短短两年的时间里，他们就初步掌握了母语的基本语言，所以该阶段是婴幼儿语言真正形成的时期。婴幼儿语言发展的基本规律是：先听懂，后听说。

▲ 图4-4　表现出指认的兴趣，并用"汪汪"替代小狗的名称

表4-3　13—18个月婴幼儿的语言发展

语言发展	月龄	13—15个月	16—18个月
倾听		语言发展建立在倾听的基础上，已经能够将语词从语音语调的复合情景中分离出来，作为独立信号来引起相应的反应。	婴幼儿通过倾听，积累了不少语词，能听懂成人的指令语句。

---

[1] 曹敏辉，等.130例婴幼儿认知语言运动发育与性别的关系研究[J].中国妇幼健康研究，2017，28(11)：29—31.

月龄 语言发展	13—15 个月	16—18 个月
表达	能够发出单音重叠词，如把小狗叫做"汪汪"；对词的理解还不够准确，会出现一词多义的现象，比如把小狗叫"汪汪"，把其他有小狗局部特征（毛毛的）的事物，如带毛的靴子、毛领子等都叫做"汪汪"；由于语言发展不足以承载宝宝的表达欲望，他们会借助行为和情绪来帮助表达。	经常用一个词代替句子，使成人通常需要借助具体情境来理解句子的含义。例如，婴幼儿说"拿"这个词时，有时代表他要拿玩具，还有时代表他要拿别人手里的食物。[1]接近 18 个月时，不少婴幼儿可以说出一些简短的双词句，如脱鞋鞋、吃饭饭。

3. 认知发展

婴幼儿在 13—18 个月期间，越来越聪明，认知发展速度很快。但他们表现出来的却往往是各种破坏性行为，这让有些家庭成员头痛不已。其实，这是由于婴幼儿在认知过程中会用各种感官去与外界互动，从而产生了相应的互动行为。他们可以通过看、听、抓、吮吸、摆弄、推倒等多种方式对外部环境和材料进行了解，这对于他们是一个巨大的突破，也会推进婴幼儿观察和注意、记忆和思维等多方面认知能力的发展。

表 4 - 4　13—18 个月婴幼儿认知的发展

月龄 认知发展	13—18 个月
感知觉	五官觉（视听嗅味触）是婴幼儿感知世界的窗口，婴幼儿五官觉的发展在该月龄段均已初具水平：五官觉中，视觉水平略低于成人的水平，除了视力不及成人外，对颜色的辨别也不敏感；该月龄段的皮肤感觉尤为敏感，包括对温度的敏感、对身体不同部位触觉的敏感、对疼痛的敏感等；基本能辨别圆形、正方形、半圆形，个别能辨别长方形、三角形；视知觉的大小恒常性不稳定，能知觉出眼前比较明显的大小不同的物体，但不能理解物体的实际大小尺寸，不会因为物体离自己距离的变化而变化，也不会感知大小差异不大的物体间的区别；在方位知觉和立体知觉上，能辨别上下，不能清晰辨别前后左右；有初步的立体知觉，看到低矮的桌椅、洞洞，会矮下身钻过去，看到悬空会害怕，但不能精准感知身体是否能爬过障碍，钻过洞洞。 在时间知觉上，水平较低，除了生理上的条件反射，比如如厕、喝奶等有固定时间，基本没有时间的概念，但对事情发生的顺序，有一定的感知，比如晚上刷牙时候，预知接下来要睡觉了。

---

① 李晓巍．学前儿童发展与教育［M］．上海：华东师范大学出版社，2018：37．

月龄 认知发展	13—18个月
注意力	注意力容易被新鲜事物吸引,但多处于无意注意状态,有意注意处于萌芽阶段;能用动作回应大人的呼唤,并根据单一指令做出相应的简单动作;巨大的声响、绿色草丛中的红花、操场上快速飞过的小鸟等,都容易引起该年龄段婴幼儿的无意注意;任务意识弱,但在家长的帮助下,能完成简单的、短时的任务,比如拿拖鞋、关门等。
记忆及思维	喜欢模仿成人的动作,喜欢重复的行为,如果模仿偶有延时,这也标志着婴幼儿记忆能力的出现;反复摆弄物体,出现假装动作,如用各种类似电话的东西,做出打电话的样子;开始知道书的概念,如喜欢模仿翻书页;知道简单的因果关系;会在一堆物品中挑出与其他不同的物品,会对物品进行2—3个种类的单维度分类;知道多和少的区别,比如会去抓多的糖果;对事物的存在和消失特别敏感,喜欢小手一摊来表达某一事物没有了;喜欢做推倒、填满、倾倒、扔、播撒等动作,喜欢看到皮球在自己的推力下,滚到远处。

4. 情感和社会性发展

案例 4-2

是"可怕的两岁(terrible two)"提前了吗?

在家长沙龙里,凯凯妈妈和早教班的老师、家长抱怨:进入了16个月的凯凯,特别会耍赖和哭闹。他想要的东西就一定要,旁人或是转移注意力,或是直接拿走,都不行。如果不满足他,他就大哭,继而躺在地上,用四肢拍打地面。在家里,即使不理睬他,他都可以闹半小时。在外面这样哭闹,更是引得路人驻足。别人都说2岁的婴幼儿很让人头疼,现在凯凯才刚刚1岁多,话都不怎么会讲,怎么那么难带?面对不怎么会说,又不怎么听得懂道理的宝宝,他们情绪失控时,家长又该怎么办呢?

其实对于13—18个月的婴幼儿来说,情绪情感是完全不可自控的,他们的行为、表情受到情绪情感的影响非常大。该月龄段婴幼儿的社会交往,更多依赖他人的行为和表情,他们会据此来调节自己的行为。在这种社会性互动中,婴幼儿慢慢形成了相对稳定的情绪态度,甚至是个性。

表4-5中将从情绪表现、自我意识、社会交往三个方面展开,阐释13—18个月婴幼儿的情感和社会性的发展特点。

表 4-5　13—18 个月婴幼儿情感和社会性的发展

情感和社会性发展　　月龄	13—18 个月
情绪表现	情绪不稳定,变得容易受挫,受挫时常常发脾气;情绪易受感染,看到别的小孩哭的时候,表现出痛苦的表情或跟着哭;对常规的改变和所有的突然变化表示反对,对新环境表现出抗拒,情绪也变得不稳定;会依附安全的东西,如毯子等,个别孩子吮拇指的习惯达到高峰,特别是在睡觉的时候;喜欢说"不"或者"不要";在进行简单的躲猫猫游戏时,看到成人突然出现会咯咯笑,能理解并表现出与成人共同游戏的欢乐。
自我意识	能够在镜子中辨认出自己的形象,看到自己的照片也会表现出兴奋;对玩具有自己的选择偏爱,比如一些男孩偏爱车或者可以机械运动的东西(电风扇、洗衣机),女孩则偏爱毛绒玩偶或是闪亮的东西,而且很多婴幼儿都有稳定的依恋物;醒着躺在床上的时候,会四处张望;喜欢把粘纸贴在自己的脸上,并对着镜子欣赏。
社会交往	喜欢单独玩或者观看别人的游戏活动;开始能理解并遵从简单的行为规则;会模仿成人做社会性的回应,如拿起电话说"喂",离开了说"拜拜";对陌生人表现出好奇的一面或者表现出警惕的一面;完全不能理解分享或是交换,和同伴在同一空间里玩的时候,喜欢把很多玩具捧在手里,与同伴交流不多,更多时候或是专注于玩具材料,或是寻求家人的互动和关注。

拓展阅读

用"啊"代替"不"

　　13—18 个月的婴幼儿,把大部分的有限的语言和肢体表达都献给了"不"。他们的"不"来自于平日对成人动作和语言的模仿:不要碰插座,不可以拿剪刀,不能边吃边玩,等等。

　　婴幼儿的模仿慢慢从行为、语言,推进到情绪和社会交往:成人流露出尊重,婴幼儿也会懂得尊重;成人表现出情绪紧张,他们也学会了情绪激动;成人表露出更多的控制,婴幼儿也想挣脱"控制",反过来"控制"当下局面。

　　所以我们在遇到要说"不"的时候,可以尝试用:停、烫、当心、过来抱抱、嘘等可以提供具体解释或者方法的语言和行为。当情况紧急,或是你词穷的时候,你可以用"啊"代替"不","啊"可以转移婴幼儿当下的注意,也表达了对宝宝的关切。

（二）13—18个月婴幼儿家庭教育指导的重点内容

家庭教育的内容会随着婴幼儿月龄的递增发生明显变化。进入1岁以后，由于婴幼儿在生活、身体、语言、认知、社会性等方面的发展较之前有明显进步，因此13—18个月婴幼儿家庭教育的内容也更能凸显其月龄特点。

1. 着力生活习惯的养成

（1）13—18个月婴幼儿的生活习惯。

① 饮食习惯。1岁后可以逐渐跟着成人吃一般的食物，只是需要剪碎些，另外要注意膳食均衡，不挑食，少吃加工食品和零食，不用奶替代正餐。在喂养方式上，可以尝试练习用手或者汤勺吃饭，吃不完再喂，同时有固定的就餐位置，不可追着喂。

拓展阅读

1—2岁婴幼儿膳食营养素参考摄取量

奶（牛奶）	2杯	五谷（米饭）	1—1.5碗
蛋	1个	油	1勺
豆类	1—3块	深绿色或深黄红色蔬菜	1两
鱼	1—3两	其他蔬菜	1两
肉	1—3块	水果	1/3—1个

② 如厕习惯。排泄在纸尿裤里会及时表达，一天大便1—2次，养成固定的晨便时间，但不必过早训练如厕；开始知道大便要大在坐便器里，愿意让成人帮忙擦屁股。

③ 睡眠习惯。固定晚上入睡的时间，不要太晚，同时尝试戒掉夜奶；养成午睡的习惯。

④ 卫生习惯。饭前便后、进家门后要洗手，吃好饭会自己拿纸巾擦嘴，会把垃圾扔进垃圾桶。

⑤ 待人习惯。看到熟人会挥手打招呼，离开了会摆摆手说再见。

⑥ 游戏习惯。游戏后会在成人的引导下，收好玩具；独立游戏，不会直接抢同伴手里的玩具；能遵守简单的游戏规则，比如不要把玩具零件扔出来。

（2）指导策略。

① 遵守固定的规律。这个月龄段的婴幼儿虽然没有时间概念，但正处于顺序敏感期，生理时间也很敏感，所以我们不但要做到吃饭、如厕、睡眠等生活环节的时间固定，还要做到环境的固定、教养人的固定，帮助婴幼儿形成稳定的生活规律。

拓展阅读

13—18个月婴幼儿的一日作息参考表（酌情调整）

6：00　如有晨奶需求，可喝完200 ml后继续睡

7：00　听固定音乐起床（穿衣、洗漱、培养晨便习惯）

8：00　早餐（可视情况喝100 ml左右的奶）

9：00　户外活动

10:00	小憩(慢慢缩短上午的睡觉时间)
11:30	午餐
12:00	午休,其中午睡 2—3 小时
15:30	点心(包含 100 ml 奶)
16:00	游戏时间
17:30	晚餐
19:30	睡前奶 240 ml
20:00	入睡(夜间睡觉 10 小时以上)

② 尊重宝宝的感受。在婴幼儿身体不适或者有情绪的情况下,先尊重婴幼儿的感受,再做出适当的调整及引导,不可死板地执行生活习惯。

宝宝爱挑食

瑶瑶长得比其他小朋友瘦小一些,妈妈觉得这可能是由宝宝爱挑食引起的问题。到了吃饭时间,瑶瑶看到碗里有绿色蔬菜,就不肯吃饭。为了让不爱吃菜的瑶瑶多吃点菜,妈妈特意做了青菜面,可瑶瑶还是不赏脸,看到菜就拒绝吃。吃到菜末,就用舌头顶出来。妈妈又着急又生气,就强行喂她吃,瑶瑶就开始情绪失控,大哭并呕吐。

后来听从了老师的建议,瑶瑶妈妈先肯定了宝宝的想法:菜的确不好咀嚼且不方便吞咽。然后妈妈当着瑶瑶的面,用食品剪刀剪碎了菜,并将碎菜叶拌在白米饭里,舀了一勺,引导瑶瑶看:白米饭里躲着一只"绿兔子",它害怕大灰狼,最好能到瑶瑶的肚子里躲一躲。瑶瑶一下就接受了,张大了嘴巴,自己用勺子吃下了伴着菜叶的米饭。

▲ 图4-5 婴幼儿的食品剪

从这一案例中可以看出,观察并肯定婴幼儿的感受很重要,有时候我们可以视情况妥协,更多的时候,我们应该表示出对婴幼儿感受的尊重,并用婴幼儿愿意接受的方式引导他们。

③ 遵从事先的约定。可以通过固定的仪式约定好生活环节的开始和结束。比如在入睡前,可以先播放固定音乐,调整房间灯光,引导宝宝选择一本睡前绘本,以此提示宝宝:马上就该睡觉了。

④ 遵循发展的需要。随着月龄的增大,婴幼儿的生理状态慢慢发生改变,我们应该根据

婴幼儿的发展情况,及时调整生活习惯,比如戒掉夜奶、增加硬一点的食物等。

2. 关注感知觉的发展

感觉和知觉都属于认识活动的低级形式,通过感知觉,婴幼儿将外界物质环境与自身心理活动联系起来,从而为记忆、思维、想象和创造等更高级的认知行为奠定了基础。

心理学家皮亚杰指出,13—18个月的婴幼儿处于感知运动阶段,此时语言还未形成,需要通过感知觉来与外界取得平衡,处理主、客观事物之间的关系。这个阶段,婴幼儿表现出好奇心,喜欢探索,有目的地改变行为来观察结果(如摇晃不同的拨浪鼓来听声音),同时积极探索周围的世界,观察物品、事件或情景中的新奇之处。

所以在家庭教育中,我们要多刺激该年龄段婴幼儿的感官感受,调动他们的知觉体验。要促进感知觉发展,有三个方面需要我们关注:婴幼儿与人的互动、与环境的互动、与材料的互动。家长可以在与婴幼儿互动的同时,采用以下方法进行指导。

▲ 图4-6 宝宝认真地听早教机中播放的内容

(1)创设更合理的听觉环境。

13—18个月的婴幼儿,其听觉神经相对于其他感官的发展水平,已经相当成熟。这个阶段的婴幼儿,对声音的反应很敏锐,他们开始懂得分辨不同的声音,并且理解声音中所传递的信息。家长可以通过音乐和语言,为该月龄段的婴幼儿创建更合理的听觉环境。

①音乐的律动。这个月龄段的婴幼儿处于节奏敏感期,喜欢用粗大动作表达对音乐节奏的理解。②音乐的信号。家长可以用固定的音乐作为提示信号,来提示婴幼儿进行生活环节的切换。③音乐的风格。在游戏、休息、起床等生活环节可以播放不同风格的音乐作为创设听觉环境的材料。④语言的长短。13—18个月的婴幼儿通过听觉输入语言学习的内容,家长可以尽量缩短语言长度,用单一名词或是主谓和动宾的结构来完成短句表述。⑤语言的音量。要保护好婴幼儿的听力,注意在和婴幼儿近距离交流时,控制好自己声音的大小,不要太响。⑥语言的色彩。即利用表情、行为以及语音语调,增加婴幼儿对语言的关注和兴趣。

案例
4-4

磨耳朵有用吗

近年来,流行一种被称为"磨耳朵"(passive listening)的英语学习方式。刚开始许多婴幼儿的家长对磨耳朵的理解很简单,以为就是大量的英语语音输入,于是便买了播放器,不断地让宝宝听。很多家长深信且深爱磨耳朵,认为这种省心又省钱的好办法,可以帮助婴幼儿建立英语听觉环境,且婴幼儿年龄越小,磨耳朵越有效果。但是,磨耳朵真的有用吗?

尼莫妈妈从宝宝4个月就开始磨耳朵,磨耳朵的材料不仅仅限于英语儿童歌曲,还包括动画片选段、交响乐等。可到了18个月,尼莫也没有开口的迹象,更别提英语表达了。

其实,磨耳朵是指英语语音输入积累的总称,既包含精听又有泛听,既有无意识的语音输入也兼有听力的理解。

尼莫妈妈的背景式播放,属于一种无意识的语音输入,婴幼儿年龄越小,越难以通过这样的磨耳朵获得有效的输入,甚至容易产生"选择性听力",而减少听力注意的广度。因此,家长应该对一些所谓"省心、省力、省钱、有奇效"的东西保持警惕,多多为婴幼儿创设与人互动的、有意义的听觉环境。

（2）打开更广阔的户外视野。

在该月龄段,婴幼儿获得了行走的技能,非常向往外面的世界。此时是推进他们感知觉发展的好机会,可以让婴幼儿在户外看一看、闻一闻、摸一摸、扔一扔、跑一跑,期间婴幼儿所接触到的事物都在刺激他们不断地感知感受。

（3）尝试更丰富的触觉感受。

13—18个月的婴幼儿正处于触觉敏感期,我们可以通过丰富其触觉感受来联结触觉和其他感知觉之间的关系。比如:通过玩"触摸板不一样"的游戏,来加强触觉记忆;通过玩水、玩雪、玩冰,感受不同温度下,物体状态的不同;通过玩沙、石、土,探索不同状态物体的不同触感。

▲ 图4-7　玩触摸板

▲ 图4-8　玩雪

（4）提供更多的玩乐机会。

玩对婴幼儿来说是最重要的事,他们通过玩具发展粗大动作和精细动作,同时也提升了感觉统合的能力,因此选对适合婴幼儿的玩具,可以促进婴幼儿大脑的发展。适合13—18个月婴幼儿的玩具包括:拖拉玩具、各种玩具书、积木型玩具、敲打型玩具、球类玩具、组合型益智玩具、自制玩具等。同时要注意,这阶段的婴幼儿喜欢把玩具塞到嘴巴中,因此一定要注意玩具的材质和大小,避免误食。另外此阶段需要更多的陪伴,才能慢慢培养婴幼儿的专注力和兴趣。

▲ 图 4-9　益智玩具　　　　▲ 图 4-10　球类玩具　　　　▲ 图 4-11　自制玩具

3. 提供安全的生活环境

（1）合理布置物理环境。

首先，根据婴幼儿的年龄及时调整家居布局。在13—18个月期间，婴幼儿的粗大动作经历了"爬行——走——下蹲——稳步走"的过程，每个月龄段都能获得新的发展，因此家长要根据婴幼儿的发展特点，及时调整家居布局。例如，在婴幼儿练习爬行时，可以在床上放置一些婴幼儿感兴趣的物品，吸引其爬行。再如，在婴幼儿扶站的阶段，要撤掉家里带轮子的椅子或者储物柜，防止婴幼儿因推行而摔倒；同时，家长还可以把适合婴幼儿身高的物品摆放在一起，方便其在家中自由而安全地进行扶走。

其次，有序摆放家中物品。13—18个月的婴幼儿正处于秩序敏感期，像拖鞋的摆放、就餐区域的设定、玩具的摆放等，都应该有相应的规定。这样对于婴幼儿来说，除了可以排除卫生和安全问题以外，还可以给婴幼儿更多的秩序感和安全感。

最后，定期检查家中的安全隐患。在婴幼儿活动的区域内，家长需要排除所有的安全隐患，特别要注意浴室、阳台、厨房等危险区域的设施，同时小心保管药品、细小物品、易碎品等，使其不在婴幼儿可接触的范围之内。另外，家长应当定期以婴幼儿的视角审视家中的环境和布置，可根据婴幼儿的月龄段采用爬行或蹲走的方式常看家里的场地，特别仔细观察地面是否平整、柜子上是否有容易下坠的物品、周围是否有尖锐物等，以此确保婴幼儿的安全。

拓展
阅读

如何确保家居环境安全

1. 物品柜

● 剪刀、剃须刀、别针等尖锐物品放在婴幼儿碰不到的地方。

● 药品等危险物品放在婴幼儿碰不到的地方，并把盖子盖好。

● 柜子的门用安全搭扣锁上。

2. 浴室

● 淋浴喷头下面要用防滑垫。

- 水龙头用软布包裹好。
- 确定电器不会碰到水。
- 卫浴用品和化妆品在婴幼儿接触不到的范围。
- 为避免婴幼儿把自己反锁在浴室内,不要为浴室加锁,可以在浴室内外的高处各装一个插销供成人使用。
- 马桶上盖并用安全扣扣住。
- 浴室内不放置玻璃制品。
- 最重要的是,不要将婴幼儿一个人留在浴室内,防止溺水和烫伤。

3. 厨房

- 婴幼儿的喝水杯不可以用玻璃杯。
- 刀、陶瓷碗、锅盖等,放置到婴幼儿够不到的地方。
- 不要在厨房中摆放可供婴幼儿攀爬的椅子或柜子,婴幼儿可能会借此攀爬至厨房台面。
- 仔细检查置物架的重心是否稳当。
- 检查瓷砖地板上是否有防滑垫。
- 搅拌机、烤箱等小家电在不用的时候要拔掉插头。
- 确保厨房台面上的桌布和家电的电线没有垂到台面外面。
- 最重要的是,婴幼儿能够到的地方很可能比你想得高,如果厨房安全隐患多,可以直接用安全扣把厨房门关上。

4. 卧室

- 确保婴儿床有安全认证的标贴,符合安全标准。
- 确保婴儿床用的涂料不含重金属。
- 确保婴儿床栏杆上的防啃条是无毒的。
- 检查婴儿床可放下的那一侧栏杆,确保它不会被婴幼儿随意解开。
- 确保婴儿床栏杆之间距离不超过 6 厘米,防止婴幼儿将头塞入。
- 检查婴儿床所有零件和表面,确保没有掉落和凸起。
- 小月龄的婴幼儿最好和父母同房间睡觉,如果是分房,一定要装一个有声的婴儿监视器。

5. 车内

- 一定要给婴幼儿坐安全座椅。
- 汽车开动的时候,提醒婴幼儿不要乱动,哪怕是很短的一段距离,也要好好系好安全带。
- 尽量关闭婴幼儿一侧的车窗,防止吸入废气或是异物飞入。
- 车内不要玩尖锐玩具,如小飞机等,可能会造成危险。
- 时刻注意婴幼儿的手和脚,不要放进门缝或是车内其他缝隙中。

6. 安全围栏

- 确认安全围栏的作用,如果已经围不住婴幼儿后就可以撤掉。
- 如果想用安全围栏给婴幼儿设定游戏区域,可引导其从围栏的"门"里进出。
- 安全围栏要稳固,不能一推就倒。
- 围栏内不要放大的玩具、箱子和积木,婴幼儿可能会将其当作台阶爬出去。
- 确保围栏上的锁不会夹伤婴幼儿的手指。

▲ 图 4-12　婴幼儿固定的游戏区域

（2）重视心理环境的创设。

第一，确立稳定的教养人，尽量稳定婴幼儿的教养环境。现代家庭结构较为复杂，育儿的工作又比较繁重，因此常常出现一个婴幼儿有多位教养人的情况。更有甚者，婴幼儿在多个教养环境中被养育，出现你带一天、我带一天这样的情况。实际上，这样的情况对于婴幼儿的作息规律和情绪情感都是有害无益的。只有相对稳定的教养人和教养环境才有利于婴幼儿建立更稳定的安全感，特别是在一岁半之前，如果频繁更换教养人，可能会引起婴幼儿的作息混乱，使其难以形成安全稳定的依恋感。因此，家长要降低频繁更换教养人和教养环境的可能。

第二，拥有稳定的依恋物。对于婴幼儿来说，稳定的依恋物是他们在教养人之外最重要的情感寄托。在婴幼儿需要的时候，家长可以允许他们拿着依恋物。例如，当婴幼儿的情绪情感遇到挑战的时候，家长就可以拿出依恋物，引导婴幼儿平复他们的情绪。

案例
4-5

大家一起找小熊

▲ 图 4-13　宝宝和他最爱的依恋物

在一次周末的亲子早教活动结束后，中心主任在全体教师群里发了一张毛绒玩具小熊的照片，请大家帮忙尽快寻找。这个毛绒小熊是鸣鸣的依恋物，他带来早教机构之后，不小心将毛绒小熊遗失了。遗失了毛绒小熊的鸣鸣，情绪有一些失控……在老师们的帮助下，终于找到了鸣鸣的毛绒小熊，他的情绪也逐渐平静下来……

在这个案例中，可以看到依恋物对于婴幼儿的情绪安抚起到了很大作用，而依恋物一旦被剥夺，则会对婴幼儿的情绪造成负面的影响。因此，家长要允许婴幼儿拥有稳定的依恋物，如果依恋物不慎丢失或者损坏，也要尽力寻找或者恢复原样，保证婴幼儿的情绪稳定。

（3）提前学习急救知识。

我们常说，婴幼儿没有自带说明书就降生了。很多父母在生孩子前，都对育儿诸事了解得并不深入。但是，在婴幼儿1岁以后难免发生一些突发的或是伤害性的事件。因此，家长有必要学习一些急救知识，比如海姆立克急救法、人工呼吸法、简单包扎法等，以备

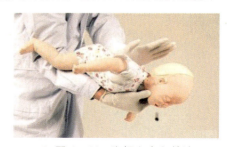

▲ 图 4-14　海姆立克急救法

不时之需。

例如，当食物或细小的东西卡在婴幼儿的气管中时，很有可能会导致其窒息。此时，家长就应该使用海姆立克急救法，即马上把婴幼儿抱起来，一只手捏住其颧骨两侧，手臂贴着前胸，另一只手托住其后颈部，让其脸朝下趴着。在婴幼儿背上拍1—5次，观察婴幼儿是否将异物吐出。

二、13—18个月婴幼儿家庭教育指导的策略

（一）进行高质量的亲子陪伴

众所周知，对于3岁以下的婴幼儿来说，需要教养人对其投入足够的关注和陪伴。我们可以通过游戏、运动等形式，提供高质量的亲子陪伴。

案例4-6

让爸妈头疼的高质量亲子陪伴

好不容易到了双休日，甜甜的爸爸妈妈想着平日工作忙，若能在周末进行高质量的亲子陪伴，尚能弥补平日陪伴不足的遗憾。于是进过商议，他们把陪伴内容设定为在儿童乐园玩：甜甜喜欢玩滑滑梯，同时又能获得和社区其他同龄宝宝互动的机会。

可是，刚到公园门口，甜甜就赖在地上不走了。原来，她被地上的小蚂蚁队伍吸引了，蹲在地上观察起来，挪不动步。好不容易，用语言引诱和抱起转移注意的办法把甜甜带离公园门口，来到了儿童乐园。甜甜双脚一着地，就走到大树下，用细皮嫩肉的小手，去抓取地上的泥土。

这次，任由爸爸妈妈怎么劝阻、转移注意，甜甜都坚持要玩地上的泥土，最后情绪失控地躺在地上大哭。爸爸妈妈预想中周末快乐的亲子陪伴时光并没有如期而至，换来的却是各种折腾和失控。这让爸爸妈妈觉得高质量的亲子陪伴是有难度的，也更觉得这个年龄段的宝宝很难带。

常见的亲子陪伴中，家长更多是以自己认为好玩的，或是对该月龄段的婴幼儿成长有帮助的方式陪伴他们，如有意识地引导宝宝玩益智积木、给宝宝一支蜡笔画画、带宝宝去公园运动或是去动物园看各种动物……但更多时候家长费尽心思安排的亲子陪伴内容，有时会在瞬间遭到否定或是破坏，这让家长会产生无法和该月龄段婴幼儿沟通的无奈感。

我们需知道：一则，这个月龄段的婴幼儿处于细小事物敏感期和触觉敏感期，对那些容易被成人忽视的，或是成人嫌脏的事物表现出很大的兴趣；二则，他们的视角受身高限制，与成人的观察视角不一样；三则，1岁之前，婴幼儿在日常家庭生活中受到了太多照顾和约束，在产生独立自我的成长过程中，他们对高质量亲子陪伴最大的寄予是"被看见"和"被认可"，是能够自由地操作材料。所以家长在条件允许的情况下，应该尽可能选择宝宝感兴趣的内容进行亲子陪伴，这样的陪伴才可谓是高质量的。

1. 在陪伴中尝试扮演观察者和协助者的角色

蒙台梭利说过:除非你被孩子邀请,否则不要去打扰孩子。这个月龄段的婴幼儿,对于成人行为和语言的引导,尚不能做到很好地理解,所以在和婴幼儿互动游戏的过程中,家长应该放下明显的、带有教学目的的陪伴行为。

这个月龄段婴幼儿的成长,更多是通过生活中和材料互动、和人互动获得的。家长应该提供更丰富多样的活动环境,通过观察感受婴幼儿的兴趣点,尝试了解婴幼儿可能需要的支持,并在情感和物质上帮助孩子做成自己感兴趣的事情。

2. 用仪式感提高陪伴的质量

这个月龄段的婴幼儿,是在日常生活和游戏中,通过对最感兴趣的事物进行反复操作获得经验的。我们可以通过仪式感对日常生活环节进行强化、反复,增加婴幼儿对日常生活环节的期待,并在其中发展出记忆、时间知觉等。例如,在特定音乐背景下,引导婴幼儿分类收拾玩具;在刷牙后,调整卧室灯光,准备进入睡眠模式。这样使家庭中很多的生活环节都成为一场有计划的、有铺垫的安排,同时可以推进婴幼儿秩序感的发展。

▲ 图4-15 妈妈和婴幼儿睡前互动也是高质量亲子陪伴的好办法

3. 在陪伴中感受并认同婴幼儿的情绪

一岁后的婴幼儿常常会因为达不到自己的目标、拿不到自己想要的东西而着急,甚至出现负面的情绪。家长一定要深入地感受和理解婴幼儿当下的感受,而不是讲道理。更多的时候家长可以表达出对婴幼儿情绪的认同,或是用语言描述出当下发生的事情,这样做的目的是让婴幼儿被看见,让家长的陪伴产生爱的联结。

(二) 创设合理的教养环境

1. 明确家庭成员的教养责任

家庭教养不是家庭中某一位成员的责任,而是家庭中所有成员共同的责任。创设合理的家庭教养环境,离不开家庭中每一位成员的付出。家庭文化的营造、不同家长对婴幼儿陪伴的投入等,都在潜移默化影响着婴幼儿。

首先,关注婴幼儿的家庭生活安全。合理家庭教养环境创设的基础是安全。13—18个月的婴幼儿行动力增强,但缺乏控制,所以对环境的安全提出了更高的要求。

其次,认识培养婴幼儿认知和情绪发展的重要性。

再次,达成科学统一的家庭教养观念。家庭成员的言行是构成家庭教养环境的关键之一,家庭成员间所有的沟通和矛盾的交流方式都会影响婴幼儿社会性情绪的发展。因此,教养观念的沟通和统一尤为重要。家庭成员可以就此进行一次或多次家庭会议,达成共识;也可以确认主要教养人在创设教养环境上的权威,认可并跟随他(她)的教养观念。统一的教养观念,能帮助婴幼儿较快确认规则,明晰行为道德的边界,形成对社会性的最初认识。

最后,分享学习家庭教养环境创设的方法。科学教养环境的创设方法是要通过学习获得的。我们可以通过建立家庭微信群,多多分享家庭教养环境创设的方法,比如如何提供材料,帮助婴幼儿建立规则,或者如何养成两便和吃睡的规则等,以此提升家庭成员的科学育儿水平。

2. 克服家庭结构变化带来的障碍

现代家庭结构复杂,一部分家庭父母工作繁忙,家庭教育责任都落到了老人身上;一部分家庭实施分责育儿,使得婴幼儿的生活要在两个甚至三个家庭(父母、爷爷奶奶、外公外婆)之间不停变换;一部分家庭由于父母离异或再婚,致使家庭教养环境动荡……

家长需要克服家庭结构变化带来的障碍,减少家庭结构变化给婴幼儿带来的影响。比如合理分配家庭资源,让老人来父母家带孩子,减少频繁更换教养环境的可能。又比如,用合理的情绪解决家庭矛盾,在婴幼儿面前减少家庭冲突,为其尽力创设一个和谐的家庭教养环境。

▲ 图4-16 家庭矛盾不利于建立和谐的家庭教养环境

▲ 图4-17 在游戏区域安放一个小帐篷

3. 创设符合婴幼儿月龄和个性特点的游戏和生活环境

13—18个月的婴幼儿对安全依恋和矮小空间有需求,家长可以在婴幼儿的游戏区域中提供一些毛绒玩具、支起个小帐篷,再配合一些暖色调灯光,提供一个温馨的家庭游戏环境。

该月龄段婴幼儿的自我行动意识增强,家长可以拆掉宝宝椅的胸前围杆,让婴幼儿自行爬上餐椅就餐,并提供多格餐盘,让婴幼儿进餐时自由选择并辨析不同食物的味道。

家长还可以根据婴幼儿的喜好,提供一些高结构玩具:男宝宝喜欢车类玩具、女宝宝喜欢娃娃家玩具。也可以提供一些低结构玩具:橡皮泥、沙土、报纸等,最后,还可以提供一些儿歌和简单的故事,播放给婴幼儿听,提升婴幼儿的语言能力。

以提升婴幼儿操作摆弄材料的能力。

总而言之,合理的家庭环境创设,就是创设出个性化、符合家庭特点的环境,帮助婴幼儿通过学习发展更多的能力。

第二节 19—24个月婴幼儿的家庭教育

一、19—24个月婴幼儿家庭教育的内容

1岁半以后,婴幼儿的行走更稳健了,甚至有的婴幼儿学会了小碎步奔跑。婴幼儿的语言也更丰富了,背后隐含的更是他们自我意识的发展,他们越来越想摆脱父母的周全保护,想尝试自己操作材料。但是他们的行为和情绪的控制能力相对弱,所以1岁半后,家里经常发生一些"鸡飞狗跳"的事情。这时候家长必须更有方法地和婴幼儿沟通,让婴幼儿初步建立情绪行为控制的意识,并提供更多机会,让婴幼儿获得动手能力的锻炼。

(一)19—24个月婴幼儿的发展特点

1. 身体发展

19个月以后,婴幼儿的咀嚼和消化能力更加强了,生长发育加速,肌肉骨骼也发育得更完善了。这些都使得婴幼儿的身体更强健,动作更娴熟。

(1)粗大动作。

表4-6 19—24个月婴幼儿粗大动作的发展

月龄 / 粗大动作发展	19—21个月	22—24个月
行走	婴幼儿双腿迈步,走路愈发稳健,还会眼足协调,精准调整迈步方向;爬坡和爬楼梯还需要搀扶;个别婴幼儿走路内八字,但并不一定是病理性的。	能尝试自己扶着把手,慢慢走高度比较低的楼梯或台阶;可以在斜坡上下行,控速行走;开始做原地跳跃动作。
奔跑	能跌跌撞撞地往前奔跑,但很容易前冲跌倒;能连续跑3—4米,但不稳;有时会踮脚跑。	奔跑时脚离地高度增大;摔倒几率降低;奔跑时,脚掌着地,抓地、离地更灵活。
攀爬	调整位置,用脚探试,自己下床(矮床);会手脚协调爬上高台阶,或是翻越离地30 cm左右的障碍。	自己爬上矮床;可以手脚交替,攀爬到离地半米的高度;能搬来周边的垫脚物,帮助增加攀爬高度。
平衡	能踢大球;能蹲着玩。	会跨骑在四轮小车上;会侧身走在窄道上。

（2）精细动作。

表4-7　19—24个月婴幼儿精细动作的发展

粗大动作发展 \ 月龄	19—21个月	22—24个月
手眼协调	以全掌抓握笔末端的方法握笔进行涂鸦；会仿画线条；会用扯的方法拨开糖果的包装；会自行翻阅硬板书。	会仿画圆形，喜欢画圈涂鸦；会拼接起玩具火车轨道；能垒高6—7块积木；能用鞋带串大珠子。
手口协调及手脚协调	会捧着苹果用嘴啃；能手脚交替进行手脚爬行。	会自己用汤勺吃东西；能够手脚交替攀爬。
生活自理	会脱下没鞋带的鞋；会拿杯子喝水；有便意会用语言或是行为表达。	会脱下没扣扣子的外套；有便意会自己去如厕。

案例 4-7

欣欣不爱画画了

不到19个月，欣欣就很喜欢画笔，不管是用磁铁笔在涂鸦板上涂鸦，还是用颜料在涂鸦墙上涂抹，或是用蜡笔在纸上涂鸦，她都乐此不疲。

看到欣欣对画画有那么大的兴趣，妈妈就想好好培养一下。妈妈首先选择了从纠正握笔姿势开始进行具体的画画培养。本来欣欣是全掌抓握式的，每次画画，妈妈都要把握笔姿势改为三指夹握，就是成人握笔写字的姿势。几次下来，欣欣对握笔画画有了心理负担。

现在23个月了，欣欣变得不爱画画了，所有和笔有关的材料她都不轻易触碰了。这其实和妈妈对她的握笔要求高有关。婴幼儿在涂鸦中感受到的是控制笔的乐趣，但在妈妈的指导下，画画已经失去了这一乐趣，同时妈妈的握笔要求也超出了欣欣目前的精细动作发展水平，这让欣欣知难而退，放弃了执笔涂鸦的行为。

▲ 图4-18　宝宝拿着笔的末端进行涂鸦

2. 语言发展

表4-8　19—24个月婴幼儿语言的发展

语言发展　月龄	19—24个月
词汇	19—24个月的婴幼儿在这个阶段大概能够掌握100—200个左右的词汇，能够熟练掌握单音节和多音节的词语，且对于新词汇有着较好的接受能力，学习速度大大快于从前；该年龄段的婴幼儿可熟练使用名词，但几乎没有形容词、副词、介词的表达。
语句	会说短句，能力稍强的婴幼儿可以轻而易举地说出由4—5个字连成的句子；学会交流，开始学会真正的沟通，能够回答成人简单的问题；喜爱重复，热衷于重复听自己中意的歌，重复看自己中意的书及动画片，重复自己喜欢的语词。

3. 认知发展

表4-9　19—24个月婴幼儿认知的发展

认知发展　月龄	19—24个月
感知觉	对于音乐有着较好的理解与判断；能够感知不同材质的差别所在；对于他人情绪变化更加的敏感与关注。
注意力	注意力依旧容易被新鲜事物吸引，接着对其进行关注与观察；注意力相对集中，并且能够有5—8秒左右的集中时间；在父母的引导下可以进行亲子阅读。
记忆及思维	婴幼儿在这个阶段暂时还没有有意记忆的意识，对于日常事物的认知更偏向于惯性；在一定程度上懂得模仿成人的行为；对经验内熟悉的事物，有一定的关联认知，如看到勺子就会联想到吃饭，看到挖沙玩具就会联想到海滩等。

4. 情感和社会性发展

表 4-10　19—24 个月婴幼儿情感和社会性的发展

情感和社会性发展　　月龄	19—24 个月
社会交往	这个阶段的婴幼儿开始对于家庭有了一定的理解，并且能够对家庭中的成员有认知，表现出亲近的一面。例如婴幼儿在看到全家福的时候会感到很兴奋，并且对于爸爸、妈妈等亲人表现出信任。 对于社会上的一些简单的规则、规范，婴幼儿也在尝试着理解和遵守，如看到人的时候要伸出手打招呼，和别人告别的时候要说"再见"等。这虽然简单，但也是婴幼儿基本社交礼仪培养的一个过程，是婴幼儿在融入社会过程中应该学习的内容。
自我意识	这个阶段的婴幼儿对于自我有着较好的认识，并且懂得要如何去表达自我，才能让更多人关注到自己；对于自我归属感的需求开始凸显，希望能够得到关注与重视。
性格特质	能够在一定程度上对自己的情绪进行控制，并且通过情绪来表达自己内心的想法；在家长有意识的引导下，对一些外界事物开始感兴趣，并且尝试接触音乐、阅读等方面的活动，这些均有助于性格特质的形成。
情绪表现	这个阶段的婴幼儿对于一些事物的喜爱也将会表现得更加明显，并且会采取一定的实际行动，例如对于自己喜爱的玩具不允许别人一起玩，习惯性地钻进妈妈的怀里寻求安全感，对于自己不喜欢的人会抗拒他们的拥抱等；对于情绪有着较好的控制，并懂得如何通过情绪的表达来获取自己想要的东西。

（二）19—24 个月婴幼儿家庭教育指导的重点内容

1. 提供适宜的玩具

19—24 个月的婴幼儿在玩玩具的过程中不仅能够推进自身动作的发展，还能促进心智的发展。在和玩具的互动过程中，婴幼儿不仅能体会到游戏的乐趣，还能够间接了解玩具中的奥秘。

（1）选择合适的游戏玩具。

家长应当根据婴幼儿的发展特点，为他们选择玩具。对于 19—24 个月的婴幼儿来说，在手部肌肉方面，可以提供玩具电话、遥控机器之类的玩具，锻炼其手指独立按压的能力；在手眼协调方面，可以借助串珠玩具进行锻炼；在社会性发展方面，可

▲ 图 4-19　玩拼图玩具

以准备一些娃娃家的玩具,让其尝试了解和模仿成人的日常生活。除此之外,还应当尊重婴幼儿的意见和兴趣,做到有计划地与他们共同进行玩具的选择。

案例 4-8

1—2岁婴幼儿玩具分类

▲图4-20　宝宝通过按钮触发玩具的机关

- 积木玩具:积木玩具可以供婴幼儿进行摆弄、垒高和推倒,使其感受积木的乐趣。
- 情境玩具:一般来说,男孩更喜欢车类的玩具,除了摆弄各类汽车玩具,他们还可以通过家长设计的停车游戏、沿轨道开车游戏开发更多交通玩具的玩法。女孩更喜欢生活模仿类玩具,比如娃娃或是厨具,在操作摆放的过程中,婴幼儿通过模仿成人的动作,开展社会性的模仿游戏。
- 拼图玩具:从四块拼图到百块拼图,从平面拼图到立体拼图,各类拼图玩具都可以用来推进婴幼儿的智力发展。
- 组合玩具:2岁以下的宝宝,可以尝试一些声光电组合的玩具,一些操作和触碰会让玩具发出声音或者发出光亮。另外有一些玩具,带有多种玩具组合的功能,可以拨珠子,可以敲击出声音,可以拼嵌形状,对婴幼儿的吸引力也很大。
- 沙土玩具:橡皮泥、太空沙、玉米粘土等都是低结构的沙土类玩具,婴幼儿可以通过摆弄和自由塑形,激发创意。
- 自制玩具:家中的瓶瓶罐罐、废纸都可以成为有意思的益智玩具,爸爸妈妈可以稍作引导,激发婴幼儿对不同材料进行摆弄。
- 认知类玩具:通过玩具婴幼儿可以认识颜色、形状、动物或是水果的名称,提高认知水平。

（2）合理对玩具进行摆放和分类。

很多家庭对玩具的分类和摆放有自己的考量和设计,比如按照益智玩具、绘画玩具、球类玩具、车类玩具等不同的功能进行分类摆放。但在实际操作的时候,家长会发现婴幼儿对功能类分类不可能做到自己收放。所以,玩具的分类最好不要超过三种。最重要的是,家长要在婴幼儿的游戏区域,定期推荐并更换玩具,保证游戏区域内玩具的数量在5—8个左右。比如,车类的玩具可以通过设置停车场(用分格盒或者在地上贴并列的长方形都可以)让婴幼儿一一对应收好多辆汽车玩具。

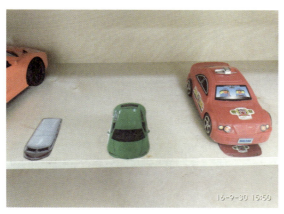

▲ 图4-21　图片玩具——对应

▲ 图4-22　目测大小，小车对应入格

（3）让玩具成为亲子互动的媒介。

这个月龄段的婴幼儿，需要在玩中和材料（玩具）互动，更需要在玩中和人互动，因此陪玩玩具是最好的亲子互动形式。家长可以和婴幼儿一起过家家，演练和模仿成人的日常生活；可以用低结构的材料，如橡皮泥、报纸等变换出各种形态，让婴幼儿猜或用这些东西假装成某些物品的替代物，激发婴幼儿的创造力；家长还可以和婴幼儿一起玩串珠和认知游戏，以促进婴幼儿的发展。

▲ 图4-23　婴幼儿玩益智玩具

2. 创设阅读环境

19—24个月期间，婴幼儿的一些行为和知识都是通过模仿的途径获得。家长应该积极地为婴幼儿提供一个良好的阅读环境，营造浓厚的阅读氛围，从而激发婴幼儿对于阅读的兴趣。此外，家长的积极态度、家长为婴幼儿读书所创造的良好环境、家长对于婴幼儿阅读的参与与陪伴等都能够让婴幼儿对于阅读产生更大的热情，并且能让阅读在婴幼儿的心中生根发芽，形成对于阅读的长久兴趣。

（1）提供硬板书或是小开本的书。

19—24个月的婴幼儿可以尝试独立翻阅图书，或是在爸爸妈妈的引导下自己翻页，所以家长可以尽量尽力提供小开本的书，这样方便婴幼儿自行翻阅。另外，婴幼儿的小肌肉发展得不够精细，容易把书撕坏，所以家长可以提供更多的硬板书，让婴幼儿养成一页一页翻阅的习惯。

▲ 图4-24　阅读氛围的创设对宝宝有很好的引导作用

（2）书的内容尽可能丰富。

很多家长觉得这个月龄段的婴幼儿应该阅读一些比较低幼的书，或是阅读一些婴幼儿的认知书。其实书的内容可以尽可能丰富，有时候书的内容稍有超龄，但是婴幼儿处于细小事物敏感期，他们对图画的阅读能力比成人更强，所以他们会对画面产生自己的理解。比如少儿历史绘本中会有一些兵器图片，有些小月龄的婴幼儿就会对此进行仔细比较，看得津津有味。丰富多样的内容还可以帮助家长感受婴幼儿的兴趣点。

▲ 图4-25　小开本的书，更容易
拿取和自行阅读

▲ 图4-26　宝宝的阅读角

（3）创设专门的阅读区域。

这个月龄段的婴幼儿正在从亲子阅读过渡到自行阅读。一个独立、童趣、舒适的阅读环境，会增加他们选择阅读活动的机会，也会延长他们的阅读时间。家长可以找一个角落，放置一个开放式的书架，方便婴幼儿看清每本书的封面，并自行选择。家长也可以在书架旁放一个顶棚，顶棚下放置几个卡通软靠垫，这能让婴幼儿感受到舒适和安全。同时，家长还要保证阅读空间的光线充足，并提供一个小桌面，方便婴幼儿自行翻阅；书架上的书需要家长定期更换，但其中有一些书可能需要保留稍长的时间，以进行反复阅读，以此家长也应该给予满足。

（4）增加亲子阅读的仪式感。

婴幼儿虽然要慢慢尝试自主阅读，但更多时候还是需要足够的亲子阅读。亲子阅读可以帮助婴幼儿更好地感受书本的内容、阅读的乐趣，延长对书本的关注时间。对此，家长可以专门设置固定的亲子阅读时间，比如睡前。除了时间上的固定，家长还可以让亲子阅读变得更有仪式感，增加婴幼儿对亲子阅读的期待。比如，阅读环境特定的光线、阅读时间开始的提示音乐、睡前阅读前的准备（刷牙洗澡等）、阅读前特别的服装（比如睡前换上睡衣），最后才是书本的选择和亲子阅读的地点选择。这样的仪式感，会让婴幼儿对亲子阅读充满期待。

3. 坚持每日户外活动

在19—24个月期间，家长应该有意识地增强婴幼儿的户外活动时间，坚持每天带婴幼儿到户外进行活动，这样可以大大提升婴幼儿适应环境的能力，减少气候变化所带来的身体不适。科学研究表明,有锻炼的婴幼儿相对不经常锻炼的婴幼儿身体更加强健,不容易生病。

家长在平时闲暇的时候可以带婴幼儿去公园游玩、购物或者是散步,这些都是比较不错的户外运动。户外新鲜空气的含氧量比室内高,能够更好地促进婴幼儿身体的新陈代谢,18—24个月正是婴幼儿身体发育的关键时期,这个时期的婴幼儿需要加强运动,多晒晒太阳,让身体合成维生素D,促进骨骼发育,从而更好地促进身体发育。同时,在户外活动的过程中,婴幼儿也有更多的机会接触大自然,这对于婴幼儿来说是开阔视野的重要机会,将会增强婴幼儿的视觉和听力,让其获得更多的感官感知,促进身体系统的发育成熟。

婴幼儿每天的户外活动时间应该不少于2个小时,具体可结合个体和环境的变化而确定。不过婴幼儿在户外活动的过程中也需要有所注意,例如户外的紫外线较强,所以一定要注意防晒,避免在太阳过大的时候外出,造成皮肤晒伤;还需在户外活动的时候及时根据温度变化进行衣服的增减,避免着凉感冒。

▲ 图4-27　宝宝在户外接触大自然

（1）内容的选择要符合婴幼儿的年龄特点。

2岁以下的婴幼儿的大肢体运动能力有限,一些投掷类玩具(比如塑料大飞机)或是很大的篮球,还有一些骑行工具,对于他们来说是不适合的。家长应当更多开发出符合婴幼儿年龄特点的户外活动内容。比如,夏天可以玩洒水游戏、用水枪在地上画画;冬天如果下雪可以玩雪、用雪球铲或是用各类容器把雪聚拢再洒出;秋天可以玩捡树叶的游戏;春天可以玩踩水塘的游戏。

（2）户外活动尤其要注意安全。

在这一月龄段,婴幼儿的行动欲望剧增但行动能力还有限,所以家长一定要注意户外活动的安全,例如游戏场地是否会有车辆通过、游戏场地是不是有高台阶、地上是不是有硬石块、婴幼儿户外游戏的玩具是否有尖锐处、婴幼儿游戏的动作强度是否太大等。户外活动会有产生各类伤害的可能,急救知识的准备和急救措施的准备也是必须的。户外活动时还要注意及时穿脱衣,及时补充水分,及时擦汗。

▲ 图4-28　合适的户外游戏材料能更好地提升婴幼儿户外运动的乐趣

（3）多多开发更合适的户外活动场地。

有坡度的通道、有低矮台阶的通道、有草地的公园、有滑滑梯的儿童乐园、有戏水池的商场户外、有沙池的社区绿地……这些多样的户外活动场地会锻炼和激发婴幼儿产生不同的户外活动乐趣。家长可以在周边多进行考察,发现更多不一样的户外活动场地。

▲ 图4-29 婴幼儿在户外活动中获得交往的机会

（4）关注户外活动中婴幼儿的交往行为。

在户外游戏的时候，会遇到很多社区同龄的宝宝，这是很好的交往的机会。家长可以引导婴幼儿和其他孩子互动，共同分享活动场地和活动器械。当婴幼儿间产生冲突的时候，也可以引导婴幼儿认识冲突，解决冲突。慢慢地，婴幼儿可以在交往中，感受规则的重要性，这是除了运动之外，另一项非常重要的技能的获得。

4. 培养归属意识

19—24个月的婴幼儿对于归属意识的需求也开始萌芽。所谓归属就是指婴幼儿对于其所在的环境、集体，希望自己能够被接纳、认同和需要，并且成为固定群体中一员的心理。归属意识能够有效地引导一个个体融入到集体中，并且在集体中获得相应的满足，这是后期个体发展中所需要的一种意识。研究表明，归属意识较强的婴幼儿在其成长中更容易融入社会群体，并且能够与他人进行友好和谐的相处，对于生活持乐观积极的态度。因此，家长在婴幼儿成长的过程中，必须要有意识地加强归属意识的培养。

对于19—24个月婴幼儿来说，他们的归属意识源于家人和他人对其的接纳。例如家长给婴幼儿的拥抱、亲吻、抚摸，对于婴幼儿来说就是一种被接纳并且被认可的表现。同样地，他们对于他人的微笑、点头、招手等动作也能够感知和接受，并且当他们获得这些代表着友好的信息的时候，内心是放松的、快乐的，能够从中获得足够的安全感。相反，如果他们所接收到的是冷漠、忽视、暴力、批评的信息，那么他们的内心就会感到不安，并且不知道如何是好，也无法获得相应的归属感。[1]

（1）营造良好的家庭氛围。

家庭中的成员之间应有良好的沟通渠道，这会让婴幼儿更有安全感。婴幼儿正处于社会交往和情绪管理的启蒙阶段，家庭就是他第一个接触到的小社会。家庭成员之间相互尊重，成人对小宝宝的尊重，都是潜移默化的社交引导，更是帮助婴幼儿接纳自我、培养归属意识最好的方法。

（2）观察婴幼儿对自我的认识。

归属意识的基础就是婴幼儿对自我的认识，是在物理层面对自己身体的认识。所以，家长可以通过游戏，帮助婴幼儿增强自我认知，而游戏和引导的基础是观察，家长可以经常观察婴幼儿自我认识的程度如何。

拓展阅读

点红实验

阿姆斯特丹借用动物学家盖勒帕在黑猩猩研究中使用的点红测验（以测定黑猩猩是否知觉"自我"这个客体），使有关婴儿自我知觉的研究取得了突破性进展。实验的被试是

---

[1] 吴桂花等. 社区6—24月龄婴幼儿社会认知发展水平评价[J]. 中山大学学报（医学科学版），2015,36（4）：520—525.

88名3—24个月大的婴儿。实验开始时,在婴儿毫无察觉的情况下,主试在其鼻子上涂一个无刺激的红点,然后观察婴儿照镜子时的反应。研究者假设,如果婴儿在镜子里能立即发现自己鼻子上的红点,并用手去摸它或试图抹掉,就表明婴儿已能区分自己的形象和加在自己形象上的东西,这种行为可作为自我认知出现的标志。

阿姆斯特丹对研究结果总结得出,婴儿对自我形象的认识要经历三个发展阶段。第一个是游戏伙伴阶段:6—10个月,该阶段婴儿对镜中自我的映像很感兴趣,但认不出是他自己。第二个是退缩阶段:13—20个月,婴儿特别注意镜子里的映像与镜子外的东西的对应关系,对镜中映像的动作会伴随自己的动作更是显得好奇,但似乎不愿与"他"交往。第三个是自我意识出现阶段:20—24个月,是婴儿在有无自我意识的问题上的质的飞跃阶段,这时婴儿能明确意识到自己鼻子上的红点并立刻用手去摸。

▲ 图4-30　试衣间里,宝宝发现"不一样"的自己

（3）保护婴幼儿的物权意识。

婴幼儿除了知道身体是自己的,还要了解到哪些区域是自己的、哪些玩具是自己的。好的物权意识能帮助婴幼儿更好地建立归属感,有些家长贸然强迫婴幼儿分享玩具,殊不知婴幼儿无法理解分享的意义,反而会在反复被推翻物权意识后,缺失归属感,变得敏感而又缺乏安全感。所以家长首先要认可婴幼儿对自己东西的保护欲望,甚至是要推进婴幼儿更好地保护自己的东西,建立起清晰的物权意识。

拓展阅读

归属意识培养小技巧

每天早上,家长都可以亲切地和婴幼儿进行问候、打招呼,并且让婴幼儿学会回应。这样的友好互动对于婴幼儿来说是一种被肯定与认可的表现。家里在举办相关家庭活动的时候,家长也可以带着婴幼儿参与其中。婴幼儿在18—24个月的时候已经能够辨识不同的人,能够在家庭聚会中感知家庭的氛围,并且体验亲情的友好,认识到自己也是家庭的一分子。平时家长在与婴幼儿进行沟通互动的时候,也需要对婴幼儿多一些鼓励与支持,让婴幼儿感受到自己是被关心和疼爱的,这有助于增强婴幼儿的自信心,让其获得更强的归属感。

二、19—24个月婴幼儿家庭教育指导的策略

（一）通过游戏材料,感知因果关系

这个阶段的婴幼儿的逻辑思维能力相对之前有了一定的提升,家长在平时应该要更加

▲ 图4-31 宝宝探出身子，
拉开被子找到心爱的书

注重对于婴幼儿逻辑思维能力的培养。在日常生活中，婴幼儿最经常接触的就是各种各样的玩具和材料，家长可以提供更多样化的材料，促进婴幼儿各方面的能力发展，引导婴幼儿感知事物间的因果关系。

婴幼儿对于因果关系的概念和逻辑其实并不理解，但是其在玩玩具的过程中能够切实地感知因果关系，并且在认知中逐渐形成概念。例如玩具车有电的时候才可以跑，没电的时候就不会跑；用手掌拍皮球，皮球会反弹起来；抽掉积木中的一块就会导致整个积木倒塌等。婴幼儿在玩玩具的过程中其实是无意识地在了解，但是慢慢地就会在接触中对所看到的现象进行经验总结，形成相应的逻辑认识。家长在这个过程中也可以加强对于婴幼儿的引导，对婴幼儿的活动进行点拨、指导，提升婴幼儿的认知能力。

1. 多多运用生活材料

生活中有很多现成的操作材料，它们比玩具更具有可操作性。19—24个月的婴幼儿对生活充满了好奇，厨房的一次性杯子、油盐酱醋，书房的废纸、各种笔，门口的泥土、石头，妈妈的乳液、爸爸的剃须膏、奶奶的毛线球、爷爷的花花草草……婴幼儿对此都充满了探索的欲望。平日里，家长限于安全，很多东西都不让婴幼儿随意触碰，但家长可以安排专门的材料操作亲子时间，让婴幼儿尽情尝试：看沙土融合的效果、感受白纸被打湿后的不同、看在未干的颜料上撒盐的效果、尝试用毛线球

▲ 图4-32 婴幼儿坐在地上玩石子

推倒废旧塑料瓶、看妈妈的乳液和爸爸的剃须膏混合的效果、观察给爷爷的花草浇灌有色水的结果、排列从户外捡的石头……这些都是非常有意思的活动，材料也是易得的生活材料。

2. 观察重于教育教学

在和婴幼儿操作不同生活材料的时候，很多家长都急于教会宝宝一些东西。但更多时候，婴幼儿对感知感受的需求会更多。所以，家长可以尝试在亲子陪伴的过程中，放下一些设计好的教学目的，先观察一下婴幼儿操作材料的方法，做好看护工作（比如沙土不能放入口中），然后根据观察到的婴幼儿的需求，提供一些能够推进婴幼儿持续游戏的帮助。婴幼儿在感知感受材料操作因果关系的时候，家长除了观察，还可以以同伴的身份，更多地进行平行游戏，以材料操作方法为媒介进行沟通。

（二）注重仪式感，培养生活习惯

仪式感的培养对于婴幼儿来说，是其成长过程中必不可少的一个内容。家长采用有仪式感的养育方式来与婴幼儿进行沟通，可以培养婴幼儿的仪式感，并且让其对于一些事物能够更加认真地对待，培养良好的生活习惯。例如家长为婴幼儿过生日就是其中比较常见的一件事情，这其实是在告诉婴幼儿又长大一岁了。同时，每个人都对婴幼儿的生日表示祝

贺,为他感到高兴。在潜意识中,婴幼儿就会懂得生日是一件非常重要的事情,并且充满了仪式感。而在平时,婴幼儿也可以感受到各种仪式感的存在。例如每天早上起来妈妈会问早安,给婴幼儿一个吻,晚上的时候爸爸会和婴幼儿一起亲子阅读,然后道晚安;吃饭的时候必须要全家人都到齐了才会吃饭;每次和别人告别的时候都要招手说再见等。家长可以在以下场景中着重培养婴幼儿的仪式感。

1. 需要期待的亲子陪伴时间

现在大部分的家庭,父母工作忙碌,生活的照顾多交给家中长辈。因此,父母给予的亲子陪伴就显得更可贵了。在有限的亲子陪伴中,有很多环节值得期待,在某个特殊的时刻父母可以用特殊的期待来迎接一些特殊的亲子互动。

① 洗衣日。洗衣机是大多数 19—24 个月的婴幼儿感兴趣,却不允许被接触的东西。父母可以告知婴幼儿平日里不能触碰洗衣机,但在特定的洗衣日,可以在成人的照看下,尝试"使用"洗衣机。家长可以在洗衣日,让婴幼儿把脏衣服放进洗衣机。这时候,大多数脏衣服会因为太长,而不能一下子被放进滚筒式的洗衣机中,婴幼儿需要双手配合,保持身体平衡才能顺利完成放衣服的工作。然后,婴幼儿可以在成人的照看下,爬上小凳子,放一勺洗衣粉到洗衣粉槽里。最后,看洗衣机被启动。这

▲ 图4-33 洗衣日自己拿取衣物

个月龄段的婴幼儿往往会很着迷于旋转的事物,会守候在洗衣机旁很长时间。整个洗衣服的过程,因为仪式化,会成为婴幼儿非常向往的生活环节。

▲ 图4-34 拖着自己的箱子去旅行

② 厨房日。出于安全考虑,厨房一般都是婴幼儿的禁地。但这并不能阻止婴幼儿的好奇心,他们往往很向往去厨房,并因为行动能力不强而经常打翻一些物件。父母可以设立专门的厨房日,把一些危险物品束之高阁,然后让婴幼儿进入厨房进行探索。只有在规定的这一天,婴幼儿可以在成人的陪同下,翻看厨房里的各种锅子和厨房小家电,还可以模仿成人捡菜、炒菜,在成人的看护下准备当天的餐具。

③ 出游倒计时。出游也是个非常有仪式感的生活环节,平日工作忙碌的父母可以利用出游,提供高质量的亲子陪伴。父母可以在日历中标出出游的标志(比如邮轮可以画一艘大船),然后每天准备一样出游物品,或是每日在日历上划去一天,最后让婴幼儿自己拖着旅行箱出发,这都是培养出游期待感的好办法,也是婴幼儿责任感的启蒙。

2. 需要说明简单规则的场合

19—24 个月的婴幼儿对于规则的理解非常有限,规则的培养更多是一种习惯的养成,而对于生活中反复遇到的情景,可以通过仪式感来帮助婴幼儿理解规则并遵守规则。

① 购物仪式。婴幼儿对于"购买"没有认知,往往到了商店就是各种要:这个也要那个

也要。如果家长通过儿歌《一次只买一样》作为购物前的仪式,就会让婴幼儿更好地理解购物规则。

儿歌《一次只买一样》

说好了,说好了,
一次只买一盒＊＊(巧克力、饼干、玩具等)。
说好了,说好了,
说好的事就要做到。

② 睡前仪式。在这个月龄段,婴幼儿对时间的概念比较弱,而好奇心却特别强。所以往往到了睡觉时间,都不愿意上床休息,这让家长特别头疼。

家长可以通过特定环境和环节的创设,增强睡前的仪式感。比如到了时间,家长可以先引导婴幼儿做固定的睡前生活环节:刷牙、换睡衣、亲子阅读等,然后调整卧室的灯光,即从亮变暗,从白变黄。还可以播放摇篮曲,让婴幼儿慢慢进入睡觉的氛围。在一系列的睡前仪式后,婴幼儿内心也慢慢接受了马上要睡觉的事实,入睡就变得更容易了。

③ 就餐仪式。就餐的规则比较多,比如需要婴幼儿吃完自己的一份食物再离开桌子。家长可以通过餐前仪式,让婴幼儿参与餐具的摆放和餐具的回收,让婴幼儿感受就餐的开始和结束。

3. 需要礼仪的场景

① 道别。从和出门上班的父母说"拜拜",或是挥手表示道别,慢慢过渡到和其他要离开现场的人礼貌道别。

② 打招呼。示范并引导婴幼儿对来者打招呼:说你好,或是鞠躬。

③ 道歉。在不小心打翻或是碰到别人的时候,通过鞠躬和"对不起"来表达歉意。

(三)巧用音乐感受音乐的风格和节奏

1岁前,婴幼儿就能对音乐和节奏有自己的理解和反应。在日常的家庭生活中,家长可以充分利用音乐调节婴幼儿的情绪,使其感知感受音乐的风格、用律动来表现音乐和节奏。家长在这个阶段要加强对于音乐的选择和应用,并且要引导婴幼儿从中感受音乐的风格和节奏。

1. 在生活环节用不同的音乐做提示

音乐有不同的风格,可以配合不同的生活环节做提示。比如睡前可以播放摇篮曲类型的音乐,起床可以播放圆舞曲类型的音乐,运动前可以播放儿童歌曲,律动时可以尝试网红神曲,游戏时可以用古典乐做背景,吃饭、如厕或是收玩具的时候也可以用简单短小的音乐做提示。时间长了,婴幼儿养成习惯了,就能理解音乐的信号,听到不同音乐,就明白要干什么了。

2. 借助打击乐器和律动来表现音乐的节奏

19—24个月的婴幼儿处于节奏敏感期的尾期,过了这段时间,他们或是由于过了敏感期,或是因为进入了"自主对羞愧"的时期,不愿意把听到的节奏用肢体表现出来。所以家长要好好抓住音乐敏感期的尾巴，引导婴幼儿通过律动来表现对音乐节奏的把握。家长可以在特定的节奏点，突然抱起婴幼儿。几次以后，观察婴幼儿会不会在节奏点来临之前期待成人过来抱。

家长还可以借助小的打击乐器，引导婴幼儿表现节奏，并借此锻炼其手部精细动作。比如小鼓、散响乐器，甚至是家里的废旧矿泉水瓶、塑料袋、废纸等都可以来表现节奏。

3. 通过画面来理解音乐的色彩

通过画面来培养婴幼儿对音乐的理解是很好的办法。比如在播放班得瑞音乐的时候，配合一些森林或是流水的照片、短视频；播放非洲风格音乐的时候，可以配合一些非洲鼓或非洲舞蹈的视频。婴幼儿的生活经验有限，用画面配合音乐，可以帮助婴幼儿更好地理解音乐。

第三节　1—2岁婴幼儿家庭教育的常见误区

一、求开口，叠词加儿语

（一）避免叠词加儿语的表达方式

婴幼儿在初学语言的时候，培养良好的语言习惯尤其重要。很多婴幼儿因为刚开始开口说话，所以对于一些发音和词汇不能很好地掌握，经常使用一些简单的代替，例如说叠词和儿语，甚至是用象声词替代事物名称。采用叠词对于婴幼儿来说更加容易记忆，家长为了方便和婴幼儿交流，激发他们开口说话的热情，也会配合婴幼儿的说话习惯采用叠词，例如"吃饭饭""睡觉觉""喝水水""玩车车"等，这些都是比较常见的。同时，一些家长在和婴幼儿沟通的时候，还会特地用婴幼儿比较容易接受的象声词替代事物名称，比如用"汪汪"代替狗狗，用"嘟嘟"称呼汽车等，并认为这样做能让婴幼儿更愿意接受。

但实际上，叠词加儿语的使用在婴幼儿刚刚开始开口说话的时候能够让婴幼儿沟通的积极性得到激发，但是到了19—24个月后，过多的使用容易阻碍婴幼儿后期的语言学习，不利于其语言发展。家长在日常与婴幼儿的语言沟通中，不应该过度地去迁就婴幼儿的语言习惯，要做到语词的丰富，在语言敏感期进行大量的规范的语言输入，这将长远影响婴幼儿的语言发展水平。

（二）语言输入的具体方法

1. 正确表达的输入

在和婴幼儿交流的时候，家长应该尽量使用规范的语言，提供正确表达的输入。一方面，当家长描述某一事物的时候，应该进行正确的语词和语序表达；另一方面，当婴幼儿用叠词和儿语表达的时候，家长可以用正确的表达重复一遍，并询问婴幼儿是否是这个意思。正确表达的输入是一种积累，可以帮助婴幼儿慢慢形成母语的完善体系，使他们很快掌握正确的表达方法。

2. 纠错不等于否定

当婴幼儿用叠词或儿语表达的时候，家长并不需要直接指出错误，或是否定。因为婴幼儿很有可能搞不明白成人否定的是什么，是内容本身还是表达方式，甚至会觉得否定的是表达本身或者婴幼儿本身。家长应该表示出听懂、明白的样子，然后用正确的表达重复一遍，并询问婴幼儿：你说的是不是这个意思。这样既鼓励了婴幼儿表达的行为，又引出了正确的表达，能更好推进婴幼儿的语言发展。

案例 4-9

有轨道的东西都叫"呜气"

成成是个刚满23个月的男宝宝，开口较晚。他喜欢所有和汽车、火车相关的玩具。有一次成成听到动画片里火车的汽笛声更是兴奋不已，不停地模仿"呜气、呜气"的声音。妈妈渐渐发现，"呜气"已经成了火车的代名词。

有一天，成成来到浴室，指着浴室的玻璃移门兴奋地叫"呜气"，妈妈很疑惑地告诉宝宝："这不是呜气，这是移门。"于是成成走过去拖着移门，移来移去，继续大声说："呜气、呜气。"妈妈上前阻止，说："宝宝移门沿着轨道开来开去，要注意安全哦。"这时，成成激动地跑到浴室窗前，继续大叫"呜气"，并试图爬上椅子，去够移窗。

妈妈突然明白了，原来成成说的"呜气"，是所有能沿着轨道移动的东西，然后妈妈把"轨道""移门""移窗"的名字一一告诉了成成。

在这一案例中，婴幼儿已经把具体指代上升到了概念归类，但和其认知不匹配的是语言表达的准确性。这时候，妈妈如果一味用儿语和宝宝交流，就会减少正确词语输入的机会。因此，应该给婴幼儿更多具体的输入，也要多多观察和辨别婴幼儿儿语"代名词"的真实含义。

3. 引导婴幼儿说完整句

在婴幼儿蹦单词或是蹦短语的时候，家长可以尝试装不明白，引导婴幼儿把漏掉的主语或是漏掉的宾语说出来。比如，宝宝说："妈妈抱。"家长可以问："妈妈抱谁呀？"

4. 鼓励婴幼儿表达

家长要多多鼓励婴幼儿进行语言表达，在婴幼儿不肯表述的时候，需要"装傻"、等待。同时，对于婴幼儿的表达形式不要做限制，他们用叠词儿语也好，用肢体行为也好，都值得鼓励，不需要强行纠正，但需要给予正确的语言输入。

二、求超常，阻止啃、撕、扔

（一）"破坏行为"产生的原因

婴幼儿在1—2岁期间，特别喜欢啃、撕、扔，什么都放到嘴里，什么纸张都要撕，什么玩具都要扔，家长对此感到十分头疼，他们认为这样是不卫生的行为。有些家长觉得自己的宝宝应该行为得体、懂事乖巧，这些行为是需要禁止的。

特别是对待书，这个月龄段的婴幼儿不是按部就班地翻看，而是喜欢将书本放在嘴巴里进行啃咬，或者是把书本页面一页一页地撕下来揉成一团，还有的则喜欢将书本乱扔在地上。每当婴幼儿对于这类行为表现出极大的兴趣与快乐的时候，父母往往感到十分生气，觉得他们不懂事。

▲ 图4-35　宝宝喜欢啃书

实际上，这一月龄段婴幼儿的各方面能力都在发展，他们急需获得大量的外界信息，并且接收一定的感官刺激，这样才可以让各方面的感官都得到一定的锻炼，从而获得成长、变得成熟。所以，婴幼儿才会喜欢将一些自己能够接触到的事物用自己的手和脚去抓、踢、扔，或者用嘴探索事物。所有的这些动作，都是他们对事物物理形态感知感受的过程。

（二）对待破坏行为的正确态度和做法

对于婴幼儿的这些行为，家长需要懂得其原因所在，并且对婴幼儿的探索行为表示接纳，积极做好相关的配合支持工作。切不可贸然采用强硬的方式进行制止，打击婴幼儿探索的积极性。

对于一些婴幼儿来说，他们对于扔东西是非常感兴趣的。即使成人将东西捡回来交到他们的手里，他们依旧会重新扔出去。其实对于婴幼儿来说，在扔东西的时候，他们也在对这个东西的运动进行观察，看这个东西是沿着怎样的轨迹进行运动的，东西落地的时候会发出怎样的声音，是否会弹跳起来，会不会有破碎，等等，这些都是婴幼儿好奇并且想要了解的。在这种情况下，家长可以提供不同材质的玩具，比如把扔出去声响很大的东西用布包起来，让婴幼儿再次尝试，感受和发现其中的奥妙。同时，家长也可以尝试着购买一些质量比较好的玩具，或是选择合适的不会产生破坏性结果的场地让婴幼儿玩耍，从而充分地满足婴幼儿的玩乐需求。

为了更好地配合婴幼儿喜欢啃咬、撕扯、扔掷东西的行为，家长在日常的家庭生活中需要多加注意，并且积极做好相应的准备，从而减少对婴幼儿不必要的伤害，使婴幼儿保持积极性。例如当前一些玩具书就是针对小月龄婴幼儿喜欢啃咬的特点进行设计的，这类玩具书一般有着较高的品质，并且能够进行重复的清洗，对于婴幼儿来说是比较安全的。平时家长为婴幼儿所选择的玩具也应该要以能够抗摔的玩具为主，避免因为婴幼儿的扔掷而导致破裂，造成一定的安全隐患。

三、求满足，无条件养育

（一）无条件养育真的是"无条件"吗

艾尔菲·科恩在《无条件养育》一书中提出：父母给予孩子的爱，不需要任何意义上的回报，它只是一个礼物，是所有孩子都应该得到的礼物。另外，他还提供了一些实用性建议，以取代我们有时为规范孩子行为、逼迫他们成功而禁不住使用的传统养育技巧。

近年来,无条件养育备受关注,许多家长有更新家庭育儿教育理念的需求,却因为书名中的"无条件"一词而误解为要对孩子的需求无条件地满足。

科恩提出:"所谓无条件养育,在我看来就是在此无条件的爱的基础上,所衍生的养育行为。简单说,也就是你不是怀有某个目的才去养育孩子的。"这里所提出的"无条件",指的是在生命层面爱我们的孩子。

但在养育或者生活层面,也就是在孩子的行为规则上,我们应该是有条件的。在成长过程中,孩子不知道如何保护自己,也不知道如何让自己更好地感知世界。为了他们的健康成长,我们会和孩子一起学习和制定一些规则,这就是在行为层面的限制。但是,不论孩子行为的好与坏,我们都会爱他,都会去感受他的情绪,我们都会无条件接纳他。我们爱的是这个个体本身,而不是因为他做对了,我们才爱他,他是什么样子我们都爱他。所以在理解的基础上把握爱的尺度,显得尤为重要。

(二)如何把握爱的尺度

1. 不放弃、不抛弃

任何情况下都不要流露出对婴幼儿的厌恶,不要轻易用威胁的语言和婴幼儿交流。当婴幼儿情绪失控的时候,要坚持情绪平稳地进行陪伴,避免过多的肌肤接触,等婴幼儿情绪稳定后再说明道理。

2. 温柔而坚定

我们可以使用正面管教的原理,给予婴幼儿心理上的支持,对于婴幼儿的失控行为,不急于责骂和惩罚,但要及时地、坚定地进行阻止。

3. 约法三章

该年龄段的婴幼儿虽然对规则和规定的理解有限,但家长还是可以通过事先反复提醒,和婴幼儿约定一些章法。任何的惩罚和消退都建立在事先说过不能做的基础上,任何的鼓励都建立在事先说过应该怎么做的基础上。

4. 少奖赏、多鼓励

很多家长习惯给这个月龄段的婴幼儿用买玩具作为奖励。但这样的奖励应当注意使用的次数。一是因为这样的奖励不够及时,所有的奖励和惩罚都应该即刻发生在行为之后。二是因为物质奖励获得的兴奋感很大,但消退得更快,没过多久就被"抛弃"了。其实,可以进行一些精神奖励,比如说去一次迪士尼,或是获得一次指挥成人做事的机会等,这会成为婴幼儿的特殊回忆。

四、求安全,双脚不着地

(一)运动的必要性

对于婴幼儿的态度,有些家长真的是"含在嘴里怕化了,抱在怀里怕没了"。很多家长平时对于婴幼儿的安全十分重视,并且长期都抱在怀里,舍不得让孩子自由活动,生怕孩子磕着碰着。对于他们来说,婴幼儿只有在他们的怀里才是最安全的。

但1—2岁对于婴幼儿来说是身体发育的关键时期,这个阶段的婴幼儿应该要加强运动锻炼,让自己的身体获得更好的发育,变得强健。此外,婴幼儿的运动能够有效地激发其身体激素的分泌,并且强化身体循环系统,提升婴幼儿晚上的睡眠质量。婴幼儿白天如果得不到足够的运动锻炼,那么体力就无法得到消耗,精力旺盛,晚上的睡眠质量也会因此受到影响,不容易入眠。

另外,运动锻炼也是他们进行大脑运动和感统训练的一种重要方式。科学研究表明,婴幼儿如果经常进行运动,大脑也相对更加灵活,发育速度明显提升。所以家长如果想要让婴幼儿变得更加聪明,就应该更多让婴幼儿进行运动锻炼,过度保护会使婴幼儿错失运动的机会。

案例 4-10

寸步难行的华华

奶奶平时对华华十分疼爱,并且尽可能地去照顾孩子,华华很少有机会去接触外面的世界,每天都只能待在自己的小房间里。虽然华华已经快 2 岁了,但是华华相对同龄的孩子还是显得不成熟。平时奶奶也不允许她做任何的事情,并且认为这是对她最好的保护方式。

然而,华华在自身的成长过程中,应该多去接触一些外界的新鲜事物。同时也需要有更多的机会去尝试探索,这样才可以获得更好的成长。奶奶可以加强安全防护措施,而不是去限制华华的活动,这样不利于华华的成长。家长因为追求婴幼儿安全而过分保护婴幼儿的行为是不可取的,这对于婴幼儿的健康成长造成了极大的阻碍。

（二）运动防护的措施

家长应该尝试着采用各种方式来保障婴幼儿的安全,为婴幼儿创造一个更加放得开手的运动环境。例如对家庭中的桌角、墙角等地方采用软质材料进行包裹处理,对于锐利器具严加保管、不随意摆放,为婴幼儿提供符合其身体特点的矮凳矮桌,特别划定婴幼儿的游戏活动区域等,这些都将会大大增强婴幼儿的环境安全系数,让婴幼儿获得更大的安全保障。

思考与练习

1. 13—18 个月婴幼儿家庭教育指导的重点内容和指导策略是什么?
2. 如何实施高质量的亲子陪伴?
3. 19—24 个月婴幼儿家庭教育指导的策略有哪些?
4. 如何有效开展 1—2 岁婴幼儿的家庭亲子阅读?
5. 无条件养育真的是"无条件"吗? 请举例说明。

推荐资源

1. 纸质资源

（1）威廉·西尔斯，等.西尔斯亲密育儿百科[M].海口：南海出版公司,2019.

（2）昝飞.行为矫正技术（第二版）[M].北京：中国轻工业出版社,2012.

（3）简·尼尔森.正面管教（修订版）[M].玉冰,译.北京：北京联出版公司,2016.

2. 视频资源

（1）电影《北鼻的异想世界》,塞雷娜·戴维斯导演。

（2）电视剧《母亲游戏：她们的阶级》,冢原亚由子、竹村谦太郎、福田亮介导演。

第五章

2—3岁幼儿的家庭教育与指导

学习目标

1. 全面了解2—3岁幼儿家庭教育的内容
2. 有效运用2—3岁幼儿家庭教育指导的策略
3. 熟练掌握2—3岁幼儿家庭教育常见误区及应对策略

本章导览

2—3岁幼儿的家庭教育与指导

2—3岁幼儿的家庭教育

◇ 2—3岁幼儿家庭教育的内容
◇ 2—3岁幼儿家庭教育指导的策略

2—3岁幼儿家庭教育的常见误区

◇ 不放手，包办代替
◇ 不理解，盲目制止
◇ 不放心，入园焦虑
◇ 不会玩，玩具开发

2岁的幼儿，开始有了自我意识，有了自己的主见。他们对世界充满了好奇心，愿意花更多的时间一步一步地弄明白事物的道理，想寻找能独立自主的方法，想要与人交流、做出决定，想要与他人沟通和表达情感，并且告诉成人他们的需求。

但是，2岁的幼儿也开始学会说不要，会因为一点小事发脾气、摔东西，似乎难以调教。英语中有一个词来形容这个阶段，叫做"terrible two"，即"可怕的两岁"。此时，家长会意识到原来的"小天使"，现在会随时变身为"愤怒的小鸟"。面对这样的情况，各种抓狂、挣扎、愤怒、困惑的情绪会随之而来，导致很多家长无法应对……

看了以上这段文字，你是不是也在想，2—3岁的幼儿究竟怎么了？与1—2岁的幼儿相比，为什么会有如此大的差异？那么，就让我们走进2—3岁幼儿的家庭教育，全方位地了解2—3岁幼儿的发展特点以及家庭教育指导的方法。

第一节　2—3岁幼儿的家庭教育

一、2—3岁幼儿家庭教育的内容

与1—2岁相比,在进入2岁之后,幼儿的生长速度明显减慢,他们不再像2岁之前那样,每个月都会有新的变化。这一时期的幼儿,活动范围逐渐增大,接触到的事物也越来越多,他们的智能发育增快、自我意识发展迅速、语言和交往能力增强,同时具备初步的生活自理能力,并且开始为进入幼儿园做准备。

(一)2—3岁幼儿的发展特点

1. 身体发展

(1)粗大动作。

2—3岁幼儿的粗大动作主要体现在行走、跑步、跳跃、平衡等运动能力的发展上。他们的身体更加平衡与协调,走得更平稳,跑步更加灵活,跳跃的能力也开始萌芽发展。他们不仅开始学会控制自己的身体,还逐渐学会操控简单的器械。

表5-1　2—3岁幼儿粗大动作的发展

月龄　　　　粗大动作发展	25—30个月	31—36个月
行走	25个月以后的幼儿在行走时步履更加平稳;27—28个月的时候会提起脚跟用脚尖走路,并且可以在不同材质的地上行走[1]。	进入2岁半以后,幼儿在走路时更为灵活、更加具有节奏性,由缓步行走过渡到自由行走,最后向疾步走发展。
跑步	开始掌握跑步的技能;平常逛街散步时,时常迈开腿向前快速跑去,成人往往需要费很大的力气才能追得上。	开始逐渐往跑步小健将发展,喜爱跑步,通过跑步尝试探索自己身体的协调感;不仅能够进行自由的快速跑动,有时还会在快速跑动中突然停下脚步,转向另一个方向。

---

[1] 陈国鹏. 0—3岁宝宝智能开发全书[M].上海:上海科学技术出版社,2009:195.

续表

月龄 粗大动作发展	25—30个月	31—36个月
跳跃	2岁以后开始发展,首先学会的是双脚的跳跃:走着走着,忽然屈膝"缓慢"地向上纵跳;27—28个月的时候,已经能够向前跳跃,立定跳远的距离能够达约20厘米。	能够跃起、向前跳跃,具体被描述为"双脚能够同时离开地面跳起,越过一张16开的白纸,高度约5 cm以上";大部分幼儿已经可以做"小兔跳跃"的形态,也可以进行拉手跳跃,即拉着幼儿的手,幼儿可以借力纵跳。
平衡	25个月以后已经能够单腿站立,能够用单腿支撑整个身体;27—28个月以后,单脚站立能够到达3—5秒;接近2岁半的时候,甚至还能掌握用脚尖站立。	不仅能够平稳地在各种材质的地面上进行站立,经过引导后,还能独立走过离地25厘米高的平衡木;开始逐渐学会爬楼梯,逐渐学会调节自己的身体,知道如何能够走得更稳当。

拓展阅读 ···

单腿站立

　　25—26个月是幼儿单腿站立发展的关键时期,其腿部力量在训练中得到了有效的发展,身体的协调性也得到了推进。在这一时期给予他们积极的单腿站立训练,能够帮助幼儿为实现身体平衡以及协调能力的发展,奠定良好的基础。

▲ 图5-1　单腿站立

（2）精细动作。

2—3岁幼儿精细动作的发展可以分成手指能力的发展与书写能力的发展。

表5-2　2—3岁幼儿精细动作的发展

精细动作发展＼月龄	25—30个月	31—36个月
手指能力	开始出现旋拧的动作；到了27—28个月，幼儿已经能够自己拧开瓶盖，并且按照大小配上；接近30个月的幼儿已经能够灵活地运用手指，他们会用食指和拇指一同去拿某些自己看得见、拿得动的小物品，会用物品（小木棍）进行敲打，会用小勺子挖碗里的东西①。	随着手腕与手指小肌肉群力量的不断增强，幼儿对于手指的控制与操纵能力进一步提高，会用三指拿物品，如拿小勺子、粗蜡笔，幼儿的双手协调能力也逐渐增强，他们已经学会简单的穿、脱衣动作，可以拉上和拉下带有拉链的外衣，还能解开大衣的扣子。
书写能力	2岁的幼儿已经开始模仿成人在纸上写字，同时可以抓握住大的蜡笔在纸上乱涂乱画，但他们的握笔姿势并不正确，仅仅是能够握紧笔而已。	这一时期的幼儿能在纸上进行简单的（点与线）的涂鸦，能模仿成人画垂线和圆圈；接近3岁，他们一般可以在纸上画出一个形状图案，例如圆圈、三角形；他们开始对画人产生浓厚的兴趣，能用一些轮廓线来描绘简单的人物形象；此外，幼儿对写字产生了兴趣，他们会将汉字当成简化的图画来"绘画"。

（3）动手能力。

2—3岁幼儿动手能力的发展与自我意识的萌芽密不可分。随着主观能动性开始萌芽并愈发强大，他们开始喜欢尝试自己做一些事情，并会通过独立自主的活动来初步实现自我愿望和自我意识。

表5-3　2—3岁幼儿动手能力的发展

动手能力发展＼月龄	25—30个月	31—36个月
自我服务能力	27—28个月，能够自己如厕，独立用小勺吃饭，也能自己洗手；29—30个月，大部分幼儿能够自己吃饭，用杯子喝水且不把水洒出；脱衣服、刷牙、洗脸等生活能力也逐渐发展起来。	2岁半以后，幼儿动手的自我服务的能力越来越强，自己吃饭已经不是困难事，一些更难的事情成为他们的挑战目标；幼儿开始学会叠被子、穿衣服、穿裤子等组合动作。

① 陈国鹏.0—3岁宝宝智能开发全书[M].上海：上海科学技术出版社，2009：195.

121

续表

月龄 动手能力发展	25—30 个月	31—36 个月
劳动能力	总想抢着做一些家务活,例如"帮助妈妈拿鞋子""为爸爸搬凳子"等;模仿成人的举动,例如,看到妈妈叠被子,他们也会笨手笨脚地跑过去叠起棉被。	动手能力进一步加强,动手欲望也与日俱增,但常常"好心办坏事"。例如,妈妈在剥花生,好心去帮忙,结果把剥好的花生全给洒了。这是孩子劳动能力发展过程中的一个正常的现象,而并非刻意捣乱。

2. 语言发展

2—3 岁的幼儿在语言方面有了进一步的提升,在日常生活中可以发现,幼儿在独自玩耍时会不经意冒出一些新词,有时会对着玩具说话,喜欢家长在睡前给自己讲故事,在一些场合下也有自言自语,甚至成了一个喋喋不休的"小演讲家"。

表 5-4　2—3 岁幼儿语言的发展

月龄 语言发展	25—30 个月	31—36 个月
词汇	2 岁左右的幼儿,就能说一些简单的话语以及运用一些生活中简单的词汇[1];发音在这个阶段仍然不够稳定,对于一些发音,如"n、l、z、c、s、zh、ch、sh",则较难发清楚;逐渐形成量词的概念,初步知道量词能够用来形容或表示事物的数量。	词汇量在之前的基础上成倍增长;这个阶段的幼儿每天能够学会的新词汇最多在 9 个左右,此阶段最多能拥有 900 多个词汇量[2];对于词汇的理解,受到认知发展水平的制约。
句子	句子结构更加复杂,表达的内容也愈加丰富;时常用"三词句",在成人的指导与帮助下,结构完整的句型逐渐发展起来;逐渐学会用简单的"主—谓—宾"句型,并结合一些生活中常见的事物进行表达,如:"妈妈回来了""宝宝要红车"等;会用物主代词来指代实物与人的关系,如"你的""我的"等;能够理解两个步骤的指示并作出相应的反应,例如"把围巾和帽子拿来"。	使用的句子在长度、复杂性以及语法的准确性上有了一定的发展;通常可以从句子结构中获得关于语义的信息,在动作对象的理解层次上已有了一定的区分,例如逐渐明白"妈妈亲宝宝"与"宝宝亲妈妈"是不同的;逐渐掌握复杂的句子,开始学会使用"的"字句、"把"字句,甚至是包含连词"但是"的句子;开始使用简单的复合句,用连词将两个简单句组合进行使用。例如"妈妈爱宝宝,爸爸也爱宝宝"。

① 陈国鹏.0—3 宝宝智能开发全书[M].上海:上海科学技术出版社,2009:223.

② 陈国鹏.0—3 宝宝智能开发全书[M].上海:上海科学技术出版社,2009:223.

3. 认知发展

2岁以后的幼儿,随着活动范围的宽广,他们的注意力、观察力、感知觉等方面都得以提升。

表5-5　2—3岁幼儿认知的发展

认知发展　　月龄	25—30个月	31—36个月
感知觉	已经能够正确地分辨各种基本颜色,如红、黄、蓝、绿等,但对于不同色度及一些混合色等仍不能很好地区分;开始辨别语音,如音强、音调等;能更好地辨别物体不同的物理属性,如软、硬、冷、热;对大小概念有了一定的认知。接近2岁半的时候,约有96%的幼儿能按语言指示选择物体,约有88%的幼儿能用语言说明物体的大小①;已经能够掌握一些比较笼统的时间概念,例如"吃完饭"。	已经能够使用抽象的符号,如词语、形象来理解世界了;能够分清楚左右,对于生活的规律也能有一定的了解;能够根据图片进行一定的感知与理解;接近3岁的幼儿已经能够数10以内的数字,但他们对数字的概念还不是特别了解;能够按照颜色、大小、形状对小物件进行分类,能够根据物品的生活属性来对物品进行分类。
注意力	注意力变得更加广阔,注意的事情比以前更多,视角从向外观察延伸到对自己内部的体察;注意的时间也有一定的发展。	注意的时间有一定的延长,能够注意集中地玩耍一个玩具达到近10分钟,甚至以上;快3岁时,对一些自己能够理解的电视节目等能够专注地从头到尾全部看完。
记忆及思维	记忆力已经开始萌芽发展,能够记住一些简单的语词;2岁半的时候开始认识书里的词,并且自己开始选书看;通过模仿和观察成人的行为来学习;思维具有象征性的特点,如在游戏中,能够用积木来代替冰激凌等;对于因果关系的理解有一定的进步,逐渐开始用思维解决一些问题,例如妈妈说"屋里好黑",他们常常会跑去打开灯;但是仍然不能分清楚真实与虚幻。	记忆长度一般在2个左右,即给他们呈现10个玩具,他们一般只能够记住2个;可以对看过的电视或者讲过的故事做一定的陈述;想象力的发展处于初期萌芽阶段,会在游戏中加入想象的成分,例如在角色游戏中为娃娃端茶送水,一边说着安慰的话,一边用好玩的玩具哄娃娃睡觉等。

---

① 陈国鹏.0—3岁宝宝智能开发全书[M].上海:上海科学技术出版社,2009:212.

生活中的数数游戏

（a）　　　　　　　　　　（b）　　　　　　　　　　（c）

▲ 图5-2　在生活中开展数数游戏

2.5岁到3岁是幼儿数数能力发展的关键时期。家长可以结合该阶段幼儿的认知发展特点，在生活中有意识地对幼儿进行数数的练习与教育。

家长可以在超市选购水果之后，引导2—3岁的幼儿边点数边将水果放进果盘里，说一说今天买了几个苹果；也可以和幼儿一起把他们喜欢的玩偶进行排队，数一数一共有几个小动物；还可以利用上下楼梯的机会，和家长边走边数，巩固数数能力；甚至可以选择一些朗朗上口的儿歌，与幼儿开展数数游戏，如："1、2、3、4、5，上山打老虎。老虎没打到，打到小松鼠。松鼠有几只，让我数一数。数来又数去，1、2、3、4、5。"

4. 情感和社会性发展

对于2—3岁的幼儿来说，其情感和社会性发展主要从自我意识的发展、情绪表现、性格特质与社会交往四个方面展开。

表5-6　2—3岁幼儿情感和社会性的发展

情感和社会性发展　　　月龄	25—30个月	31—36个月
自我意识	自我意识开始觉醒，能意识到自己是有主观能动性的个体，能够将自己与周围的事物区分开；开始更多地用"我"来指称自己。能够区别"你""我"，尤其喜欢强调"这是我的"；逐渐认识了自我的需求，除了自己生理的正常需求外，还包括语言交流、社会交往、游戏娱乐、表达表现等方面的需求。	自我概念逐渐形成：对于自己本身的姓名、年龄、性别、兴趣等都有了一定的认识；开始产生性别认同意识，做与自己性别相适应的行为与活动；开始认识到自己的独特性，明白自己和别人存在的不同，并且能够用语言描述自己；自尊逐渐发展起来，慢慢通过别人对自己的评价来认识自己。

情感和社会性发展 \ 月龄	25—30 个月	31—36 个月
情绪表现	有时候会变得急躁，表现出不稳定的特点，可能上一秒在哭，下一秒就破涕为笑了；对于亲近的家人或者周围人有一定的依赖心理，喜欢和亲切的人交往，对于别的小朋友有一定的同理心；形成了一定的规则意识；能够表现、体验以及尝试不同的情绪表达方式。	逐渐意识到情绪的作用，尝试用更多的语词来表达自己的情绪，如高兴、开心、讨厌、生气、喜欢等；逐渐形成同理心，例如看到其他小伙伴哭了，会试着通过玩具或者语言去安抚他们；开始能够预测、体验他人的情绪，能和同伴友好积极地交往；情绪依旧不够稳定，情绪变化较快。
性格特质	不再是时时听话的乖宝宝，不想要"任人摆布"；会开始使性子，开始学会说"不"；有时会主动对一些事情表态，如"赞成"与"反对"。	性格处于萌芽时期，还未形成自己独特的稳定的性格；有强烈的求知欲，开始对世界充满了好奇心和兴趣，觉得要尝试才舒服；对任何事情都充满了积极向上的情绪，自信心较强。
社会交往	社交的需求逐渐增大，由喜欢逐渐过渡到愿意，开始出现更多社交的初步行为；慢慢加入小伙伴的群体；开始学会使用一些小策略来进行交友，例如想要加入到小朋友的游戏中去，就会通过玩具交换的方式来进行；初步学会与他人分享，并且遵守共同的规则；开始体会到从学习轮流等待，并体验共同玩耍的乐趣。	能够初步地理解他人的情绪，对同性伙伴产生移情的能力；能够渐渐地通过语言来表达自己的情绪、喜好等；能够自己安慰或者进行自我保护，例如害怕时躲在妈妈身后等；对于入园会感觉到焦虑与不安，情况严重者会发生哭吵不安、免疫力降低等方面的问题。

案例
5-1

切记不要给宝宝定性

▲ 图5-3 害羞的琳琳

琳琳是一个比较内向的孩子，非常怕生。每次外出遇见小区里的邻居，琳琳总是紧紧搂着爸爸的脖子，头也不抬，更不用说与他们打招呼问好了。面对这样的情况，爸爸总是当着琳琳的面笑着回答说："我们家琳琳就是这样胆小。"

当孩子出现交往困难时，家长不该给孩子定性和"贴标签"。孩子在陌生人面前表现出害羞的性格，这是社交过程中发展的正常阶段，而不是其最终的性格。如果这个时候成人给他们定性，那么孩子就很可能最终成为一个"害羞"的人。

（二）2—3岁幼儿家庭教育指导的重点内容

1. 提高生活自理能力

（1）2—3岁幼儿的自理能力。

2—3岁幼儿的自理能力包括穿脱衣服、刷牙、喝水、吃饭、如厕、睡觉等最基本的生活行为。一旦掌握了基本的生活自理能力，即便进入幼儿园，他们也能独自面对全新的集体生活，自己解决一些力所能及的事情。因此，帮助2—3岁幼儿养成良好的生活自理能力，其实就是帮助他们建立强大的自信心。

这一阶段的自理能力包括以下内容。①穿脱衣服。对于2—3岁的幼儿来说，简单穿脱衣裤能力的获得需要一个过程。一般来说，先学脱，再学穿；先学穿脱鞋子和裤子，再学穿脱衣服；先学穿脱套衫，再学穿脱开衫；先学穿脱薄的衣裤，再过渡到学穿脱厚外套。②刷牙。2岁开始，幼儿尝试学习自己刷牙。成人可以鼓励他们在模仿的基础上，逐步养成早晚刷牙、饭后漱口的好习惯。③喝水。2—3岁的幼儿可以开始由吸管杯过渡到用单柄杯进行喝水。④吃饭。应提醒2—3岁的幼儿养成细嚼慢咽的习惯。他们能够使用汤匙独立吃饭，但需要培养一些简单的用餐礼仪，如一手拿餐具、一手扶住碗，吃完才能离开餐桌，食物不能洒落太多等。⑤如厕。2—3岁的幼儿可以做到有便意时表达或叫喊成人帮忙。通过引导便后能做到自觉洗手，并且能够在如厕结束后用纸进行擦拭，逐步养成每天一次大便的习惯。⑥睡觉。2—3岁的幼儿可以独立睡自己的床，逐步形成固定的就寝时间，一般最晚不过21:00。

（2）指导策略。

① 游戏法。利用游戏的方法可以让2—3岁的幼儿对活动产生兴趣。比如，引导幼儿学习自己吃饭，成人就可以与他们开展"饭菜搬家"的游戏，鼓励幼儿自己动手把饭菜搬到肚子

里去,而且不掉在地上。除此之外,为了让幼儿尽快学会自己吃饭,成人还可以在盒子上挖一个嘴巴,贴上眼睛,做成小动物的样子。接下来,在小碗里装些红枣、芸豆等食品,鼓励幼儿用小勺喂小动物吃饭。对于大一点的幼儿,可以提供夹子让他们练习夹东西。

▲ 图5-4　饭菜搬家

▲ 图5-5　喂小动物吃饭

② 儿歌法。成人可以把有关生活自理能力的一些技能编成朗朗上口的儿歌,配合生活活动展开,加深幼儿对动作的理解,使其尽快掌握简单的生活技能。趣味十足的儿歌,可以提高幼儿学习的兴趣,也能让他们更愿意接受。

拓展阅读

练习穿裤子的儿歌

两座山洞前面站,
两列火车向里钻。
呜的一声开过去,
两个车头又见面。

练习穿衣服的儿歌

衣服前面贴肚皮,
抓住大口头上套。
脑袋钻出大山洞,
胳膊钻出小山洞。

③ 故事法。在绘本中,我们可以找到很多与生活自理能力培养有关的图书。这些绘本故事与2—3岁幼儿的生活情境密切相关,成人可以引导幼儿观察故事中的图片,利用其中的角色,强化幼儿模仿的愿望,激发幼儿模仿的动力,并实施相关的教育。

▲ 图5-6　小熊宝宝系列绘本①

④ 奖励法。一个好习惯的养成需要不断的重复。因此,在培养幼儿生活自理能力的过程中,成人要善用奖励策略,通过不同的途径、不同的方式来激励幼儿,让他们能持久性地养成习惯并巩固。奖励的方式和途径可以是多层面的,可以是物质的,如孩子喜欢的玩具或食物,也可以是情感满足,如妈妈给一个大大的拥抱,还可以是精神鼓励,如贴一个五角星。

▲ 图5-7　我喜欢的玩具(物质奖励)

▲ 图5-8　妈妈抱抱(情感满足)

---

① 图5-6选自连环画出版社出版的"小熊宝宝系列绘本"。

2. 关注有效的语言沟通

（1）有效的语言沟通的含义。

2—3岁是幼儿语言发展的敏感时期，尤其是掌握口语表达的关键时期。但是，家长在教养过程中常常会发现，有的幼儿什么都能听懂，却无法用语言回应。一般遇到开口晚的情况，成人总会相互安慰或者自我安慰"贵人语迟"，也许等等就自然而然好了。

上海儿童医学中心章依文教授指出，语言发育迟缓是2岁左右幼儿最为常见的发育性问题之一，发生率大约为15％。从临床经验看，确实会有大约50％的孩子到三四岁时语言发育就能跟上正常的幼儿。但是也有大约一半的表达性语言迟缓的幼儿不能自行解决问题。而相当比例的幼儿，特别是感受性语言损害的幼儿，难以摆脱语言的困扰，给今后的认知、读写、行为和精神等方面也带来问题。

要学会说话，需要三个方面的基础：生理的、认知的和社会互动方面的，三个方面缺一不可。面对不开口说话的幼儿，家长在排除生理和认知方面的问题后，应该更多思考社会互动方面的问题，反思自己的教养方式是否阻碍了幼儿的语言发展。

（2）指导策略。

① 有效运用"3A法则"。对于如何促进2—3岁幼儿语言表达能力的发展，章依文教授提出了"3A法则"，即跟随孩子的兴趣（Allow the child lead）、调整说话的方式（Adjust the way you talk）、增加新词汇与新经验（Add new experience and vocabularies）。

即在与2—3岁的幼儿交流沟通时，成人需要跟随幼儿的兴趣与他们展开沟通，尽可能说幼儿当前眼睛看到的事物、耳朵听到的声音，说他们正在操作、摆弄的事情。同时，成人需要改变自己的说话方式。首先，尽量蹲下来，和幼儿面对面说话。其次，放慢语速，以便幼儿能够听清每一个字。再则，应以简单句为主，少用复合句，适当的时候也可以将语言与动作联系起来，帮助幼儿理解。2—3岁的幼儿处于语言发展的敏感期，他们可以快速地吸收、积累词汇，模仿并学习使用简单的语句。因此，成人在与孩子交流时，应适当地增加一些新词汇与新经验，如象声词、动词、名词以及形容词等，丰富与生活密切相关的事物的相关知识。

▲ 图5-9 嗨！你好，鸽子

▲ 图5-10 蹲下来，面对面说话

② 积极提供语言学习机会。有效地利用生活场景与幼儿开展交流,就可以发展幼儿基本的语言互动能力。此外,语言表达注重交流的一来一往,幼儿的一些动作,如撇撇嘴、转过头、咬住嘴等也是一种交流表达的方式,成人可以抓住这些机会与幼儿进行语言交流。

案例 5-2

妈妈,我要喝水

▲ 图5-11 宝宝想喝水

东东走到餐桌前,伸手指着餐桌上的水杯,一边看着妈妈,一边发出"嗯嗯嗯"的声音。妈妈明白东东想要喝水,但并没有马上把水杯拿给他,而是走上前蹲下来问东东:"东东是要喝水吗?"东东点点头。妈妈接着示范并鼓励东东学说"喝水"。在妈妈反复的示范鼓励下,东东终于说出了"喝水",妈妈把杯子递给东东的同时,在东东的脸上亲了一下,说:"东东真棒!"

其实,上述情景就是帮助幼儿练习说话的最佳时机。此时,成人千万不能轻易满足幼儿的要求,因为这样会让幼儿失去一次有效交流的机会。成人可以尝试将幼儿的需求用语言表述出来,询问他们是否正确,随后鼓励幼儿模仿着学说。

▲ 图5-12 亲子阅读

③ 借助绘本进行对话交流。除了日常生活中的交流之外,我们还可以借助绘本与幼儿进行对话交流,提高他们叙事表达的能力。成人可以选取符合2—3岁幼儿兴趣及认知特点的绘本,在观察画面的基础上,结合幼儿的生活经验,引导他们围绕简单的问题展开讨论,例如:故事里有谁? 他们在干什么? 你喜欢故事里的谁? 为什么喜欢他? 通过亲子之间的对话,帮助幼儿在理解故事内容的同时,获得更多的语言表达机会。

④ 尽量减少"屏幕暴露"。"屏幕暴露"对2岁幼儿的语言发展是非常不利的。对于3岁以前的幼儿而言,语言能力的学习与他们听到的质量与数量密不可分,这就需要成人与幼儿进行良好的互动。年龄越小的幼儿,越应当在现实情境下通过与人的互动进行学习。儿科专家建议,3岁后每天使用电子设备的时间不能超过1小时,而2岁以前的幼儿则不建议使用电子设备。

拓展
阅读

关于"屏幕暴露",美国儿科学会的建议

● 要确保睡觉时间、吃饭时间、父母和孩子玩耍时间没有电子设备。

● 睡前一小时不看电视和其他电子设备。

● 卧室里尽量不出现电子设备,在非使用时间关闭电子设备。

● 避免将电子设备作为安慰孩子的唯一方法。

▲ 图5-13 幼儿独自看Pad

3. 重视兴趣及专注力的培养

(1)2—3岁幼儿的专注力。

培养幼儿专注力的最佳时间是从2岁开始。一般来说,2岁幼儿的专注时间平均为7分钟,3岁孩子的专注时间约为9分钟。年龄越小,幼儿的专注时间就越短,而且很容易受到外界的影响。例如,有的家长给幼儿布置的任务太多;有的家长给幼儿安排活动的时候,不考虑他们的兴趣;有的家长给幼儿安排任务时发出的指令太多;也有的活动环境比较嘈杂;还有的家长在幼儿活动时,给予的指导太多……这些都是导致幼儿不专注的原因。

(2)指导策略。

① 创设单纯的活动环境。幼儿的心智发展需要刺激,然而现实的环境存在太多不好的刺激,如噪音、杂物等,这些对于思绪依旧处于混沌期的幼儿来说都是干扰。因此,成人应尽可能为2—3岁幼儿排除不必要的干扰因素,让其脑神经专心接受必要的刺激,进而进行神经分化的联结。

拓展
阅读

环境创设建议

● 儿童房的色彩不要太复杂,居家环境最好为单纯柔和的色彩,有助于稳定心情。

● 床上不要摆放过多的玩具娃娃,以免影响入睡心情。

● 不要给孩子太多的玩具,最好一次只给一种。

● 在孩子学习时,桌上只留下必备的物品,收起其他玩具或杂物,以免分心。

▲ 图5-14 宝宝小床的布置

② 建立有规律的生活作息。规律的作息可以协助 2—3 岁的幼儿建立固定的生理时钟，让他们知道什么时候玩、看书、运动或吃饭，也可以减少不恰当的行为出现在不恰当的时间里的情况。在建立规律生活作息之前，需要先规划生活的空间，如吃饭区、图书区或者游戏区，这样幼儿才知道在什么地方做什么事情。等生活作息习惯养成之后，成人也就更容易观察幼儿在何时处于最佳精神状态，以便安排学习活动。

▲ 图 5 - 15　固定的进餐区域

▲ 图 5 - 16　户外探索游戏

③ 充分利用幼儿的好奇心。强烈、新奇、富于运动变化的物体最能吸引幼儿的注意，如发声玩具、拼插玩具等会让幼儿集中注意力观察、摆弄。成人可以给 2—3 岁的幼儿买些类似的玩具，用来培养他们的注意力。这种方法是最理想，也是最有效的。此外，成人可以带幼儿到户外动一动，让他们到新的环境中去玩，如小区公园、大型绿地。在大自然里呼吸新鲜空气，听虫鸣鸟叫，看花草树木，这对幼儿来说都是很好的刺激。

④ 培养幼儿广泛的兴趣。兴趣是最好的老师。对于 2—3 岁的幼儿来说，专注力在一定程度上是直接受其兴趣和情绪控制的，成人应该利用幼儿的兴趣来培养他们的专注力。家长应善用自身的观察力，从幼儿的反应中找出令他们有兴趣的事物，兴趣越浓、越稳定，幼儿的注意力也越容易集中。

▲ 图 5 - 17　专心看鲨鱼

⑤ 提供简单明了的指令。2—3 岁的幼儿非常愿意帮着成人做事，而且这个阶段的幼儿能够连续接收 2—3 个指令。成人下达的指令太多、太过复杂，或者是指令表述不清晰，都会导致他们接收有误，从而阻碍了幼儿专注力的发展。因此，成人无论希望幼儿做什么事情，都应该给出简单明了的指令。比如吃饭，与其跟幼儿说"乖乖吃饭，吃完了再玩"，还不如说"再吃 5 口，就可以去玩了"。这样，幼儿往往会专心记住自己吃了几口，而不会反复去想究竟怎样才算"乖"。

⑥ 利用游戏培养专注力。游戏是幼儿最喜欢的活动。在游戏中，2—3 岁幼儿的专注力集中程度和稳定性都会表现得较强。对于 2—3 岁的幼儿来说，他们更需要操作性的游戏。此类游戏不仅可以训练协调能力，而且还能很好地使幼儿保持注意力。

宝贝，吃口水果

琪琪在认真地搭积木，坐在一旁的奶奶手里拿着一碗刚切好的苹果，时不时地喂琪琪吃，边喂还边说："琪琪，转过头来，奶奶给你吃块苹果。"面对奶奶，琪琪一脸无奈……

其实，在孩子专心游戏时，最大的干扰源往往就来自成人。当孩子玩得正尽心时，有些父母往往会喊上一句"吃饭啦"，从而硬生生地把孩子正在进行的事情打断；也有些父母爱子心切，在孩子游戏时不时地给孩子喝水、吃水果；甚至还有的父母觉得孩子专心的样子挺好玩，会忍不住逗孩子。殊不知，成人这些不好的行为，会使孩子逐渐出现难以集中注意力的问题。

二、2—3岁幼儿家庭教育指导的策略

（一）建立良好的生活作息规律

1. 制定规律的作息计划

规律的生活有利于身体建立规律的新陈代谢，从而为身体健康发育提供一个良好的环境。家长应该结合家庭的实际情况，为2—3岁幼儿制定一整套符合他们身心发展规律的作息时间表，合理地安排早上起床及晚上睡觉的时间、游戏及运动的时间、三餐及午休的时间、排便时间等。规律的作息时间一旦形成，就不要轻易打破。因为规律的作息不仅可以让幼儿明确知道什么时候该做什么事情，逐步形成习惯，还有利于帮助幼儿做好入园准备，以减少日后因时间的不匹配而导致的分离焦虑。

2. 创设有序的生活环境

2岁的幼儿逐步进入秩序敏感期，他们对周围环境的有序性尤为关注。家长可以把握秩序敏感期，为其创设一个有序的生活环境。2—3岁幼儿有序的生活环境主要包括：进餐环境、游戏环境及睡觉环境。

（1）进餐环境。

家庭中，成人需要为2—3岁的幼儿提供一个固定的进餐环境。进餐环境包含物质环境和心理环境。在物质环境方面，家长可以为2—3岁的幼儿准备符合他们身高的餐桌、餐椅，提供适合他们自己进餐的小碗、小勺。在物质环境准备就绪之后，就需要为他们营造良好心理环境。宽松、愉悦的心理环境有助于幼儿的消化吸收。有可能的话，还应尽量让幼儿与成人同桌进餐，这样有利于增进亲子间的情感交流。与此同时，还应该鼓励2—3岁的幼儿积极参与餐前准备工作，共同营造温馨、舒适的进餐氛围。

▲ 图5-18　坐在餐椅上，与外婆共进晚餐

▲ 图5-19　玩具收纳柜

（2）游戏环境。

家长要为2—3岁的幼儿准备一个宽敞、安全的游戏区域。区域内要摆放适合开展桌面游戏的小桌椅，也要在区域内铺设地垫或地毯，便于幼儿在地面上进行活动。有条件的家庭，还可以为2—3岁的幼儿创设固定的阅读区域，摆放小书架，提供靠垫、小沙发等柔软的物件。游戏区域内的玩具不一定要琳琅满目，家长可以分批提供玩具，保证呈现出来的玩具都是幼儿近期喜欢玩的。此外，家长需要为幼儿准备橱柜和收纳盒，并且在橱柜和收纳盒上贴上不同的标记，鼓励幼儿根据玩具的类型或者功能进行分类整理，逐步培养他们收拾整理玩具的能力，养成物归原处的好习惯。

（3）睡觉环境。

0—5岁是幼儿睡眠昼夜节律及行为习惯发展形成的关键期。为了提高2—3岁幼儿的睡眠质量，睡眠环境的创设非常重要。睡眠环境的营造应关注以下几方面：卧室环境、睡床方式、睡前活动、入睡方式。① 卧室环境。卧室应空气清新，温度适宜。可以在卧室开盏小灯，等幼儿入睡后再熄灯。不宜在卧室内放置电视、电话、电脑、游戏等设备。② 睡床方式。2—3岁的幼儿可以独立睡自己的小床，但需要与父母同一房间，便于夜晚照看。③ 睡前活动。可以安排3—4项睡前活动，如盥洗、如厕、讲故事等。活动内容每天基本保持一致，做到固定有序、温馨适度。活动时间控制在20分钟内，活动结束时，尽量确保幼儿处于安静状态。④ 入睡方式。将喝奶与睡眠分开，家长应尽量安排幼儿在睡前1小时喝奶。培养2—3岁幼儿独自入睡的能力，可以允许他们抱着安慰物入睡。如果孩子哭闹，家长

▲ 图5-20　抱着安慰物入睡

可先耐心等待几分钟，再进房间短暂待在其身边1—2分钟后立即离开，重新等候，并逐步延长等候时间，帮助幼儿学会独自入睡，使其顺利完成整个夜间的连续睡眠。

（二）培养初步的规则意识

1. 别与独立期的幼儿较劲

2—3岁幼儿的意愿是规则养成的重要影响因素。2岁左右是幼儿的第一个独立期，他们会尝试自己吃饭、自己选择衣服，而不要家长帮忙。因此，一些限制他们独立，要求他们听从的规则，他们有可能会选择打破。此时，2—3岁的幼儿不再只是看着家长的眼神行事，而更多地要感受和表现自己的能力。他们会主动地做一些事情，即使做不好也不要家长帮忙，因此，家长和孩子在规则的执行中都应有发言权。

▲ 图5-21　我就是不愿意

2. 制定符合实际情况的规则

（1）规则需要有弹性。

规则要有弹性，这不是说规则本身可以说变就变，而是要根据2—3岁幼儿的发展特点，灵活地制定规则。首先，在建立规则的时候，可以多用"你可以做……，只不过得要等到……时候……"这样的句型。这样，我们不仅巧妙地立了规则，还帮助幼儿学会了延迟等待。规则的弹性还可以表现在和幼儿共同讨论规则的制定，允许有理由的通融，这样可以培养幼儿的责任心和明辨是非的能力。

（2）规则并非越多越好。

1岁半的幼儿，当他开始说"不"的时候，家长就可以开始建立规则了。建立规则之前，家长要想清楚，需要立哪些规则？哪些是原则性的，必须要立？哪些规则是可立可不立的？因为规则并非越多越好，规则太多，执行起来很复杂，如果家长立了规则又不能坚持，那么规则就会成为摆设。规则的建立有一定的顺序。面对2—3岁的幼儿，家长应该在幼儿达成一个规则后再开始建立下一个规则，循序渐进地帮助幼儿养成好的规则习惯。

对于 0—6 岁的孩子，国际儿童教育界的通行规则

不伤害自己

不打扰他人

不破坏环境

其中，不伤害自己是最基本的。先明确不可以伤害自己，孩子就能学会守住自己的界限，保护自己。只有有了不伤害自己的体验，才知道如何尊重别人，这是遵守社会道德的基础。

3. 允许并尊重幼儿说"不"

进入独立期的幼儿，最喜欢说"不"。这个阶段，家长不但要允许幼儿说"不"，而且还要允许他们建立自己的界限，帮助他们把喜欢的与不喜欢的事物分开，让幼儿有说"不"的安全感。给孩子提供更多的选择机会，允许他们说"不"，其实就是成人尊重孩子的表现。只有当2—3岁的幼儿得到成人的尊重后，他们才会乐意接受别人对他们说"不"。

4. 正面告知幼儿具体规则

规则一定要清楚、具体，让幼儿容易理解，让他们知道可以做什么，而不只是不能做什么，比如"你生气了，可以打毛绒玩具或枕头，但不可以摔妈妈的手机"。建立规则的时候，家长的语气要夸张，表情要丰富。只要家长的语气快乐，就会让幼儿觉得：遵守规则是一件很好玩的事情。

5. 让幼儿做有限的选择

有限的选择对幼儿的规则培养非常有效。如果想让幼儿不在房间里跑来跑去，就可以让他选择现在是看书还是画画，而不是"现在我们来做什么"。漫无边际的选择是缺乏规则意识的表现。把当前必须要做到的事定为规则，在这个范围内给幼儿几个可选择的方向，这样不论选择什么，幼儿的行为都在规则之中，从而他们也就更自然地乐于接受规则了。

（a） （b）

▲ 图 5 - 22　选择玩什么

（三）提供动手操作的机会

1. 鼓励幼儿参与简单的家务劳动

▲ 图 5 - 23　帮妈妈捡菜

2—3 岁的幼儿有较强的模仿能力，他们很想参与简单的家务劳动。因此，家长在日常生活中，可以适当地安排一些简单的劳动，如扫地、擦桌子、剥豆子等，也可以邀请他们协助家长一起晾晒衣服，或为幼儿准备些小型的工具，如铲子，让其配合家长一起完成较为复杂的劳动，如整理花园、种花等。在参与简单家务劳动的过程中，家长不仅可以教给幼儿一些正确的操作方法与技能，而且还能帮助幼儿获得简单的自我保护能力。

2. 提供更多的自然探索机会

2—3 岁的幼儿特别喜欢到大自然中去，玩玩沙子、舀舀水，他们渴望了解大自然的奥妙。家长可以利用这个机会，为幼儿准备一些纱网与本子，将一些小昆虫捕捉后带回家，然后一起了解其名称与特性，拓展孩子的认知面，增强他们的探索兴趣。

（a） （b）

▲ 图 5 - 24　自然探索游戏

3. 尽情分享亲子互动时光

家长也可以和幼儿通过亲子互动，进行一些手工制作活动。活动开始时，家长可以告诉幼儿所要制作的东西，让幼儿对活动有一定的期待与兴趣，然后将材料准备好，例如适合幼儿使用的剪刀、画笔等，如果有需要裁剪的部分，可以先由家长剪出大致的模样，再让幼儿接着完成其他部分，使幼儿在动手中建立起自信心。

▲ 图 5 - 25　亲子手工游戏

（四）帮助幼儿建立交往能力

1. 寻找交往伙伴

生活中，家长可以利用一些公共场所，如附近的商店、公园、游乐园，鼓励幼儿与同伴或者成人打招呼，鼓励他们与各种年龄段的人群进行接触，并进行简单的交谈。家长可以在小区内或是亲朋好友中有意识地帮助幼儿寻找一些小伙伴，可以是比幼儿年龄大的，也可以是年龄小的，或者是同龄的。家长可鼓励幼儿与这些小伙伴进行玩耍，帮助幼儿建立不同的相处角色。家长还可以利用郊游的契机，带幼儿参与不同形式的活动，增加幼儿的交往机会。

▲ 图 5 - 26　和好朋友一起放风筝

2. 理解尊重孩子

在日常生活中，家长应该多选择一些友好相处的故事与案例讲给幼儿听，让其在头脑中树立起良好相处的概念。在游戏中，家长应帮助幼儿建立起耐心等待、遵守规则等品质。另外，在平时还需要帮助幼儿养成健康的游戏心态，使其平和地对待游戏中的输和赢，因为一些游戏难免有竞争的性质，有竞争自然就有输赢，但是输了之后还能好好玩是一种重要的游戏品质。家长的心态在此时就显得尤为重要，家长不计较输赢，幼儿也就松了一口气。

3. 丰富交往技巧

社交能力的培养与父母的帮助和训练密不可分，同时与平时的耳濡目染也是密不可分的。因此，家长需要为幼儿树立良好的榜样，身体力行地用品质德性、行为方式熏陶和影响幼儿。除此之外，详细的策略对于幼儿社交技能的掌握十分必要，家长可以通过绘本阅读、音乐游戏等，教给幼儿简单的社交技能，例如在认识新同伴时，用玩具、零食作为交换的礼物，从而赢得新伙伴的认可。

▲ 图 5 - 27　与同伴分享食物

第二节　2—3岁幼儿家庭教育的常见误区

一、不放手，包办代替

米米还小

米米刚过两岁，爸爸妈妈因为工作的关系把米米放在外婆家，由外婆负责白天照顾他。最近，妈妈在培养米米自己吃饭的能力。妈妈要求米米吃饭的时候坐在自己的餐椅上，前半程自己动手吃，后半程有需要妈妈再喂。但每当吃饭时外婆总会在旁边唠叨："我们米米还小，自己怎么吃得好？"米米一旦听见外婆的唠叨，就会撒娇地说："米米要外婆喂！"外婆只要听见米米的"召唤"，便会兴冲冲地走上前，乐滋滋地喂米米吃起来。妈妈则一脸无奈地看着祖孙俩……

这是一个典型的隔代教养家庭，这一场景也是在隔代教养家庭中经常能够看见的。祖辈家长的各种"关心"，使得他们不愿意放手让孙辈自己操作，让包办代替的行为在幼儿一日生活的各个环节中随处可见，但这些行为实际上会给幼儿的发展带来不利的影响。

（一）隔代教养存在的问题

1. 教养观念呈现功利性

当前很多祖辈家长都非常重视2—3岁幼儿特长、知识、智力等方面的培养，他们会经常教幼儿念儿歌、背唐诗、数数、识字等，也有的祖辈家长会教幼儿记住家庭成员的姓名、自己的年龄以及父母的电话号码，但是与识字、数数、背唐诗相比，祖辈家长往往会认为后者才是早期教育的主要内容。也有些祖辈家长会重视幼儿品德行为习惯的培养，鼓励2—3岁的幼儿自己吃饭、睡觉、上厕所，引导其好东西要与大家一起分享，不骂人，培养幼儿懂礼貌的良好行为习惯。但是，类似于这一类对于幼儿性格兴趣的培养普遍不够受到重视。

这种在家庭早期教育内容上的差异，是由于祖辈家长在对家庭早期教育作用的理解上存在着很大的误区。祖辈家长总是认为早期教育的作用就是开发幼儿的智力，会不自觉地把早期教育和识字、数数、背诗等活动联系起来。很少有祖辈家长认为自己吃饭、上厕所、穿衣服等自理能力的培养是幼儿家庭早期教育的主要内容，更没有意识到家庭早期教育的主要作用是使孩子养成良好的行为习惯。

识字、数数、背诗等文化知识的传授只是2—3岁幼儿家庭教育的一小部分，感知觉、动作、思维、语言、社会性等方面的发展才应该是2—3岁幼儿家庭早期教育的主要内容，应该在幼儿的一日生活中进行培养。这些能力在幼儿从一个生物人转变为一个社会人的过程中起着更为重要的作用。

2. 教养方式缺乏科学性

（1）过分溺爱。

一般隔代教养的方式分为四种类型，分别是民主型、溺爱型、放任型和专制型。溺爱型是目前大多数祖辈家长选择的教养方式。由于很多祖辈家长常常带着一种补偿心理来教养幼儿，因此他们会对幼儿倍加关怀，不自觉地呈现出过渡溺爱、事事迁就的表现，这是"隔代亲"的一种具体表现形式。但过渡溺爱，很容易让幼儿养成任性、自私、自我中心的个性，不利于他们更好地融入社会，对幼儿来说是一种伤害。

（2）命令性引导。

在教导孙辈时，近七成的祖辈家长采用直接教导、多次重复的方法向幼儿传递知识和经验；仅有少部分祖辈家长能够采取启发诱导的方式与幼儿讲道理，帮助幼儿真正理解。当祖辈家长用直接告诉、死记硬背、不断重复的方法来实施教养时，往往会严重影响幼儿思维能力的发展。

（3）哄骗打骂常见。

祖辈家长在教养幼儿时，尤其是当幼儿不听话或者闹情绪的时候，经常性地会采用一些不科学的方式，如用哄骗的方法来转移幼儿的注意力。受传统观念"孩子不打不成才"的影响，也有些祖辈家长会对幼儿进行斥责，甚至打骂。这些祖辈家长认为轻微的体罚是一种比较有效的手段，但这其实会对幼儿的心理健康带来一定的影响，祖辈家长一定要慎用。

3. 教养内容凸显片面性

（1）缺少心理健康教育。

所有的祖辈家长都会关注幼儿的身体健康教育，但多局限于注重身体方面的健康，却忽视了心理方面的健康。祖辈家长普遍认为"能吃能喝、不常生病、长得壮、有抵抗力"才是幼儿健康的象征。很多祖辈家长对心理健康的意识比较薄弱，往往不会把"活泼好动、乐观开朗、情绪稳定、反应适度"等相关指标纳入健康教育的范畴之内。对于幼儿常常会出现的不听话、发脾气等行为，祖辈家长或是置之不理，听之任之，或是采取恐吓等消极的方式来应对。对心理健康教育内容的不了解，会导致祖辈家长无法理解幼儿的心理需求和情感需要，从而严重阻碍幼儿的心理发展。

何为健康

1947 年，世界卫生组织（WHO）在成立宪章中指出："健康乃是一种身体的、心理的和社会适应的健全状态，而不只是没有疾病或虚弱现象。"[1]

1978 年，国际初级卫生保健大会发表的《阿拉木图宣言》对健康的含义又做了重申："健康不仅是疾病与体弱的匿迹，而是身心健康、社会幸福的完美状态，是基本人权，达到尽可能的健康水平是世界范围内的一项最重要的社会目标。"[2]

---

[1] 张丽珠.3—6 岁儿童心理健康状况调查分析[J].中国健康教育，2002，18(3)：178—180.

[2] 中华人民共和国卫生部.1978 年阿拉木图会议(附宣言)[EB/OL].(2011 - 10 - 25)[2019 - 2 - 15].http://guoqing.china.com.cn/zwxx/2011 - 10/25/content_23716975.htm.

1989年,世界卫生组织把健康定义为"健康是人的肉体、精神和社会的康乐的完善状态,而不仅仅指无疾病或无体弱的状态。"[1]

健康实际上是对人的身体、精神(心理)和社会交往(行为)状态的一种判断。如果一个人有良好的身体(生理)、精神(心理)和社会行为适应,那么这个人就是健康的,否则就是不健康的。[2]

(2)忽略兴趣爱好培养。

与文化知识教育相比,祖辈家长更重视对孙辈文化知识方面的传授,尤其是面对2—3岁的幼儿时,他们会经常在日常生活中教幼儿学习一些文化知识,如教幼儿背唐诗、数数、识字等。但在其他兴趣爱好的培养方面就显得有些微不足道了。受体力和精力的限制,一般来说祖辈家长不会参加幼儿的兴趣爱好活动,有的甚至因教养观念的差异而不会协助和支持。

2—3岁的幼儿对周围世界充满着好奇心,他们喜欢通过亲身接触来感知事物。祖辈家长的各种制止无形中阻碍了他们的探索欲,扼杀了幼儿许多的兴趣爱好。

(3)忽视生活习惯和动作技能的训练。

绝大多数的祖辈家长注重幼儿品德礼貌方面的培养,提醒幼儿主动问好、不骂人、要说谢谢等礼貌用语,认为懂礼貌的孩子就是有教养的。但是,在幼儿生活习惯和动作技能方面的培养就显得薄弱了些。

大部分的祖辈家长在日常生活中对幼儿没有设立任何规矩,听之任之,一切以幼儿的意愿为先,一味地迁就。诸如自己穿衣服、吃饭、走路等动作技能方面,祖辈家长也会为了节省时间和精力,选择自己代劳。这些原本是幼儿可以自己完成的事情,因为祖辈家长的包办,使得幼儿失去了练习动作的机会。祖辈家长的这一行为无意间阻碍了幼儿基本动作的发展,使幼儿逐步养成惰性,变得任性。

(二)理性应对隔代教养问题

1.多方支持,共同推进

在我国,隔代教养的普遍性与经济发展的不平衡、教育体制的不完善以及地区间发展的不均衡有着密切联系。只有加快经济发展,提升国民教育水平,完善早期教育体制,才能从根本上改善0—3岁婴幼儿隔代教养的现状。为此,我们需要社会的多方支持,共同推进与改善0—3岁婴幼儿的早期教育,提高婴幼儿的入托率,逐渐将早期教育规范化,尽可能降低因某些不利因素给婴幼儿及隔代教养家庭带来的负面影响,使得隔代教育的问题得以根本解决。

2.增强意识,加强学习

(1)增强责任意识。

0—3岁是人生的重要阶段。作为孩子的第一任教师,父母的言行举止对孩子的成长起着关键作用。年轻的父母应该提高自身的责任意识,协调好工作与家庭之间的关系,尽可能地陪在孩子身边,承担起应尽的教养责任。同时,年轻的父母还需要端正态度,不可以将教养子女的责任简单地推给祖辈家长,要清楚地认识到在教养孩子的过程中,祖辈家长承担的仅仅是辅助作用,而不能让隔代教养取代亲子教养。

---

[1] 戴木才.精神健康[M].南昌:百花洲文艺出版社,1999:37.
[2] 王星.学前儿童心理健康教育的理论与实践[J].前沿,2000(1):18—19.

（2）加强自身学习。

一般来说,孩子的问题往往就是家庭的问题、家长的问题以及教育方式的问题,问题家长远比问题孩子多。这就说明,孩子的问题很多都不是自身造成的,而是家长问题、教育方式问题的折射[1]。因此,年轻的父母要努力做学习型的家长,养成主动学习的习惯,加强对现代家庭教育知识的学习,提高自己的能力,纠正自己的错误,掌握正确的教育方法,不断充实自己[2],从而提升自身的竞争力。

父母可以积极参与一些有关婴幼儿早期教育的培训或讲座,多与其他父母分享育儿经验,相互学习,取长补短,及时更新家庭教养观念,调整和改进自己的教育方式,从而促进婴幼儿全面健康地成长。

3. 更新观念,转变方式

（1）更新教养观念。

隔代教养家庭中出现的问题大部分是由于祖辈家长自身文化水平太低、缺乏正确的教养观念造成的。社会的快速发展,使得传统的教养观念已经不再适合现在的孩子。如果祖辈家长依旧墨守成规,按照传统的教养观念和教养方式进行隔代教养,将会严重阻碍幼儿的成长。因此建议祖辈家长跟上时代的节奏,有效利用新媒体等途径吸收一些新思想、新策略,不断更新自己的教养观念,提高自身的教养水平。

（2）转变教养方式。

"隔代爱"的现象在隔代教养家庭中非常严重,尤其是当祖辈家长成为第一教养人时,他们会更加宠爱和迁就幼儿,有时甚至是溺爱。但是,长时间的溺爱和迁就,往往会导致幼儿形成不良的个性,如任性、自我为中心等问题,从而影响他们的健康发展。因此,祖辈家长要不断地转变教养方式,尝试运用科学的方式来教养幼儿。当幼儿出现问题行为时,不要一味地庇护,相反要理智应对,科学教养。

在隔代教养中,"隔代"是小事,"教养"是大事。只有祖辈家长树立正确的教养观念,采用科学的教养方法,才能促进婴幼儿健康成长。

4. 优势互补,保持统一

家庭教育的不一致,不仅会使家庭教育的力量互相抵消,而且父母的权威也会受到损害,很容易让孩子养成坏习惯、形成"两面性"。因此,祖辈教养人和年轻的父母应尽量在家庭教育上保持一致。

（1）优势互补,形成教育合力。

祖辈家长有充足的时间、丰富的生活阅历和养育经验等优势,父母则具有快速接受新知识和新观念的能力,并掌握较多的现代育儿知识。因此,祖辈家长和父母应尽量发挥各自的教育优势,共同探讨教养幼儿的方式,形成教育合力。对祖辈行之有效的经验和意见,父母应尊重和接受;对祖辈在教养过程中的科学行为,尤其是祖辈没有意识到的科学教育行为,父母一旦发现,应及时予以表扬和肯定;对祖辈那些不妥的做法,父母则可以侧面提醒,不能一味地抱怨、指责。

父母对祖辈的尊重、肯定及表扬,可以极大促进祖辈的学习热情。父母可以为祖辈挑选

---

[1] 李雪娇.0—3岁婴儿隔代教养现状的研究[D].大连：辽宁师范大学,2016.

[2] 洁斐.成功孩子的背后——学习型家长[J].家庭与家教,2007(1)：4.

一些理论不深、操作性强的育儿书籍,以更新、充实祖辈的育儿知识。祖辈通过学习,可以逐步关注自己的教育方法,有意识地思考自己的教育方法和教育行为是否对幼儿发展有益。

（2）互相协助,做到各司其职。

在隔代教养的家庭中,祖辈家长应尽可能地与父母多沟通、勤交流,互相协助,努力做到各司其职。

首先,父母需要跟祖辈达成协议,充分沟通教养方式,明确各自分工。父母应当承担起教养的主要责任,履行父母应尽的职责。祖辈则应该尽力配合父母,摆正自身的位置,做好辅助工作,不越位。

其次,即便工作再忙,父母每天下班后都要安排固定连贯的时间与孩子相处,如亲子游戏、睡前故事、洗澡等环节,营造有仪式感的亲子时光。

再则,有可能的话,建议父母晚上应尽可能地带孩子回家睡觉,一是让祖辈能够得到更好的休息调整,二是满足3岁前孩子的精神需求,形成稳固的亲子依恋关系。

（3）共同协商,保持教育统一。

隔代教养中,祖辈要时刻注意不要充当教育孩子途中的"绊脚石",在教养方式上要与父母达成共识,尽量保持一致。当祖辈与父母的教养方式出现分歧时,祖辈千万不能因为疼爱孩子,而在孩子面前与父母发生冲突,唱"反调",应该及时进行沟通,达成一致意见后,再向孩子提出要求。如果遇到一时半会儿难以解决的问题或者矛盾,也要从有利于孩子身心发展的角度出发,共同协商,求同存异。总之,和谐稳定的家庭环境是保持家庭教育一致性的关键。

二、不理解,盲目制止

（一）第一反抗期的表现

幼儿在2岁左右会经历一个反抗期,这是幼儿心理发展的一个必经阶段,心理学上称之为"第一反抗期",也被形象地称为"执拗期",突出表现为:心理发展出现独立的萌芽,自我意识开始发展,好奇心强,有了自主的愿望,喜欢自己的事情自己做,不希望别人来干涉自己的行动,一旦遭到父母的反对和制止,就容易产生说反话、顶嘴的现象。最大特点就是对父母的一切要求说"不",或因愿望得不到满足而大哭大闹,在英语中把这个阶段称为"terrible two",意为可怕的2岁。

（a）

（b）

(c)　　　　　　　　　　　　　(d)

▲ 图 5 - 28　绘本《大卫，不可以》①

（二）产生的原因——权利争夺

1. 活动能力增强

2—3 岁的幼儿在动作能力方面有较大发展，很多日常生活中的事情他们都可以自己做。因此，他们总是希望扩大独立活动的范围，尝试独立完成新的事情。但是，这些要求往往会受到家长的阻拦或限制，继而就会引发幼儿的反抗。

2. 自我意识发展

2—3 岁的幼儿的自我意识开始发展，他们渐渐地发现自己是一个独立的个体，并且能够清楚地知道哪些事情是成人让"我"做的，哪些事情是"我"想做的。因此，他们常常会用明确的态度和对抗行为告诉成人：我不是全部从属于他人的。他们总想顽强地表达自己的意愿，但是，这种表现方式往往与成人的规范相抵触，进一步导致幼儿反抗行为的产生。

3. 发展不成熟

2—3 岁的幼儿在许多方面的发展还不太成熟。首先，他们的情绪控制能力很弱，一旦感到不满，就会用吵嚷、哭闹等直截了当的方式表现出来，这一行为往往被成人误认为是故意作对。究其原因，他们无非是忠实于自己的想法，而并非针对某个具体的人。其次，2—3 岁的幼儿的思维发展水平不高，思维缺乏灵活性，一根筋，不会变通。再则，他们的时间观念不强，想做的事情必须马上去做，哪怕只有几分钟，他们也不能等。这些都会导致幼儿反抗行为的发生。

（三）沉着应对

1. 理解幼儿，尊重幼儿

2—3 岁的幼儿喜欢跟家长说"不"，这是他们建立自我和自尊的第一步。他们意识到自己的存在，要求与成人一样平等，对成人的指挥和安排会进行选择。此时，成人不要轻易地干涉幼儿的行为，不要伤害幼儿的自尊。即使是必须遵循的要求或意愿，也尽量不使用命令的口吻，如"要这样""不许那样"，而应该以平等的姿态，蹲下来征询幼儿的意见，给幼儿留出选择的余地。例如，"等你搭完积木我们就去洗澡，好不好"，这样不仅维护了幼儿的自尊，而且幼儿又乐意接受，也就不会轻易跟成人说反话了。

---

① 图片选自河北教育出版社出版的"大卫系列绘本"。

2. 提出合理要求，符合实际情况

俗话说，"没有规矩，不成方圆"。2—3岁的幼儿正处于成长学习的阶段，当他们开始说第一个"不"的时候，成人就应该开始对他们的行为提出合理的要求，告诉幼儿哪些行为是可行的，哪些行为是不被允许的。但是，更重要的是要让幼儿了解哪些行为是可以被接受的。

成人应该在日常生活中根据实际情况，对幼儿提出合理的要求。例如，定时定点吃饭、不能边吃边玩等事情是需要幼儿必须做到的，而且又是完全可以做到的，最好不要给幼儿选择的余地，必须严格执行。又如，生活中有些事是幼儿不愿意去做的，而且是可做可不做的，如穿什么颜色、什么款式的衣服出门，那就干脆不要提要求。当幼儿玩得尽兴的时候，家长必须要尊重幼儿，征求他们的意见，给幼儿留出思考时间，切不可先强制压服，以免引起幼儿大哭大闹后又让步依顺，使幼儿养成不服从成人要求的习惯。

（a） （b） （c）

▲ 图5-29 自己收拾整理玩具

▲ 图5-30 扫树叶

3. 相信幼儿，满足其好奇心

父母的过度保护是导致幼儿说反话的原因之一。强烈的好奇心会驱使2—3岁的幼儿什么都想去试、去做。过度包办，会剥夺幼儿学习探索的机会；一味地制止、指责，又会引发顶牛现象的出现。

因此，父母要尽可能满足幼儿的好奇心，如：允许幼儿穿上雨衣、胶鞋到雨地里玩；鼓励幼儿自己穿脱鞋子；教会幼儿尝试洗自己的手帕、袜子……建议父母应该充分相信孩子，在满足他们合理要求的基础上，给予幼儿更多的实践机会，帮助他们积累经验，体验成功的欢乐，这样他们就不会经常与父母说反话了。

4. 不能娇惯、放纵孩子

（1）讲道理。

父母可以心平气和地与幼儿讲道理，告诉他们为什么不能满足要求的原因，以此来抑制幼儿任性、执拗行为的发生。

（2）转移注意力。

在讲道理无果的情况下，父母可以设法转移幼儿的注意力，用另一种他们更感兴趣的事情来吸引他们，从而使他们放弃之前那个不正当的要求。

（3）冷处理。

在反复劝说无效的情况下，父母则应该明确表明自己的态度：不合理的要求，即便再闹也不能满足，随后走开，用冷处理的方法来终止幼儿不合理的要求。

应对孩子反抗行为的小技巧

提前告知——有效使用"五分钟原则"，让孩子对接下来要做的事情有心理准备。

约法三章——做事情之前，先和孩子约定好合理的规则。

正话反说——对待爱说反话的孩子，家长则应该反其道而为之。

角色扮演——面对总是坚持反抗的孩子，家长也可以采用角色互换的方式，增进彼此之间的了解。

总之，在1岁半到3岁期间，由于自我意识的不断发展，幼儿对成人的建议或指令总会表现出不听从，显得很固执。因此，面对处于"第一反抗期"的幼儿，成人应以平常心对待，不要过多限制，适当提出合理要求，逐步帮助幼儿形成独立自主的个性。

三、不放心，入园焦虑

（一）分离焦虑

1. 分离焦虑的阶段

几乎所有人都会有分离焦虑，甚至连家中的宠物都会产生分离焦虑的情绪，而分离焦虑在婴幼儿身上最为常见，表现也最为突出。一般婴幼儿在6—7个月学爬的阶段就会出现分离焦虑的表现；而在12—18个月的时候会到达顶峰；2—3岁的幼儿在面临入园或长期分离等情景时，也有可能表现出严重的分离焦虑。

一般来说，跟家人分开后的幼儿发生的分离焦虑分为三个阶段：① 反抗阶段，号啕大哭，又踢又闹。② 失望阶段。仍然断续哭泣，动作、吵闹减少，不理他人，表情迟钝。③ 超脱阶段。接受外人的照料，开始正常的活动，但是想起家人时又会出现悲伤的表情或者哭泣。其实，分离焦虑是一种很正常的生理现象，几乎所有的幼儿都会不同程度地表现出分离焦虑。这是他们有个体意识，能独立运动，身体上可以离开家长，但精神上却没有做好分离准备的一种表现。

2. 产生的原因

（1）环境变化。

2—3岁的幼儿从家庭步入早教机构，环境随之发生了巨大的改变，我们称之为幼儿的"心理断乳期"。

① 生活规律的变化。早教机构有相对固定的一日生活时间表，而幼儿在家中的生活规律并不一定与此相符。有的家庭一切以幼儿的意愿为中心，生活作息比较随意，形成了一些不良的生活规律和习惯，如晚上熬夜、早上睡懒觉、没有睡午觉的习惯。据调查，有部分幼儿就是因为怕在早教机构睡午觉而不愿意来园。因此，生活规律和生活习惯的改变，使得大部分的幼儿不习惯固定化的生活制度。此外，早教机构的饮食和饮水也和家中不同。一些幼

儿在家中养成的不良饮食习惯,导致他们在早教机构挑食或偏食;有的幼儿在家中从来不喝白开水,然而早教机构提供的饮用水都是白开水等。

② 成人与幼儿关系的改变。由于早教机构是集体教育,师生比例为1:7,这和幼儿在家中的环境有着本质区别,他们不可能像在家里一样得到一对一甚至是几对一的关怀和照顾。对于刚进早教机构的幼儿来说,教师和同伴的陌生,已经使他们感到不安全,教养环境的变化,又会导致幼儿感觉失去了家庭的亲情和温暖。此外,在早教机构的集体活动中,幼儿不可避免地会处在一种竞争的环境中,如:怎样获得教师对自己的关注,如何占据自己喜欢的玩具……因此,有些幼儿在入园之初,往往会感到不知所措。

③ 活动环境的陌生。当幼儿初次踏入早教机构时,机构内的活动环境对他们来说是完全陌生和新鲜的。无论是教室内桌椅的摆放,还是盥洗室的设备,都不同于家庭。幼儿在感到好奇和新鲜的同时,也会引起一定的恐慌和不安。例如,幼儿在家中大小便,用的是坐式尿盆或者抽水马桶,而面对有些早教机构的蹲式便盆,幼儿就会感到不适应,从而引起心理上的压力。

④ 能力要求的提高。早教机构要求幼儿在入园时应具备一定的独立和自理能力,包括:自己吃饭、自己穿脱衣裤、自己上床睡觉、能控制大小便,可以遵守一定的规则等。这些要求都有可能使幼儿感到是一种前所未有的挑战和压力。

(2)家庭因素。

家长的教养方式是2—3岁幼儿入园适应快慢的重要因素。实践证明,平时不娇惯孩子,注重独立能力的培养,鼓励其探索新环境、与新伙伴一起玩的家庭,他们的幼儿入园的适应期就会较短,出现的情绪问题也会较少。相反,那些娇宠溺爱、一切包办代替的家庭,他们的幼儿则需要较长的适应期,甚至有些幼儿会因环境的巨大差异和转折,而出现情绪和生理上的问题,如因过分哭闹和情绪不安,而出现夜惊、梦魇、腹泻等问题。

(3)自身个性与经验。

研究证明,在幼儿入园前,有与家长分离经验的幼儿比较容易适应早教机构的生活。性格外向、活泼大胆的幼儿则要比那些性格内向、安静胆小的幼儿更容易适应。

(二)分离焦虑的表现

面对即将进入幼儿园的2—3岁幼儿,家长往往会不经意间地从语言、动作、表情等方面流露出各种"不放心"。有的家长担心幼儿的生活能力,如大小便、吃饭、喝水等问题幼儿是否可以自己解决;也有的家长担心幼儿的语言能力,幼儿是否会向教师表述她/他的基本需求;还有的家长担心幼儿的交往技能,是否能够尽快适应新环境、认识新朋友,是否会和同伴一起玩。

对于2—3岁的幼儿来说,受亲子分离和新环境适应双重因素的影响,他们在入园前后往往会出现不同程度的分离焦虑。有的幼儿在情绪方面会出现不安、情绪波动,甚至哭闹的现象;有的幼儿在饮食方面会出现食量减少、便秘、消化不良等现象,有时还会导致其体重下降;还有的孩子会出现夜惊、夜哭等睡眠方面的问题……

入园是2—3岁幼儿人生中的一件大事。毕竟,他们第一次离开熟悉的家庭环境进入陌生的地方,接触陌生的人,同时还需要逐渐学会独立照顾自己。由此产生的一系列焦虑情绪及反应都是正常的。

（三）轻松度过

1. 学会分离

（1）提前分离。

分离最好能有一个渐进的过程。在入园前半年,家长就应该有计划地把视线从幼儿的身上移开,逐步拉长和幼儿分离的时间,让他们慢慢适应。同时,有意识地培养幼儿独立玩、独自看书等,或者是让家庭中的其他人帮着照看。渐渐地让幼儿知道,父母只是暂时离开,一定会回来。这个过程可以帮助幼儿建立对成人的信任感。

（2）习惯分离。

① 郑重地与孩子道别。仪式感对于幼儿的行为培养是非常重要的。家人尤其是妈妈,在每次离开孩子的时候,一定要非常郑重地举行一个告别仪式,与孩子拥抱、道别,让他明白妈妈的不舍,然后让孩子看着妈妈离开。这个过程刚开始一定很痛苦,孩子目睹妈妈离开,会伤心地大哭,但要让接替者告诉孩子,妈妈一会儿就会回来。

案例 5-5

妈妈上班去了

早晨,妈妈背着包走到悦悦面前,蹲下来抱着悦悦说:"妈妈要去上班了,晚上回来跟你一起玩,陪你看书讲故事。"说完,在悦悦的脸颊上亲了一口,摆摆手说:"悦悦,再见!妈妈想你。"虽然悦悦有些不舍,但是在外婆的陪伴下,也向妈妈摆摆手说了声:"妈妈,再见!"

▲ 图5-31　妈妈上班去了

在孩子刚入园时,有很多家长因为担心离开时孩子会哭闹,所以总是趁着孩子不注意偷偷溜走。其实,这样的做法是非常错误的。因为孩子突然发现妈妈不见了,会产生一种自己被妈妈抛弃的错觉,更会在下一次分开时加深这种分离焦虑。对此,成人应该在离开之前的1—2小时提前做好预告:"妈妈一会儿要出去一趟,但是天黑之前就会回来。"到了分离的时候,虽然孩子还是会感到伤心,但是由于已经有了心理准备,不会觉得很突然,心理上也更容易接受。

② 轮流看护孩子。随着幼儿社会性的发展,他们已经有了一些自己固定的小伙伴,而且这个阶段的幼儿还喜欢和同伴在一起玩简单的游戏。此时,家长可以邀约4—5个即将入园的幼儿家长一起,集中把幼儿送到一个家庭中,然后告诉自己的孩子:"爸爸妈妈有事要离开一会儿,你可以和小朋友在一起玩,5分钟后再来接你。"就这样,4—5个家庭轮流照看孩子,

▲ 图5-32 轮流照看

循序渐进,逐步从5分钟过渡到10分钟,再到半小时,最后,幼儿可以一上午离开家长。这种轮流看护的方式可以让幼儿更快地适应入园的分离。

2. 做好孩子的心理准备

(1)使幼儿对早教机构产生期待。

2—3岁的幼儿对父母的依恋很强烈,让他们一下子离开父母,会导致其依恋感受阻,产生分离焦虑,从而引起不安全感。因此,让2—3岁的幼儿提前对入园有个心理准备是非常必要的。家长可以和孩子一起利用各种机会(机构开放日、公益活动日、新生报名日)去早教机构,帮助幼儿了解他们将来要长期生活的环境。家长可以带孩子看看活动的教室、教室里的玩具、卧室中的小床、盥洗室的水池、厕所的小马桶,也可以带孩子到户外场地,看看树木及花草,玩玩滑梯。在熟悉环境的同时,家长一方面解答自己心中有关早教机构的疑问,缓解焦虑。另一方面,也让幼儿逐渐认同早教机构的环境,觉得到早教机构是一件快乐的事情,激起对早教机构的向往。

(2)让幼儿做到心里有数。

在入园之前,家长可以和幼儿经常聊聊早教机构的事情,告诉幼儿教师会带着小朋友一起玩,会讲故事给小朋友听,会带着大家一起唱歌、跳舞、做游戏,早教机构是他们的乐园。家长也可以一边带幼儿参观教室,一边告诉他在这里的一天是怎样的,小朋友会在哪里吃饭,在哪里睡觉,要喝水、上厕所时要去哪里,这样幼儿才会对自己将要上早教机构的事情有所理解,做到心里有数,减少对幼儿园的排斥感。

▲ 图5-33 幼儿餐厅

▲ 图5-34 幼儿厕所

▲ 图5-35 幼儿盥洗室

▲ 图5-36 幼儿卧室

▲ 图5-37 幼儿教室

3. 学会自理

很多2—3岁的幼儿在家庭中吃饭、洗手、穿衣穿鞋、上厕所、上床睡觉等事情还都依赖于成人，自己一点儿也不会。虽然早教机构会有教师帮助幼儿的生活，但是一个班级的教师要同时面对15—20个幼儿，总有看不过来的时候。如果所有的事情都需要求助于教师，那么幼儿内心的紧张感也会加强。

因此，除了帮助幼儿做好充分的心理准备之外，家长还要帮幼儿做好生活方面的准备，让他们学会自理，具备人际交往方面的基本能力。

（1）掌握基本的生活自理能力。

父母在照顾孩子的时候，一定深有体会，照顾自家一个孩子都要花很长时间，更何况是在早教机构呢？就拿穿衣服这件事情来说，当幼儿午睡醒来的时候，教师不可能同时为那么多幼儿一起穿衣服，总得一个个来。如果是冬天，幼儿等着教师挨个穿衣服，很有可能会着凉，身体抵抗力差一点的幼儿就容易生病感冒。

如果幼儿自己会穿衣服、吃饭、上厕所，不仅家长会免去很多担心，幼儿自己也会更加适应。因此，在决定让幼儿准备入园之后，家人就要有意识地训练幼儿的生活自理能力。吃饭、穿衣、大小便、喝水等习惯的培养，都需要一个循序渐进的过程。成人可利用游戏的方式，如：喂小猴子吃东西、给娃娃穿衣服等，来引起孩子的兴趣，也可以借用朗朗上口的儿歌，配合生活环节展开，使孩子更乐意接受。

▲ 图5-38　自己洗手

▲ 图5-39　自己喝水

- -

生活能力培养儿歌

穿套衫

一件衣服四个洞，
脑袋钻进大洞洞，
然后钻出中洞洞，
小手伸出小洞洞。

▲ 图5-40 自己穿衣

▲ 图5-41 自己穿鞋

穿鞋

小脚伸进去,小手用力拔,

鞋子穿穿好,走路不摔跤。

孩子从学会到熟练需要一个过程,家长要耐心引导,多鼓励他们。如果孩子不配合,或者不愿意做时,家长可采取"怀柔政策",尽量让孩子发掘其中的乐趣。

（2）调整作息时间与生活习惯。

早教机构有着严格的生活作息时间,游戏、吃饭、睡觉都与家庭的时间安排不同。在入园前,家长就应逐步按照早教机构一日活动的时间安排调整幼儿的生活作息。这样一旦形成习惯,幼儿入园后就不会不适应生活习惯的改变。

拓展阅读

上海市普陀区早期教育指导中心托班幼儿一日生活作息时间表（供参考）

8:00—9:15	来园、游戏与生活活动
9:15—10:15	运动、生活活动
10:15—10:30	学习活动
10:30—10:50	自由活动、生活活动（盥洗、餐前准备）
10:50—15:00	生活活动（午餐、散步、午睡、起床整理）
15:00—15:30	生活活动（点心）
15:30—16:00	户外运动/功能室活动,离园准备
16:00	离园

（3）掌握基本的交往能力。

在集体生活中,学会排队、学会分享、学会等待等能力,对于2—3岁的幼儿来说是非常重要的,这是他们与同伴交往的一种策略。家长可以用游戏的方式告诉幼儿,也可以借助一些好的绘本,让幼儿学习与同伴相处的方法。与此同时,家长还可以带幼儿去儿童乐园等同龄伙伴比较多的地方,鼓励幼儿亲身体会。

受年龄特点的影响,2—3岁幼儿常常会出现打人、推人、咬人等行为。在集体活动中,他们往往会因为玩具与同伴发生冲突,解决矛盾冲突的方法也比较直接、单一——与同伴争抢。面对这样的行为,家长要及时进行调整,最好的方法是进行正面引导,如发现幼儿有行为冲突时,及时把幼儿拉开,并通过示范正确的方法或游戏让幼儿知道和掌握基本的交往技巧。

案例
5-6

如何让幼儿掌握交往技巧

- 自始至终抱着自己玩具玩的玲玲

玲玲来早教机构已经三个星期了,虽然不像其他小朋友那样哭闹,但是她总是抱着自己的娃娃躲在教室一角独自玩。好朋友东东邀请她一起搭积木,她摇摇头回绝。娅娅想抱她手里的娃娃,她也不愿意放手。

类似玲玲这样孩子,他们往往对家庭成员的依恋感很强,适应新环境的能力较弱,且缺乏安全感。因此,老师需要做的是先和他们建立感情,多抱抱,多亲亲,多给他们关注的目光,多和他们说说话,逐步消除他们的恐惧与焦虑。等他们与老师熟悉,愿意和老师一起玩了,再引导他们和其他小朋友一起玩。

- 需要老师领着去跟小伙伴玩的团团

团团来到早教机构有一个多月了。他最喜欢的就是搭积木,但每次总是站在一旁看着小朋友玩。别人玩得开心时,他也会跟着笑。老师发现后走上前问:"我带你过去和他们一起玩好吗?"团团点点头。老师带着他来到小朋友中间,介绍说:"这是尧尧,这是甜甜。他是团团。团团最喜欢搭积木,和你们一起玩,好吗?"在老师的引领下,团团慢慢地开始和小朋友一起玩了。

其实,团团适应新环境的能力比较强,只不过跟小朋友还不熟悉,有陌生感。这时老师应当充当小朋友交往的"红娘",帮助他们互相认识。同时,结合班上开展的"认识新朋友"的主题活动,引导小朋友共同参与游戏,让他们把手中的小玩具交换着玩,学会轮流与分享。

- 抢别人的玩具,有攻击性行为的平平

丁丁和平平一起来到娃娃家玩。丁丁发现了灶台上的一把锅铲,拿起来就开始在锅里"炒菜"。平平被丁丁手里的锅铲所吸引,走过来就抢。但丁丁没有放手,抓得牢牢的。平平拿不到锅铲,顺手把丁丁推到在地上。摔在地上的丁丁一下子哭了起来……

出现这种行为的孩子多数没有和小朋友一起玩的经验。在家庭中,都是家长顺从他,而在早教机构面临着和小朋友分享玩具的状况,一时适应不了,由此出现了攻击性行为。

面对这样的孩子,首先,老师需要增加相同玩具的数量,保证每个孩子都有玩具玩。其次,老师应帮助孩子协调和小朋友的关系,教给他一些和小朋友交往的方法和技能,比如学会用协商的口气跟对方说"给我玩会儿好吗"或"咱俩换着玩好吗"。同时,父母也应该多带孩子出去和小朋友一起玩,并给孩子以正面引导,在实际的交往活动中发展孩子的交往能力。

● 因交往方式不妥,出现"攻击性行为"的豆豆

豆豆和琳琳是一对好朋友。她们正玩得开心时,琳琳突然哭着来告诉老师:"豆豆咬我了。"老师带着琳琳走到豆豆面前,蹲下来耐心地问豆豆:"豆豆,你和琳琳是好朋友,为什么要咬她呢?"豆豆一脸委屈地说:"因为我喜欢她。家里爸爸也是这样的……"

这类孩子有时在交往的过程中出于喜爱、亲热的情感,会咬或掐其他的孩子。其实他们并没有想去攻击别人,只是交往方式不妥。究其原因,是有些父母常常通过在孩子的脸上咬一口、屁股上拧一把等方式表示喜爱,孩子便模仿了成人的这些举动,在早教机构与小朋友交往中表现出这种"攻击性行为"。所以,家长要为孩子做出榜样,改变这种不妥的亲热方式,学会用正确、恰当的方式表达自己的情感。

(4)备齐入园物品。

幼儿入园后会用到各种物品,如衣服、被子、书包等。每个早教机构的要求会有所不同,有些会统一安排,有的则要求家长自己准备。因此,家长要提前了解清楚。另外,家长需要提前为幼儿准备一套姓名贴,最好用印有他们照片的姓名贴,给幼儿的物品做上标记,便于他们区分自己的物品。

2—3岁的幼儿毕竟还小,偶尔会出现尿裤子的情况。因此,家长最好在幼儿的小书包里放一套备用的衣服,尤其要备好裤子与袜子,这样就能有备无患。如果幼儿的适应能力比较弱,本身就容易尿裤子的话,家长最好多准备几条裤子。

此外,在幼儿初入园时,为了让他们能尽早适应,家长还可以为他们准备一个安慰物,如妈妈与孩子的照片、有妈妈味道的毛巾、幼儿喜欢的玩具等,这些也能帮助幼儿适应早教机构的集体生活。

▲ 图5-42 安慰物

▲ 图5-43 小书包

4. 家长的心理准备

（1）克服自身焦虑。

分离焦虑的情况不仅会在幼儿身上发生，很多家长也一样会出现。这种焦虑情绪会潜移默化地影响到幼儿，有些幼儿的分离焦虑往往是受家长的影响导致的。虽然，有的家长嘴上说着："宝贝长大了，要去上幼儿园了。"但其实内心并不希望幼儿真的去幼儿园。

2—3岁的幼儿是非常敏感的，他们总能感觉到家长情绪的微妙变化，从而通过哭闹等行为来引起家长的同情和怜悯，以达到自己的目的。因此，在幼儿入园前，家长要检查自己是否有分离焦虑，如果有，就要尽快处理，调整好自己的情绪和心态，做好充分的思想准备，不要把自己的不安传染给孩子。因为家长的分离焦虑就像一股反作用力，会阻碍孩子适应早教机构的进程。

▲ 图5-44 入园前的焦虑

（2）不要把幼儿入托当成解脱。

有些家长会把幼儿入托当成一种解脱，尤其在身体疲惫、心力交瘁的情况下，会不由自主地感叹："等他上幼儿园，我们就轻松了。"家长的这些想法，会让幼儿觉得自己是爸爸妈妈的负担，会给幼儿带来负面信息，加深他们对早教机构的恐慌，从而更黏家长。

早教机构是一个培养幼儿的社会性、帮助幼儿成长的地方。如果家长坚定这样的信念，幼儿就会对早教机构产生信赖与好奇，也更容易适应早教机构的生活。

（3）相信孩子，相信早教机构。

2—3岁的幼儿的环境适应能力比我们想象的要强得多。家长应该对幼儿入托这件事情表现出充分信任，经常性地鼓励幼儿，相信他们一定可以适应新环境、新朋友。家人的信任与鼓励可以大大减轻幼儿的分离焦虑。在相信自己孩子的同时，家长还应该充分相信早教机构，相信教师。家长对教师的不信任，会给教师带来压力，反过来也可能影响到幼儿的成长。

▲ 图5-45 爸爸，再见

四、不会玩，玩具开发

（一）0—3岁婴幼儿的家庭玩具

1. 婴幼儿的家庭玩具

游戏是婴幼儿喜爱的活动，它可以促进婴幼儿身体的生长发育，推动认知、语言、情感及社会性的发展。在他们的世界里，如果说游戏是天堂，那么毫无疑问，玩具就是天使。大教育家夸美纽斯在谈到玩具的作用时说："这些东西，可以帮助他们自寻其乐，并可锻炼身体的健康、精神的活泼，身体各部也因之而灵敏；总之，儿童所喜欢玩的东西，只要于他们没有伤害,都应该使他们满足,而不应该禁止他们。"在婴幼儿的成长过程中,玩具自始至终陪伴着他们,是他们最亲密的伙伴,最天然、最好的教科书。通过玩玩具,婴幼儿进行探索,动作能力和想象力得到发展。

陈鹤琴先生曾经对玩具做过一个通俗而广义的解释:"不只限于街上卖的供儿童玩的东西,凡是儿童可以玩的、看的、听的和触摸的东西,都可以叫玩具。"在本书中,玩具既包括成人专门为婴幼儿制作的、供婴幼儿游戏使用的商品玩具,也包括自然的、非专门制作的可以供婴幼儿摆弄的环境材料。

0—3岁婴幼儿家庭玩具特指符合0—3岁婴幼儿心理、生理需要的,能够让他们在家庭中实地操作摆弄的游戏材料。它可以是家长精心为婴幼儿挑选的,适合0—3岁婴幼儿年龄特点的商品玩具;也可以是并非专门为婴幼儿游戏而存在的环境材料,包括自然界随时可见的一切(如沙、水、树叶等),日常物品(如小碗、小勺等)及经过成人制作的生活中常见的废旧物品(如奶粉罐、广告纸等)。

(二) 婴幼儿家庭玩具使用中存在的问题

1. 商品玩具使用中存在的问题

(1)玩具选择具有功利性。

在选择玩具方面,家长普遍具有较强的功利性,有近一半的家长将玩具的教育价值列在首位,仅有少数的家长认可玩具具有娱乐功能。对于玩具的教育价值,有很多家长认为主要体现在智力开发上,而忽略了玩具最本质的娱乐功能,即玩具可以让婴幼儿感到愉悦。因此,在玩具的选择上他们会更倾向于益智玩具,希望通过这类玩具来开发婴幼儿的智力,让他们变得更聪明。

▲ 图5-46　图形镶嵌小车

▲ 图5-47　积木玩具

(2)价值认识凸显片面性。

对于玩具的价值认识,大多数家长具有片面性的特点。家长常常被玩具表面的功能价值所局限,将玩具的价值仅仅局限于某一个游戏领域,而忽略挖掘其隐藏的多元价值。片面地解读玩具的价值,不利于婴幼儿的整体发展。

（3）玩具玩法呈现单一性。

家长在指导婴幼儿玩玩具时普遍存在玩法单一的问题，不仅体现在玩法获得途径的单一上，还表现在使用时间的单一上。家长会被包装盒上的"适宜月龄"所束缚，导致家庭中很多玩具的使用时间较短，闲置比例较大，呈现明显的"时效性"。

▲ 图5-48　玩具包装盒上的适宜月龄

2. 环境材料利用中存在的问题

（1）自然物的选择存在局限性。

家长对于自然物的选择存在较为明显的局限性，大部分家长仅仅允许婴幼儿玩沙、玩水。而面对石头和泥土，都不愿意给婴幼儿玩，觉得脏、有细菌，不合适。

家长对沙、水、石头、泥土等自然材料截然不同的态度，一方面与家长的时间、精力不足有关，导致支持行为缺失；另一方面则是家长的观念所致，大多数家长认为商品玩具对婴幼儿的发展更有益，部分家长表示更愿意给婴幼儿提供相对干净的自然物。

（2）日常物品的使用缺乏渗透性。

杜威提出"生活即教育"的观点。其实，来源于生活的、围绕在0—3岁婴幼儿身边的日常物品是他们更愿意摆弄的材料。

在日常生活中，家长在日常物品的提供和使用方面会出现生活与游戏割裂的现象，缺乏渗透性。家长总会在装扮游戏中给婴幼儿提供小碗和小勺等让其使用，而在每日的进餐环节，却常常剥夺幼儿使用小碗、小勺的权利，总认为婴幼儿还小，动手能力差。

（3）废旧物品的开发存在缺失性。

家长对废旧材料的认可度远低于自然物和日常物品，对于废旧物品在婴幼儿游戏中的利用明显不够重视，开发使用长期存在缺失。家长往往会不惜花费重金为婴幼儿提供"最好的"玩具，并将"贵的"等同于"好的"。但他们对废旧材料的价值不认同，纷纷表示制作太麻烦，还不如买一个方便，也有家长表示不会做，还有一部分家长表示愿意和婴幼儿一起利用废旧材料进行制作，但时间和精力有限，也就作罢。

（三）巧妙开发

1. 商品玩具的有效使用

（1）多角度解读功能价值。

很多玩具都具有多功能的价值，可以促进婴幼儿多方面的发展。我们以拼板玩具为例，对它进行多方位、多领域的价值解读。拼板玩具也称为拼图玩具，是婴幼儿家庭中较为常见的一种商品玩具，对婴幼儿发展的作用是多方面的。

① 拓展认知范围。拼板玩具的画面内容多为婴幼儿熟悉的动物（小鱼、小猫、小狗）、常见的交通工具（飞机、汽车、轮船）、基本的形状（圆形、正方形、三角形）等。因此，拼板玩具上丰富的内容，首先拓展了婴幼儿的认知面。

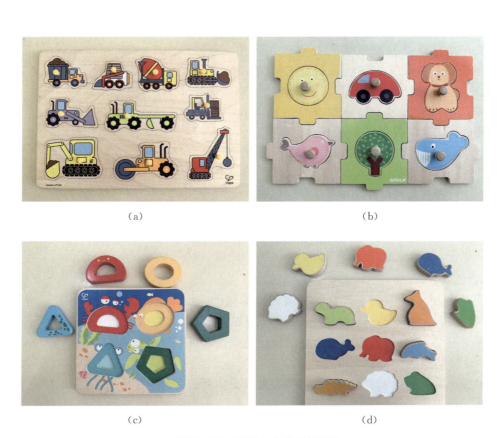

（a）　　　　　　　　　　　　　（b）

（c）　　　　　　　　　　　　　（d）

▲ 图5-49　不同内容的拼板玩具

　　② 丰富触觉体验。拼板玩具所用的材质有硬纸板、木质薄板、泡沫板、塑料等。厚薄不一、软硬不同的材料为婴幼儿提供了丰富的触觉体验机会。

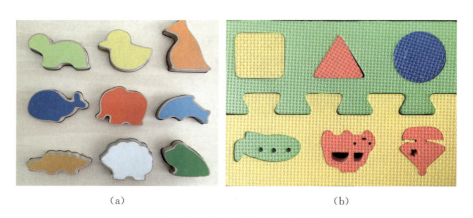

（a）　　　　　　　　　　　　　（b）

▲ 图5-50　不同材质的拼板玩具

　　③ 发展空间概念。拼板玩具的呈现方式可以分为立体拼板和平面拼板两大类。操作不同空间结构的拼板玩具，有利于提高婴幼儿的空间感知能力。

（a）　　　　　　　　　　　（b）

▲ 图5-51　不同空间结构的拼板玩具

④ 了解部分与整体的关系。从分割情况来看,拼板玩具是从整块的呈现到逐渐分割的多块呈现,婴幼儿在完成拼板的过程中,对整体和部分之间的关系有了初步感知。

（a）　　　　　　　　　　　（b）

▲ 图5-52　不同分割情况的拼板玩具

⑤ 促进手眼协调发展。拼板玩具除了薄片式、厚块式之外,其抓手还有有无及不同类型之分。把不同样式的拼板抓握起来并准确地镶嵌到对应位置,可以使得婴幼儿的手部精细动作得到发展,手眼协调能力得以提高。

（a）　　　　　　　　　　　（b）

▲ 图5-53　抓手不同的拼板玩具

⑥ 提高语言能力。婴幼儿玩拼板玩具时,可以看看说说画面上的内容,家长也可以利用拼板和婴幼儿创编一些简单的故事情节。在交流中,婴幼儿的听说能力自然也得到了锻炼和提高。

由此可见,拼板玩具在婴幼儿认知拓展、触觉体验、空间感知、整体与部分感知、精细动作、手眼协调以及语言发展等方面都具有独特的教育价值,是一件能全面推进婴幼儿发展的经典玩具。

（2）多途径延长使用时间。

正规的商品玩具在包装上都会标有明确的"适宜月龄"。如在拖拉玩具的包装盒上一般会标注"10个月以上"的月龄建议,建议家长为10个月的孩子提供拖拉玩具,以激发他们练习行走的兴趣。一旦当孩子掌握了行走技能之后,这些玩具就会被束之高阁,成为闲置的玩具。过了"适宜月龄"的拖拉玩具真的就不再适合1—3岁的婴幼儿了吗? 其实不然。拖拉玩具的样式各不相同:有拉绳式的,有推杆式的,也有单节、多节的。在幼儿学会走路之后,家长还可以根据1—3岁婴幼儿不同阶段动作发展的特点,选择适合的拖拉玩具,开发更为适宜的游戏来开展活动,让拖拉玩具重回幼儿的游戏中。

拓展
阅读

拖拉玩具游戏

推杆玩具——适合13—18个月的幼儿使用,在边走边推的过程中增强行走的稳定性。

长绳式单节拖拉玩具——适合19—24个月的幼儿使用,在小树林里绕着小树行走,提高行走的灵活性。

短绳式多节拖拉玩具——适合25—36个月的幼儿使用,可以倒走、侧走或跨障碍走,促进平衡能力的发展。

（a）
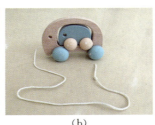
（b）

（c）

▲ 图5-54 不同样式的拖拉玩具

2. 环境材料的有机渗透

（1）逐步关注自然物。

婴幼儿对大自然天生就有着强烈的好奇心和探究欲。将自然物引入婴幼儿游戏,需遵循婴幼儿认知与动作发展的规律,逐步推进婴幼儿的和谐发展。

拓展
阅读

不同月龄的自然物游戏

亲亲草地——引导13—18个月的婴幼儿赤脚在草地上爬爬、走走、跑跑,玩"追小球"的游戏,满足动作需求,丰富感知体验。

　　趣味玩沙——和19—24个月的婴幼儿一起赤脚在沙地中行走,玩"小脚在哪里"的游戏,在沙地上作画,或者用水桶提水,制作沙雕,感知事物的变化过程,满足好奇心。

　　奇妙的树叶——与2—3岁的婴幼儿一起捡拾树叶,制作树叶标本,帮树叶找妈妈,感知树叶的颜色、形状,进行配对,推动观察力发展。

　　(2)随机渗透日常物品。

　　来源于婴幼儿日常生活的物品,如夹子、扫帚、手帕、毛巾、小碗、小勺等,都是婴幼儿愿意摆弄的玩具素材,它们也可以在日常使用和游戏中,给婴幼儿以支持。例如:晾衣夹是一种常见的日用品,它的种类相当丰富,有颜色、材质、大小、松紧等各方面的差异,可以据此和2—3岁的幼儿展开一系列游戏,有利于幼儿在自然的状态下发展。如"晾晒衣服",可鼓励幼儿参与日常的晾晒衣服环节,在摆弄过程中感知夹子的差异,促进三指捏动作的发展,提高手指力量以及双手协调能力。又如"夹子游戏",可通过"动物夹子""可爱的毛毛虫"等趣味十足的游戏,提供练习机会,增强幼儿的游戏兴趣。

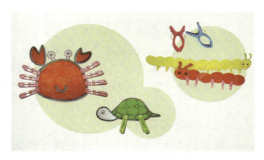

▲ 图5-55　夹子游戏

　　(3)创新使用废旧物品。

　　其实,家长只需稍稍开动脑筋,对生活中的废旧物品稍加改造,它们就会立刻成为2—3岁幼儿喜爱的一件玩具。例如,对于婴幼儿家庭来说,各种高矮、大小不尽相同的奶粉罐是最为常见的废旧物品,但这些奶粉罐往往会被家长随手丢弃。其实,巧妙地利用奶粉罐可以和婴幼儿开展很多好玩的亲子游戏。如"填装游戏",可在奶粉罐里填装不同的物品,让婴幼儿感知声音的不同,体验重量的不一。又如"赶小猪",可用纸棍一起来推或滚奶粉罐,促进婴幼儿粗大动作和手眼协调能力的发展,同时亲子关系也可以随之得到巩固。再如"造高楼",可利用大小不同的奶粉罐玩垒高与套叠游戏,发展垒高技能,建立空间感。

▲ 图5-56　填装游戏

▲ 图5-57　赶小猪

▲ 图5-58　造高楼

　　奶粉罐、纸箱、广告纸这些废旧材料的创新使用,可以使这些原本准备被丢弃的物品发挥出其全新的教育价值。婴幼儿在与这些废旧材料互动的过程中,各方面能力均能得到发展。

　　3. 家庭玩具的合理选择与投放

　　合理选择、适宜投放玩具是提高婴幼儿游戏质量的重要环节。为婴幼儿选择和投放玩具,不仅要考虑玩具的安全性,还需要关注玩具的探索性、趣味性与适宜性。

（1）具有探索性。

2—3岁的幼儿处于感知运动阶段，他们对世界的认知具有整体性的特点，年龄越小，游戏中的整体感知就越明显。另外，幼儿的好奇心强，通常他们对能带来丰富触觉体验的物品、通过操作可改变形态的材料感兴趣。家长在选择和投放玩具时，应综合考虑玩具材料的形状、大小、画面内容及材质等多种因素，为幼儿提供能带来多感官刺激、丰富感知觉经验的玩具，满足其探索欲望。探索性强的玩具不仅能够满足幼儿的好奇心，有效地延长注意力时间，而且还能给幼儿提供动手操作的机会，拓展其认知面。

拓展阅读

生活中的探索游戏

玩纸游戏——提供各种各样的纸，通过撕、贴、团、揉等活动，使婴幼儿感知纸张的厚薄、色彩、软硬、柔韧等方面的差异。

手帕游戏——提供大小、颜色、图案、厚薄、材质不一的手帕，满足婴幼儿探索的兴趣，激发其语言表达的欲望；通过整理手帕，提高其生活自理能力，促进其认知与分类能力的发展。

（2）体现趣味性。

虽然商品玩具色彩鲜艳、声音悦耳、造型夸张有趣，对婴幼儿有着巨大的吸引力，但是丰富多样的自然物和日常物品也是婴幼儿喜爱的，而且有研究表明，婴幼儿往往更喜欢玩生活中的真实物品。

拓展阅读

纸箱游戏

纸箱颜色暗沉、样式单一，常常被我们忽略。其实上，纸箱具有很强的安全性和可塑性，在简单的美化加工之后，它们的趣味性就会明显增加，可以吸引不同月龄段的婴幼儿开展游戏。

汽车嘟嘟嘟——把纸箱改变成一辆小车，吸引13—18个月的婴幼儿在房间内自由拖拉，既满足他们走、跑的兴趣，又使他们体验到开小车的快乐。

球门游戏——将纸箱装扮成小兔的样子，引导19—24个月的婴幼儿玩踢球进门的游戏，使他们体验成功的自豪感。

纸箱滑梯——将纸箱展开铺在楼梯上，鼓励2—3岁的幼儿勇敢地在上面进行挑战，发展他们的身体平衡能力，增加胆量。

▲ 图5—59 汽车嘟嘟嘟　　▲ 图5—60 球门游戏　　▲ 图5—61 纸箱滑梯

（3）凸显适宜性。

受环境引发的经验的影响，婴幼儿的发展速度、发展水平存在较大个体差异。有些商品玩具的配件并不完全适合婴幼儿当前的发展水平，因此在选择和投放玩具时，要以婴幼儿当前的身心发展水平为依据，遵循"由易到难"的原则，有针对性地进行选择与投放，关注玩具投放的适宜性。关注玩具的适宜性，其实就是关注婴幼儿发展的差异性。只有适宜的玩具才能更好地推进婴幼儿和谐均衡地发展。

拓展阅读

如何为 1—3 岁的婴幼儿挑选串珠玩具

串珠玩具有不同的种类、不同的样式，珠子的大小、颜色、形状、材质等也存在较大差异。

串珠大小——给 13—18 个月的婴幼儿提供直径 5 厘米以上的珠子，19—24 个月的婴幼儿适宜选用直径 4—5 厘米的珠子，2—3 岁的幼儿则可以使用直径 3—4 厘米的珠子。

串珠形状——先提供方形、三角形，方便全手掌抓握或者三指抓捏的珠子；随后可逐步增加一些圆形或椭圆形的珠子，以提高三指捏物的能力。

串绳式样——先提供小木棍、吸管、扭扭棒等具有一定硬度的材料，然后过渡到有一小段木棍的串绳，最后再给他们使用类似鞋带的粗串绳。

思考与练习

1. 2—3 岁幼儿家庭教育指导的重点内容及实施策略是什么？
2. 2—3 岁幼儿隔代教养中存在的问题有哪些？应该如何应对？
3. 导致"第一反抗期"行为产生的原因是什么？应该如何应对？
4. 幼儿产生分离焦虑的原因是什么？应该怎样缓解？
5. 结合 2—3 岁幼儿的发展特点，说说他们可以使用哪些玩具。

推荐资源

1. 纸质资源

（1）宫西达也. 好饿的小蛇[M]. 彭懿，译. 江西：21 世纪出版社，2007.

（2）五味太郎. 鳄鱼怕怕牙医怕怕. 上谊编辑部，译. 济南：明天出版社，2013.

（3）萨米尔·瑟努斯. 幼儿园的一天[M]. 吴雨娜，译. 北京：北京科学技术出版社，2019.

2. 视频资源

（1）电影《可爱的你》，关信辉导演。

（2）电影《起跑线》，萨基特·乔杜里导演。

（3）电视剧《家有儿女》，林丛导演。

（4）系列剧《焦糖猫的 99 个育言》，焦糖猫育儿心理、中国科学院心理研究所制作。

（5）亲子情景剧《我的娃呀》，我的娃呀官方账号制作。

第六章

0—3 岁特殊儿童的家庭教育与指导

学习
目标

1. 熟练掌握 0—3 岁不同障碍类型特殊儿童的基本特点
2. 全面了解 0—3 岁特殊儿童家庭教育的现状以及影响因素
3. 有效运用 0—3 岁不同障碍类型特殊儿童家庭教育指导的基本策略

本章
导览

0—3岁特殊儿童的家庭教育与指导

有关0—3岁特殊儿童的概述

◇ 0—3岁特殊儿童的分类
◇ 致使0—3岁特殊儿童出现的可能因素

0—3岁特殊儿童家庭教育指导的内容与策略

◇ 0—3岁特殊儿童的家庭早期预防与发现
◇ 0—3岁特殊儿童的家庭康复护理
◇ 0—3岁特殊儿童的家庭融合教育
◇ 0—3岁特殊儿童的家庭心理调适
◇ 0—3岁各类特殊儿童的特点及家庭教育指导

0—3岁特殊儿童的家庭教育

◇ 家庭教育的现象分析
◇ 家庭教育的影响因素

唐氏综合征宝宝蕾蕾的降生对她的家庭来说是一个巨大的打击。1 米 80 的蕾蕾爸爸一下子瘦了 20 斤，几次跑到海边意欲自杀；蕾蕾妈妈整天以泪洗面，深陷负罪感的黑洞。婆媳关系降到冰点，多次因矛盾而产生家庭冲突，最后报警处理……为此，蕾蕾妈妈特别后悔怀孕时没有做唐筛检查。

　　熙熙还是小婴儿的时候很乖，不哭、不闹，特别让大人省心，熙熙的妈妈觉得很幸运。但到了 15 个月，熙熙还不会独自走路和咿呀说话，妈妈当时不觉得有什么问题。熙熙奶奶说："贵人语迟，熙熙爸爸小时候也说话晚，不急。"到了 2 岁半时，熙熙和同龄孩子比起来差距很大，也面临要入托了，熙熙一家才着急了起来。经检查，熙熙为未分化的广泛性发展障碍。

　　发育障碍儿枫枫的爸爸、妈妈都是高级知识分子，但面对枫枫却是束手无策。为了让枫枫能够在医院智测的时候提高分数，枫枫妈妈买来了成套的智测工具对枫枫进行强化训练，还打算让枫枫去学钢琴、舞蹈……可枫枫的发展没有得到改善，直到 4 岁还兜着尿布，不会说话，只能非常含糊而轻声地发音，对周围环境缺乏基本的反应，不会沟通与交往，没有玩伴……

　　看了这三个孩子和他们的爸爸妈妈的故事，你是不是有着这样的感受——惋惜、担忧、焦虑、沉痛……爱孩子是为人父母的天性，但特殊儿童需要的是一份"特别"的爱。每一个特殊儿童家庭都经历着从噩梦之初到与现实抗争的漫漫长路。现在，就请循着本章节的足迹，走进特殊儿童的家庭，学习和掌握以家庭为中心的 0—3 岁特殊儿童家庭教育的指导理念与方法策略，与特殊儿童家长一起，为孩子撑起一片成长的蓝天。

第一节 有关 0—3 岁特殊儿童的概述

一、0—3 岁特殊儿童的分类

（一）特殊儿童的概念

谁是特殊儿童？美国《百科全书》第九卷"教育条目"（1980 年版，第 693 页）中对特殊儿童的定义是："在智力、感官、情绪、身体、行为或沟通能力上与正常情况有明显差异的儿童。"特殊儿童的特殊或与一般儿童的差异可以从以下三个方面来理解：第一，个别差异特别显著的儿童。第二，有特殊困难或特殊需要的儿童。第三，得天独厚或得天独薄的儿童。[1]

特殊儿童有广义和狭义两种理解。狭义的特殊儿童指生理或心理上有缺陷的儿童，也称身心障碍儿童或者残疾儿童。广义的特殊儿童除残疾儿童外，还包括超常儿童。20 世纪 80 年代，欧美一些国家使用"特殊教育需要儿童"一词替代"残疾儿童"。特殊教育需要儿童的含义比广义的特殊儿童的含义要广，泛指因残疾、学习困难和其他特殊性（如智力超常或有特殊才能）而产生特殊教育需要的或处境不利的儿童。[2] 本章节中所提及的为狭义的特殊儿童。

（二）特殊儿童的分类

对特殊儿童的分类通常以特殊儿童的身心特性为标准，按一定的目的、方法从不同角度划分身心异常儿童的类别，其主要目的在于提供符合其身心特点的特殊教育和有关服务。特殊儿童的分类反映了教育专业人员对特殊儿童的看法和态度，显示了社会和国家的儿童观、教育观。所以，特殊儿童如何被分类以及如何被称呼颇受重视。

美国的特殊教育对象是比较广泛的，包括学习障碍、言语及语言损害、弱智、严重情绪障碍、听力损害（重听和聋）、视力损害、盲聋、矫形损害、其他健康损害和多重障碍（以上为 1975 年美国通过的《全体残疾儿童教育法》中第 94—142 页中的规定）、自闭症、脑损伤（1990 年修订了的《全体残疾儿童教育法》中第 101—476 页中增加的）、天才和有特殊才能的学生（《初等及中等教育法案》，1988 年）、注意缺陷/多动障碍（1973 年《职业康复法》504 项中保护的学生）和风险学生（Students at risk，指慢学习者、处境不利或比其他学生更多体验到失败的学生等）。其他国家或地区的具体分类和名称虽不统一，但均未超出这一分类范围。

同时，一些教育家、心理学家和法律工作者认为，在儿童发展早期就冠之以"智力落后""聋""盲"等名称，不利于其身心的健康成长和正常社会生活，故对特殊儿童不加分类而以"具有特殊需要的儿童"概括，如英国、瑞典等国。中国在 1990 年 12 月颁布的《中华人民共和国残疾人保障法》中，将残疾儿童分为视力残疾、听力残疾、言语残疾、肢体残疾、智力残疾、

---

① 汤盛钦.特殊教育概论[M].上海：上海教育出版社，2013：3—4.
② 汤盛钦.特殊教育概论[M].上海：上海教育出版社，2013：4—5.

精神残疾、多重残疾和其他残疾等 8 类。①

二、致使 0—3 岁特殊儿童出现的可能因素

从特殊儿童的成长过程来看,有以下几点因素可能导致他们产生特殊需要。

在出生前,胚胎期发育畸形、母亲妊娠早期重症感染(特别是病毒感染)、严重营养缺乏、外伤、中毒(如妊娠毒血症以及铅、汞等化学品和药物的毒性作用)、放射线照射、染色体异常(包括性染色体和常染色体畸变,后者畸变导致精神缺陷较前者更严重)、父母生育年龄偏大等,都可能导致婴幼儿出生后残障。

**案例
6-1**

童童的故事

童童是妈妈的第二个孩子,是个女孩。童童的姐姐聪明伶俐、乖巧可爱,在普通小学读书。妈妈在怀童童时被诊断受到巨细胞感染,该病毒会通过母体传染给胎儿,可能造成畸形、神经细胞受损等。童童妈妈心存侥幸将童童剖腹产生下,后经检测童童呈巨细胞病毒感染抗体阳性。同时,经脑部核磁共振检查发现:脑白质偏少、灰质移位、小脑脑沟明显。童童 31 个月时,经三甲专科医院格里菲斯测评确诊为发育落后。

表6-1 童童的发育行为测评报告

领域	百分位	发育商	相当月龄(月)
运动	<1	47	14.5 月
个人——社会领域	<1	51	15.7 月
听力——语言领域	<1	42	13.1 月
手眼协调	<1	47	14.5 月
表现	<1	45	13.9 月
实际推理领域 (仅对 2 岁以上)	2	77	24 月

在围产期,早产、分娩时间过长、脐带绕颈、胎盘早剥、前置胎盘、羊水堵塞、胎粪吸入、产钳损伤、颅内出血、亲子血型不合等,也是致使残障的可能因素。

---

① 汤盛钦.特殊教育概论[M].上海:上海教育出版社,2013:5—8.

早产的枫枫

枫枫是妈妈的第一个孩子,是个女孩,目前已经 4 岁多了。枫枫是个早产儿,出生时还因为窒息被送到重症病房做抢救,然后被认定为高危儿。枫枫各方面的发展都比普通同龄孩子慢很多。枫枫 4 岁 7 个月时经三甲专科医院小韦氏测评结果为:语言、操作及总的 IQ 值分别为 49、54、46,表现出轻度社会适应不良。

在出生后,包括早产、出生体重低、各种感染、外伤、中毒、重症窒息等,是致使残障的可能因素。

还有一些背景性因素,包括环境因素和个人因素。前者包括自然界及其特征、其他人员的态度、社会体制和服务,以及政策、规则和法律等,后者包括年龄、性别、社会阶层、生活经历等。

到底要不要给特殊儿童分类

早在 18 世纪,人们就已经开始对特殊儿童进行分类并根据其特点进行安置。但自 20 世纪中叶以来,特殊教育界的专家学者对特殊儿童要不要分类以及如何分类等问题展开了激烈的讨论。赞成分类的理由主要有以下几条:(1)有助于对特殊儿童进行恰当的安置并提供相应的服务。(2)有助于对特殊儿童做进一步的诊断和治疗。(3)有助于对特殊儿童进行因材施教。(4)便于行政管理。(5)有助于相关研究逐步地深入下去。(6)容易引起立法者对特殊儿童的关注、帮助和保护。反对分类的理由主要有以下几条:(1)容易导致乱贴标签。(2)强化了普特儿童的区别,同时又掩盖了同类儿童之间的个体差异。(3)分类与教育和服务之间没有必然的联系。(4)易使特殊儿童形成消极的自我概念。(5)使他人对某些儿童的期望水平降低,不利于特殊儿童的潜能得到充分发掘。如今,人们更多地是从学习者的角度来看待特殊儿童及其分类。

第二节 0—3岁特殊儿童的家庭教育

一、家庭教育的现象分析

特殊儿童家长在特殊儿童的一生中占有极其重要的地位,是特殊儿童教育的重要力量。家庭是儿童成长的摇篮,家庭教育是学校教育和社会教育的基础。特殊儿童比普通儿童更需要温暖和谐的家庭和良好且适宜的家庭教育。然而,特殊儿童身心发展上的不足,使得特殊儿童的家庭教育成为一个漫长而繁重、曲折而艰辛,并且不断面临新挑战的过程。因此,特殊儿童家长要承受比普通儿童家长更为巨大的养育与陪护、健康与安全、经济与文化等方方面面的压力。当前我国特殊儿童的家庭教育存在以下问题。

(一) 圈养现象严重

家长不能客观看待特殊儿童,而往往采取消极、回避、等待、隔离的应付方式。他们不愿意在亲朋好友面前谈及自己的孩子,把孩子封闭在家中,像小动物一样圈养起来:在发展早期,不诊断、不干预,错过孩子的发展关键期;在学龄期,不入学、不交往,使孩子丧失了解与适应社会的机会。这些严重限制了特殊儿童的身心健康、未来发展以及生活质量。

案例 6-3

养在深闺的依依

依依出生在一个高知家庭。外婆退休前是小学校长,妈妈和爸爸都是设计师,住在高档小区。依依患有轻度发育迟缓和眼疾,并且有一些特殊面容和体态,比如眼睑微微下垂、流涎和特殊步态等。依依外婆一直对依依发育迟缓耿耿于怀,感觉非常有失高知家庭的颜面。因为要照顾外孙女,外婆感觉失去了自由幸福的晚年生活,常有抱怨不满。依依外婆和妈妈从不带孩子和小区里的同龄孩子玩,总是让依依在家独自玩。依依的最大问题是社会沟通与交往能力的不足以及有攻击性行为。经过教育干预,依依的进步明显并表现出很大的发展潜力。老师劝说家长,争取让依依进入普通幼儿园和小学读书,但家长固执地表示孩子进入普校会被人瞧不起……最后,依依进了特教学校,周围人都感到十分可惜。诚然,依依的家长是在保护依依。但对待特殊儿童,如何合理适度实施干预和教育更为重要。

(二) 淡出家庭教育

父母应该是家庭教育的计划者、实施者、参与者,可特殊儿童教育的长期性、反复性、复杂性导致父母逐渐失去信心。在特殊儿童的家庭中单亲家庭、留守儿童现象很多,父母在家庭教育中的参与程度低,缺乏对孩子的监护、了解,疏于对孩子的教育和干预。更有家长不履行责任、放弃权益,常年不见孩子,家庭教育成了祖辈的责任。父母的教育缺失,导致特殊儿童身心健康及发展受阻,致使其早期社会化的失败,甚至出现反社会人格。

(三) 家庭教育失度

很多特殊儿童家长不正视孩子的发展缺陷和个体特点,忽视孩子的身心发展规律,不重视生活习惯与能力、兴趣、性格等非智力因素的培养,一味填鸭式地高强度灌输给孩子各种知识。有的家长把特殊儿童的早期干预等同于"治疗",错误地认为经过干预的特殊儿童就可以获得语言、智力等某一方面的"正常"。反观,有的家长过分夸大孩子的发展缺陷,悲观看待问题,认为即使对孩子进行教育干预、康复训练以及学校教育也于事无补,孩子的现状不可能得到改变。有的家长仅仅将自己定位为抚养者，只为孩子提供物质上的需求，而忽视了自身在特殊儿童教育中的地位。还有的家长过分依赖机构训练及学校教育，忽视了特殊儿童的教育是家庭、学校以及社会的共同责任。以上种种造成了特殊儿童家庭教育的过度与放任。

二、家庭教育的影响因素

（一）家庭内部的限制

家长缺乏正确的特殊儿童观。有的家长长期处在自卑、自责、震惊、无助、焦虑、担忧、抑郁等负面的心理状态中，无法积极面对孩子和担负起家庭教育的责任。特殊儿童身心发展的特点，决定了特殊儿童的教育与康复是一个长期、艰巨而又缓慢的过程，许多家长对此没有正确的认识。他们在家庭教育中感觉力不从心，虽然付出了很大的努力，但没有取得预期的结果，从而产生急躁的情绪，失去对孩子应有的爱心和耐心，认为孩子恢复无望。同时，大多数特殊儿童家长掌握的家庭教育理论与专业知识非常薄弱，即使一些专业机构及特殊教育学校开展的家长培训也很有局限性，不一定适合所有的特殊儿童家庭。

（二）社会支持的不力

社会支持是指保护人们免受压力事件不良影响的有益人际交往。社会支持是个体经历被爱、有价值感和被他人所需要的一种信息，是一种在社会环境中促进人类发展的力量或因素。有研究表明：家庭应对特殊儿童带来的影响和能力与其得到的社会支持有极大关系。如果提供充分的社会支持，就能有效缓解特殊儿童家庭的压力，进而在一定程度上促进和提高其家庭教育的质量。

另有一些调查研究表明：特殊儿童家庭需要大量的来自于微观、中层及宏观不同层面的支持。然而，当今我国纵横交融的社会支持系统尚未形成，比如全社会关爱特殊儿童及家庭的良好风气尚未形成。社会特别要倡导特殊人士与普通人士在人格上的平等。只有在人格上的平等，才能产生真正的尊重；只有发自内心的尊重，才能产生有效的支持。另外，专业服务支持系统尚不完善，各级各类特殊教育及服务机构在布局、数量、类型及功能等方面还不能做到科学合理，不能满足社会的当下需求及未来发展。

拓展阅读

特殊儿童家庭教育的研究现状

特殊儿童在家庭中呱呱坠地，因而家庭教育是特殊教育的起点。目前，我国特殊儿童家庭教育的主要研究对象有：智力障碍儿童、听力障碍儿童、视力障碍儿童、学习困难儿童、超常儿童、语言障碍儿童等。特殊儿童家庭教育的研究者主要有三类：长期从事特殊教育理论研究的工作者、特殊儿童父母以及特殊教育一线教师。现有的特殊儿童家庭教育的研究主要从两种视角切入：第一，是理论的探讨，如提出特殊儿童家庭教育的意义、误区、原则、方法与措施。另一种则是从实践的角度，比如调查家长的需要、面临的压力以及总结教育实践经验。从研究方法的角度看，主要有理论研究、经验总结、问卷调查、观察法、访谈法等，近年来个案研究法逐渐兴起。

第三节 0—3岁特殊儿童家庭教育指导的内容与策略

一、0—3岁特殊儿童的家庭早期预防与发现

（一）早期预防与发现的概念

早期预防主要是指控制可能产生残障或高危的各种因素，防止残障的出现或残障的进一步发展，使特殊儿童的发生或其残障的发展降到最低限度。早期发现指及时发现个体在胎儿期以及出生后身心发展过程中诸多不利因素或高危因素，以便于特殊儿童的早期诊断乃至早期治疗与干预。

（二）早期预防与发现的意义

早期预防能够防止残障的发生或者预防致残性伤害和疾病的发生，也能够在残障出现后防止早期残障发展成严重残障或尽可能防止残疾发展成障碍。而早期发现是早期诊断、早期治疗的前提条件。

案例 6-4

幸运的培培和修修

培培早产2个月，6个月时家长发现孩子的身体比较软，头不能竖起。8个月时被三甲专科医院诊断为手足徐动型脑瘫，9个月开始在医院接受家庭康复指导及康复训练，2岁半开始接受早期教育干预。修修5个月时被发现出现《0—6岁儿童发展的里程碑》中的发展警示，6个月时家长带其去医院做检测，结果为发育落后及疑似自闭症，随即开始在医院接受家庭康复指导和康复训练，1岁半开始接受早期教育干预。及早发现让培培和修修得到了"抢救性"的早期干预，对他们后续的成长和发展起到了重要作用。

（三）指导家庭早期预防与发现的内容及策略

1. 利用医疗部门大力宣传早期预防

早期预防可以分为三个阶段，即出生前、生产过程中和出生后。学校要借助医疗、妇联、儿保等部门大力宣传。同时，在婴幼儿出生后通过家访、上门服务、电话、网络等多种形式向家长宣传出生后诸多不利因素的预防。

2. 指导家长明确早期发现中的职责

特殊儿童越早发现越好，这样有利于早诊断和早干预，可以抓住儿童发展早期的关键期。家庭是任何一个儿童最初成长和生活的环境，教师要通过各种途径的宣传，指导家长明确发展关键期以及早发现、早诊断、早干预的理论，使其明确自身在早期发现中承担的职责。

3. 指导家长了解和学习早期发现的方法

教师可以通过上门服务、家长讲座与培训、家长沙龙、线上线下宣传等方式,提升家长的警惕性和敏锐度,指导家长了解婴幼儿发育与发展的里程碑,学习和掌握日常观察、检核表对照、简易测量等及早发现儿童问题的方法。同时也要向家长提供社会资源与信息,鼓励家长及早向专业机构和人员寻求帮助。

案例 6-5

周老师的家庭指导

周老师是一名早教机构的老师,既带过 2—3 岁的托班孩子,也带过 0—12 个月的宝宝亲子班,同时也是一名特教教师。细心而敏锐的周老师发现 5 个月的修修出现了《0—6 岁儿童发展的里程碑》中的警示,比如不追物、不追声、不会用手抓东西……周老师帮助修修妈解读其中的一些关键指标,并据此观察修修的发展状况。周老师还推荐修修妈参加残障儿童家长学校的课程、加入特殊孩子家长互助微信群、关注高品质的早期干预微信公众号等。修修 18 个月时,进入周老师所在的早教机构接受早期教育干预。在其中,老师采取个别化亲子同训的方式,给予修修妈个性化的、实景式的家庭训练实操指导。

▲ 图 6-1 《0—6 岁儿童发展的里程碑》

二、0—3 岁特殊儿童的家庭康复护理

（一）家庭康复护理的概念

家庭康复护理是康复护理的一个重要组成部分,是指家属或护理人员在特殊儿童回到社区家庭后给予的心理、日常生活等方面的支持与照顾,以及鼓励特殊儿童进行的必要的、力所能及的日常活动。家庭康复护理主要包括医疗护理、生活护理、饮食护理、心理护理。

家庭医疗护理包括:治疗护理,如退热、输液、输氧、排气、排炎、导尿等采用治疗手段时的护理;用药护理,如督促正确用药、观察药物不良反应等;诊察护理,如化验标本的正确采集、做各类检查时的护理等。

家庭生活护理主要指照顾清洁卫生,如洗头、口腔清洁、淋浴、更衣、辅床、修剪指(趾)甲、休息与睡眠以及一些必要

▲ 图 6-2 特殊儿童家庭医疗护理

的消毒。

家庭饮食护理是根据病种病情的需要，制作特定的病号饭，科学合理安排饮食，以补充足够营养，促进机体恢复。

家庭心理护理是指减轻因严重疾病或障碍而导致的不同程度的心理负担，如恐惧、焦虑、抑郁、任性、情感脆弱等。

（二）家庭康复护理的意义

由于我国现有的医疗条件有限，特殊儿童在医院接受治疗的时间较短，这使得家庭成为低幼特殊儿童的成长摇篮，家长可以在一日生活中随时实施适当的护理措施。同时，家长与特殊儿童有特殊而深厚的情感与心理连结，最了解儿童的身心需求，最容易解除特殊儿童的心理问题。儿童也因此对父母最亲近，最能领会父母的意图，更能配合康复护理的实施。因此，家庭康复护理具有不可替代的作用。

（三）家庭康复护理指导的内容及策略

特殊儿童家庭康复护理指导应该结合特殊儿童的障碍类型、个体特点以及家庭生活的特点来确定。

1. 多方密切合作进行生理康复训练

有生理上残障的特殊儿童一般会接受专业康复机构有针对性的训练。因此，要引导家长在进行家庭康复护理的过程中，通过与康复医师、康复治疗师及康复护士等专业人员的紧密配合，帮助特殊儿童达到康复或减轻残疾、预防继发性残疾的目的。

2. 强调自我护理与功能训练

邀约医师、治疗师、营养师等对家长进行康复护理教育，让家长了解和学习特殊儿童各种家庭康复护理措施及日常生活的注意事项。通过各种宣传途径引导家长树立正确的康复护理理念，使特殊儿童由被动运动到主动活动、由被动接受护理到自我护理。这些可以帮助特殊儿童最大限度地发挥其潜在能力，以替代和恢复丧失的或下降的部分能力，使特殊儿童最终能部分或全部地照顾自己。

3. 树立坚持不懈的意志力

特殊儿童的家庭康复护理是一个长期的过程，需要家长付出极大的耐心与体力。因此，学校要用人文关怀为家长提供心理与教育环境上的支持，积极倡导"引导式家庭教育"，帮助家长做好打"持久战"的准备，树立康复的信心。

三、0—3岁特殊儿童的家庭融合教育

（一）融合教育的概念

融合教育，简单来说，就是有特殊教育需要的学生在普通学校的普通班级中与同龄人一起接受教育的一种形式，即"在普通学校的普通班级内教育所有学生，无论他们何种残疾，也无论他们的残疾程度如何，他们都必须在正常班级内接受所有的教育"。[①] 融合教育针对儿童不同的特质设定每个儿童不同的学习目标，通过合作学习、合作小组、同辈间的学习和合

---

① 昝飞. 融合教育理想与实践[M]. 上海：华东师范大学出版社，2017：4.

作,最终目的指向将特殊儿童包含在教育环境、物理环境及社会生活的主流内。

（二）融合教育的意义

融合教育是 20 世纪 90 年代兴起的国际教育思潮,在当代教育发展的潮流中已经成为了一项必不可少的教育模式。它强调普通学校接纳所有学生共同参与学习,反对教育体制隔离造成的歧视和排斥,使得特殊儿童在最少受限制的环境中享受公平公正受教育的权益,主张通过适应个体差异的教育措施,满足所有儿童的教育需要,促进学生的发展。

（三）家庭融合教育指导的内容及策略

1. 指导家长树立融合教育的理念

教师要积极向家长宣传融合教育的理念以及对特殊儿童发展的巨大意义。同时,融合教育是一种综合性教育,不仅是指在机构或学校要进行融合教育,特殊儿童家庭融合教育也是不可或缺的重要组成部分。只有综合性的融合教育才能让特殊儿童的社会性功能康复,在普通的社会生活和与普通人的人际交往过程中融入主流社会。

2. 指导家长抓住生活中的契机

在家庭的日常生活中会出现特殊儿童身上真实存在的问题和各种现实的人际关系,这些都是对儿童进行家庭融合教育的良好契机。教师要指导家长,让其善于发现和运用特殊儿童自身的需求作为原动力,让儿童通过各种不同的方式,在不同的情境中提升对人与人之间关系的认知理解能力。

3. 指导家长了解融合教育对自己的要求

很多特殊儿童家长并不了解融合教育对自己的要求。教师可以通过家校座谈会、家长沙龙等方式,指导家长了解普通学校与普通儿童家庭、社区人士对自己的要求,比如:理解学校与支持老师,加强沟通与家校合作,理解孩子与辅导孩子,普通教育、特殊教育以及康复训练相结合等。

4. 提供无障碍的、适宜的融合教育资源

普通学校要为特殊儿童创设无障碍的环境,创造良好的融合教育的人文与物质环境。同时,要做好特殊儿童的教育安置以及教育转衔的工作。还要积极为家长提供丰富的、适宜的融合教育社会资源,包括各类法律法规、规章制度以及机构、组织、人员、活动等。

▲ 图 6-3　普特融合戏剧表演

▲ 图 6-4　普特融合运动游戏

案例 6-6

高高兴兴上幼儿园

▲ 图6-5 "特殊儿童托幼衔接"家长讲座

琴琴是一个唐氏综合征孩子,再过一个学期就要上普通幼儿园了,琴琴妈既高兴又担忧,还很紧张,不知如何帮助孩子做好准备。为此,刘老师特意为琴琴妈制定了一个家庭教育指导方案。刘老师邀约高校专家来到特殊儿童家长学校为像琴琴妈这样的家长开设"特殊孩子托幼衔接"系列讲座,还请来了普通幼儿园的老师讲解小班孩子在幼儿园的生活,了解环境变化给琴琴带来的挑战有哪些。刘老师和琴琴妈一起制定干预方案,对"提高生活自理以及人际适应"的干预目标达成了共识。另外,刘老师所在的早教机构深入普通幼儿园做融合教育调研,并根据调研结果组织全区普通幼儿园的教师开展教研活动,指导教师学习和掌握"特殊孩子家校沟通与合作""特殊孩子托幼衔接""特殊孩子观察与评估"等方面的基本理论和原则方法,把特殊儿童家庭教育指导的接力棒传递下去。

四、0—3岁特殊儿童的家庭心理调适

(一)家庭心理调适的概念

心理调适是指用心理技巧改变个体心理活动绝对强度,减低或加强心理力量,改变心理状态性质的过程。心理调适分自我调适与他人调适两种,其方法有认知结构调节、情绪调节、意志调节、个体调节以及注意记忆调节等,其目的是维护心理平衡、消除心理问题。

(二)家庭心理调适的意义

心理调适具有预防功能、恢复功能以及激发功能。特殊儿童家长的内心深处时刻承受着对孩子一生的担忧。一方面,由于整个家庭都要承受来自社会、经济等多方面的压力,家长(特别是母亲)的心理压力可想而知;另一方面,家长如何调适自己的心理常常被忽视,或者求助无门。长期保持这样的压抑状态,不但不利于家长自己的身心健康(出现早衰、生理机能减退、人际关系和社会适应障碍、家庭问题等),也不利于特殊儿童的干预与康复。

(三)家庭心理调适指导的内容及策略

学校是大部分特殊儿童的主要社会活动场所。因此,学校也是特殊儿童家庭心理调适的重要的社会支持。根据学校本身的特点与功能,学校的专业人员可以采取以下一些指导策略。

1. 创设接纳与平等的教育环境

接纳与平等会让特殊儿童家长感受到精神和心理上的支持,从而能够接受继而坦然面对现实,学习接受与适应有特殊需求的家庭成员。

2. 促进家庭的完整与和谐

每一个家庭成员都是家庭中不可或缺的一分子,任何一位家庭成员的事件都是影响和撬动整个家庭变化与发展的重要因素。因此,儿童的障碍问题不是个体的现象,而是整个家庭的现象。在指导时,要了解、整合与分析整个家庭的想法、需求、偏好与愿景,并提供支持与服务,保证特殊儿童家庭的完整与和谐。

3. 帮助家庭应对挑战性行为

特殊儿童问题行为发生的强度、频率以及持续的时间往往超过了普通儿童。据研究,问题行为将会影响整个家庭系统并带来负面的压力,比如感到精疲力竭、失去控制以及被排斥。因此,要怀着同理心来理解家长的各种负面情绪及想法。同时,教给家长有效的应对策略以解决儿童的问题行为,要重点指导习惯用负面情绪和行为模式回应特殊儿童问题行为的家长。

4. 指导家长提升自我调适能力

如何保持积极的心态应对压力,是特殊儿童家长需要巧妙应对的事情。自我心理调适是根据自身发展及环境的需要对自己进行的心理控制和调节,目的在于最大限度地发挥个人潜力,维护心理平衡,消除心理问题。因此,在为家长提供外部心理调适的同时,也要指导家长学习自我调适。

特殊儿童家长心理调适是一项长期的、不断面临变化和挑战的过程,必要时可鼓励和支持家长寻求专业心理咨询机构和人士的帮助。

五、 0—3 岁各类特殊儿童的特点及家庭教育指导

(一)听障儿童

1. 听觉障碍的定义

听觉障碍指无严重的智力或情绪障碍,但有听觉损伤,需借助人工助听技术或获得特殊、额外的技能以克服的障碍,听障儿童在发展上遵循着与健听儿童相同的发展路线和顺序,但又表现出某种不同程度的特殊教育需要。听觉障碍分为传导性(传音性)听觉障碍、感觉神经性听觉障碍、混合性听觉障碍。

2. 听觉障碍的分级

听觉障碍可以分为以下几级:轻度听力障碍,耳纯音气导言语频率听阈级达 26—40 dB;中度听力障碍,耳纯音气导言语频率听阈级达 41—60 dB;中等重度听力障碍,耳纯音气导言语频率听阈级达 61—80 dB;重度听力障碍,耳纯音气导言语频率听阈级达 81—90 dB;极重度听力障碍:耳纯音气导言语频率听阈级大于等于 91 dB。

3. 听障儿童的特点

听障儿童在语言、认知、情绪和个性发展等方面往往表现出不同于健听儿童的特点,但在整体上依然遵循着同正常儿童一样的发展规律。

(1)语言特点。

构音异常(如音的省略、缺失、替换、歪曲、添加等现象);声音异常(如鼻化音、嘶哑音、尖

叫音、音量不足或过大、音高调、音调失控等现象）；节律异常（如在言语过程中难以控制音量、音调、长短等机能，或不知道如何运用这些机能传达欲沟通的信息的现象）。还经常附带表现出：语调缺少抑扬顿挫、轻重缓急、高低长短的变化；交流时常表现出注视说话者口、唇的运动与表情。

（2）感知觉特点。

获取信息更多地依赖于视觉、触觉和动觉的获得，不易形成视听结合的综合信息，因而获得的信息不够完整，在理解力方面存在欠缺。

（3）注意特点。

注意的恰当分配存在困难，难以做到同时既看又听，视觉兴奋和听觉兴奋不能一起产生。

（4）记忆特点。

形象记忆要优于语词记忆。

（5）思维特点。

主要依据头脑中的表象或表象的联想来思考，能够掌握具体事物的概念，却不易掌握抽象事物的概念。

4. 家庭教育训练指导的内容及策略

（1）根据家长特点开展指导。

就听障儿童对家庭的冲击而言，最明显的就是父母在最终接纳之前所产生的负面情绪反应，主要体现为震惊与焦虑、愤怒与沮丧、罪恶与怨恨、高敏与防御等。耳聪家长的反应更为激烈，由于耳聪家长与听障儿童之间的沟通困难，双方的情感连结不牢固，他们更多会采取过度保护以及高度控制的做法。因此，他们需要的不只是与听障儿童教育与康复相关的咨询与服务，也要学习与听障儿童进行沟通的方法，更需要获得适当的精神支持，以便更好地完成家长所承担的任务。有些听障儿童的家长本身就是听障人士，他们对听障和专业人员熟悉，可以避免适应失调的情况。合理的听障儿童家庭教育指导应兼顾家长认知、情意和技能三个层面。

（2）着力在沟通问题上开展指导。

综合起来，听障儿童的家庭教育指导基本包括以下内容：听力与说话、语言与沟通、听障儿童的发展与行为管理等。听障儿童的根本困难是沟通问题。因此，指导家长促进儿童的沟通发展成为首要任务，让家长参与听障孩子的教育是家庭教育指导的一种有效途径。例如家长参与学校的教育教学活动，观摩教师与专业人员干预听障儿童语言及沟通能力发展、行为养成等方面的技巧。从中，教师、专业人员与家长自然交往和互动，自然而然发挥家庭教育指导功能。另外，还可以根据具体情况采取讲座、展示、咨询、助听设备配置与维护、服务转介等不同的指导方式。

案例 6-7

蓓蓓，老师相信你

蓓蓓由于前庭导水管扩大症而患有听障。一天，汪老师发现蓓蓓的状态不佳：不是拒绝听就是无法听辨。汪老师停下来询问，贝贝说："听不到。"汪老师怀疑是助听器出了问题,可蓓蓓的外婆果断地说:"没问题,是好的。一定是贝贝不想训练耍的花招,再偷懒外婆就打屁股了!……"贝贝发脾气哭了,踩脚甩头……汪老师隐隐感到贝贝是委屈的。晚上,汪老师拨通了蓓蓓妈的电话,被告知确实是助听器没电了。外婆向蓓蓓承认了错误,蓓蓓也开心了。汪老师在反思中说:我们要指导家长用信任去构建亲子之间的和谐关系,也希望蓓蓓看见我时就像看见一座大山一样,觉得值得依靠。

听力障碍儿童早期干预的内容与方法

听力障碍儿童经诊断后,应该验配适合的助听器或者植入人工耳蜗并定期调适,在此基础上开展听觉能力训练、言语训练和言语功能的矫治。听觉能力训练是利用听障儿童的残存听力,使之听到和听懂各种声音,主要训练方法有声物配对法、辨声法、听动协调法等。言语训练和言语功能的矫治针对理解和运用语言的能力,主要训练方法有音物结合法、音图结合法、词汇卡片法、句子卡片法等。这两者应该结合起来并且采用灵活多样的训练方法进行。

(二) 视障儿童

1. 视觉障碍的定义

视觉障碍也称视力残疾、视觉损伤或视觉缺陷,是指由各种原因导致双眼视力低下并且不能矫正或视野缩小,以至于影响儿童日常生活和社会参与。视觉障碍包括屈光不正(近视、远视、散光)以及眼睛的其他疾病造成的视觉障碍(白内障、青光眼、沙眼、角膜病变、视觉神经萎缩,或白化病等致使的视觉模糊、失真或不完全)。

2. 视觉障碍的分级

视觉障碍分为盲和低视力。盲——一级:无光感—小于 0.02,或视野半径小于 5 度;盲——二级:小于 0.05—0.02(1.0 米指数),或视野半径小于 10。低视力——三级:小于0.1—0.05(2.5 米指数),四级:小于 0.3—0.1。

3. 视障儿童的特点

(1) 认知特点。

认知遵循正常儿童认知发展的规律,即由简单到复杂、从具体到抽象、由被动到主动、由凌乱到成体系。记忆以听觉记忆和触觉记忆为主,机械记忆能力较强。难以形成清晰正确的概念,分类归纳能力、概括与抽象能力、推理能力发展不平衡。

(2) 感知觉特点。

听觉、触觉比正常儿童灵敏,有较高的听觉注意力。知觉选择性困难、知觉理解性相对缓慢并缺乏整体性、知觉恒常性不稳定。空间知觉准确性差、速度慢,无法对时间形成感性的体验。

（3）语言特点。

语言发展和正常儿童没大的区别，但在说话时有盲态。易发生构音障碍，对词义理解缺乏表象基础。

（4）个性特点。

自我意识有局限性、情绪不稳定、意志薄弱。

4. 家庭教育训练指导的内容及策略

（1）家长心理层面建设需求的指导。

国内有研究表明，视障儿童家庭教育存在的问题是：缺乏正确与恰当的认知和态度、缺乏正确合理的家庭教育方式、家长文化素质偏低对家庭教育的影响等。视障儿童家长心理建设需求包括获得精神支持、了解家庭教养态度、促进亲子间良性互动关系等。一般而言，视障儿童家庭对儿童障碍的适应性有所不同。因此，在提供指导时要充分考虑家庭对于压力的适应情况。

（2）家长教育与服务需求的指导。

视障儿童家长对视障教育与服务相关的知识和技能的需求包括了解视障的特质和存在的问题、知晓日常生活技能及定向行走训练的指导要领、学会视障辅助器具的使用、获取教育与服务资源等。值得关注的是，视障儿童家长因本身视力状况的不同而对视障儿童的反应以及家庭教育与服务的需求也是不同的，在开展指导时要充分考虑到这些因素。

拓展阅读

视力障碍儿童早期干预的内容与方法

目前，针对视障儿童的早期干预内容主要涉及基本功能训练、定向行走能力训练、生活能力训练、视功能训练和学习能力训练等内容。在干预中可通过听觉、触觉等感知觉来弥补视力障碍，从而增强视障儿童的活动能力和学习能力。在定向行走能力的训练中要注重家庭的参与、充分关注视障儿童的差异性以及对训练效果进行的阶段评估。在生活能力训练中要关注不同年龄阶段儿童的主要生活事件，有重点地进行训练。

（三）肢体障碍儿童

1. 肢体障碍的定义

肢体障碍指人的四肢有残缺或者四肢和躯干麻痹、畸形，使人体运动系统出现不同程度的功能丧失或功能障碍，包括上肢或下肢因伤、神经病变或发育异常而导致的缺失、畸形或功能障碍。脑性瘫痪简称脑瘫，在儿童肢体障碍中发病率最高，是指从出生前至新生儿期间由于各种原因导致的非进行脑损伤引起的以中枢性运动障碍与姿势异常为主的综合征，常伴有智力低下、癫痫、语言障碍、行为异常等。

2. 肢体障碍的分级

一级——不能独立实现日常生活活动；二级——基本上不能独立实现日常生活活动；三级——能部分独立实现日常生活活动；四级——基本上能独立实现日常生活活动。

3. 肢体障碍儿童的特点

对外界刺激敏感，遭受挫折时，易产生自卑感；学习生活上面临较多的困难，因长期受到照顾而养成依赖心理,成就动机不足;因人际交往受限、行动不便,易产生焦虑、孤僻等心理问题。

软软的培培

培培8个月时被三甲专科医院诊断为手足徐动型脑瘫。2岁时,大肢体运动能力很弱,只能扶坐,不会爬、不会走。语言方面也存在构音障碍,气息较短、声音很轻,无法正常说话。虽然后来培培慢慢学会了站和行走,但站立不稳,行走时摇摇摆摆,易跌倒,不能走直线,手和头部可见轻微震颤。肌力测评报告显示所有的测评数据均在6以下,最低的仅为1.73,而普通儿童的肌力在20—30之间。

4. 家庭训练指导的内容及策略

(1)指导家长树立医教结合的理念。

很多肢体障碍儿童"带病"接受教育干预。同时,由于特殊儿童的康复是一个长期的过程,康复的过程必然会和教育干预在时空上有所交叠。因此,医教结合是特殊儿童早期干预的必然发展趋势,延伸到特殊儿童的家庭教育中亦是如此。在进行指导时,要指导家长树立医教结合的理念。同时,学校也要加强与各部门、各机构的合作,为家长提供医疗、心理辅导等社会综合服务资源。

(2)指导家长实施多重干预的原则。

多重干预的原则是指对特殊儿童的多重障碍进行综合干预。肢体障碍儿童可能附带认知、语言、视觉、听觉等方面的问题。所以,仅仅依赖某一种干预手段或某一领域的干预并不能促进肢体障碍儿童有效康复与发展。

培培,我们一起为你加油

培培是一名手足徐动型脑瘫儿。因为中枢神经损伤,出现运动、感知觉统合、语言等各方面的多重发展障碍。因此,当培培"带病"前来接受教育干预的时候,王老师就明确向家长提出了医教结合的成长之路——医学康复为主导,教育干预为基础。王老师积极借助医教结合课题研究,在机构的支持下与三甲专科医院、区残联、区妇联等形成长期合作机制,建立由教师、家长、康复医生、营养保健师等共同组成的干预团队,立足评估、康复训练、营养保健这三个版块对培培开展医教结合的早期干预。

▲ 图6-6　脑瘫儿教育训练

▲ 图6-7　脑瘫儿营养保健

▲ 图6-8　脑瘫儿医学评估

拓展
阅读

肢体障碍儿童早期干预的原则与方法

　　对肢体障碍儿童的早期干预，旨在通过医疗、教育、社会等康复手段，实现儿童身体、心理、社会适应等方面最大限度的恢复和补偿。对肢体障碍儿童的早期干预应坚持医教结合、全方位的综合干预，由临床医生、康复医师、教师、物理治疗师、作业治疗师和家长等人员共同合作完成。主要的手段与方法有：医学治疗与康复、运动疗法、物理治疗、职业疗法、音乐治疗、引导式教育等。

（四）发育迟缓儿童

1. 发育迟缓的定义

　　生长发育迟缓（发育迟缓）是指在生长发育过程中出现速度放慢或是顺序异常等现象，特指5岁以下儿童在粗大运动/精细运动、语言/言语、认知、社会/个性、日常生活能力等发育领域中存在两个或两个以上的明显落后，常与临床神经精神疾病或症状高度相关。

2. 发育迟缓的分级

发育迟缓可分为以下几级：轻度发育迟缓，智商50—70，有轻度适应性行为缺陷；中度发育迟缓，智商35—49，有中度适应性行为缺陷；重度发育迟缓，智商20—34，有重度适应性行为缺陷；极重度发育迟缓，智商低于20，无语言功能，无自我保护意识，情感单一。另外，发育商小于或等于85分即视为异常。

3. 发育迟缓儿童的特点

（1）语言特点。

过了学说话的年龄仍不会说话。开始说话后，比其他正常儿童发展慢或出现停滞。词汇和语法应用水平均低于同龄儿童。

（2）体格特点。

与同龄儿童相比，身高、体重、头围都偏低，不符合正常儿童的发育指标。

（3）智力特点。

学习困难，领悟力低，分析综合能力欠缺，思维较简单，对环境变化缺乏应对能力。

案例 6-10

小小蜗牛，慢慢走

晗晗18个月时CT显示脑部有囊肿，两侧海马体发育不对称，并伴有脑积水。1岁4个月时对成人的指令还没有反应，连独立走路都不行，玩玩具时拿一个丢一个。35个月时经三甲专科医院格里菲斯测评为全面发育落后，发育行为只相当于1岁婴儿的水平。

表6-2 晗晗的发育行为测评报告

领域	百分位	发育商	相当月龄（月）
运动	<1	35	12月
个人—社会领域	<1	36	12.5月
听力—语言领域	<1	33	12月
手眼协调	<1	40	14月
表现	<1	30	11月
实际推理领域（仅对2岁以上）	<1	<68	<24月

4. 家庭教育训练指导的内容及策略

（1）三种危机阶段的指导。

调查研究发现，发育迟缓儿童的父母可能具有独特的家庭教育需求，因而开展指导时要针对他们的需求在指导的层次和方式上有所变化。一般来说，家长在面对发育迟缓儿童时可能会先后出现三种危机，即突然震撼的危机、个人价值的危机、现实的危机，处于不同危机阶段的家长所需的指导是不同的。就以上三种不同的危机阶段，应提供相对应的资讯与支持、咨询或心理治疗、实际照料与干预方面的帮助。

（2）家长主观因素的指导。

根据发育迟缓儿童家长的主观因素，更多给予心理和精神上的支持。比如提供抒发和宣泄的机会、表达足够的同理心与支持、提供成功的案例与经验等。个别情绪情感过度负面的家长可以转介到心理咨询与治疗机构做进一步的支持。

（3）家长客观因素的指导。

可以为家长提供必要的资讯与支持，协助家庭制定家庭干预方案、参与学校干预方案的制定，协助处理教育安置、服务资源等问题。

（4）团体与个别指导结合。

根据家长的实际问题与需求采取团体与个别的个性化指导方式。采取团体方式进行资讯的传播和经验的分享，可以扩大效益、加强交流分享，但这适合一些可以公开以及共性化的问题。如果是个性化或特殊的问题应该以个别化的指导方式进行。不管是哪种方式，应提供以下基本指导：帮助家长树立教育干预儿童当下及未来发展的信心、教导家长学习和掌握科学的家庭教养及干预的知识与技能、指引家长有效利用社区服务资源等。

（a）　　　　　　　　　　　（b）

▲ 图6-9　发育迟缓儿童个别化运动训练指导

**案例
6-11**

豆豆学说话

豆豆27个月了，是个发育全面落后的孩子。随着她年龄增长，老师感到推进其语言沟通技能发展的重要性。老师请来豆豆妈一起制定干预方案，豆豆妈对老师的建议非常认同，也提出了自己的一些想法。于是，老师在自然情境中进行训练，和豆豆妈成为了好搭档，"一唱一和"地训练豆豆学习用语言和非言语的方式与他人沟通。针对豆豆妈"过度保护"对孩子语言沟通技能发展的阻碍，老师通过现场讲解和示范指导豆豆妈重构自己的家庭教育理念和亲子互动模式。经过一个阶段后，老师和豆豆妈一起对豆豆在家庭和学校环境中的语言发展状况进行了观察记录与分析。结果显示豆豆在这段时间内的语言能力发展迅猛。接着，老师又和豆豆妈一起制定和实施了下一轮的干预方案……

发育迟缓儿童早期干预的内容与方法

发育迟缓普遍表现在个体发展的各个领域上，如运动、认知、语言、社会适应、生活自理等。因此，早期干预要紧紧围绕这些领域进行。运动能力可以分为粗大动作和精细动作；认知能力主要有感知觉、注意、记忆和思维等；语言能力主要分为发音功能、语言理解以及语言表达能力；社会适应主要有社会基本行为、社会沟通与交往技能；生活自理主要包括如厕、进食、穿衣、个人卫生等。在干预中要坚持使用积极强化促进儿童发展的行为，鼓励儿童的每一个进步，运用任务分析法教儿童克服困难的技能，运用具体材料教授新的概念和技能。另外，教师、家长要有耐心。

（五）自闭症谱系障碍儿童

1. 自闭症谱系障碍的定义

自闭症是一种较为严重的广泛性发展障碍。其核心症状就是所谓的"三联症"，主要体现为在社会性和交流能力、语言能力、刻板行为三个方面同时都具有本质的缺损。自闭症谱系障碍（Autism Spectrum Disorder，简称 ASD），是根据典型自闭症的核心症状进行扩展定义的广泛意义上的自闭症。

自闭症谱系障碍把自闭症的相关行为表现看成是一个谱系，程度由低到高，低端的就是"典型自闭症"，高端的就逐渐接近普通人群。引入谱系概念之后更确切的形容是"在谱系内的缺损程度有多深"。自闭症谱系障碍除了核心症状，还有一些外围症状，比如听觉系统、消化系统、免疫系统、感觉系统等方面的问题，有的还伴有睡眠障碍、多动及注意力分散、发脾气、攻击、自残等。

2. 自闭症谱系障碍的分类

自闭症谱系障碍既包括了典型自闭症，也包括了不典型自闭症，又包括了阿斯伯格综合征、自闭症边缘、自闭症疑似、自闭症倾向、雷特氏综合征、童年瓦解性障碍（衰退性精神障碍）、非特异性广泛性发展障碍等。

3. 自闭症谱系障碍儿童的特点

（1）社会交往障碍。

一般表现为与他人交往有困难或不愿意交往，严重者甚至与父母缺乏情感依恋。

（2）语言交流障碍。

完全无语言、语言发育落后、语言能力倒退，或者鹦鹉学舌式重复语言。

（3）重复刻板行为。

兴趣狭窄、异常动作频繁、性格固执不愿意接受改变。

案例
6-12

叮叮、当当和安安

　　叮叮是个焦虑的儿童，害怕或厌恶很多事情。从他掌握的语言词汇和句子的复杂程度来看还属正常，但从学步期开始，他就对字母和数字非常迷恋，常常冲到电视机前面看广告。他还喜欢独自游戏，是玩建构类玩具和拼图的能手。在同伴交往方面,叮叮会观察同伴们玩耍,但是很少与他们互动,他的父母很难把他吸引到不同的话题中来,因为他总是喜欢不停地谈论字母、数字等。

当当非常活泼,但他的语言发展滞后,尽管他能够背诵动画片中的片段,但只会说由1—2个单词构成的短语。他喜欢排列小汽车和积木,还喜欢书和电脑,但他对同伴不感兴趣。另外,他时常发脾气,特别是当他的活动被中断,或者他的生活常规被改变的时候。比如每天到幼儿园都只能走相同的路径,如果变化了就会崩溃大哭大闹,甚至影响一整天的情绪。

安安很容易沉浸在自己的世界里。他不会说话,发出的声音仅是反抗和哭闹。他通过推拉成人来表达基本请求或者直接获得他想要的。他的时间都花在了玩弄绳子、带子和任何能够旋转或捻动的东西上。他很难一觉睡到天亮,并且非常挑食。当其他儿童在场的时候,安安会捂着耳朵跑开。

叮叮、当当和安安都表现出社会交往的不足、沟通能力的缺陷和刻板行为,以及不同程度的认知和语言障碍。这些表现都和自闭症相关,但每个儿童的表现又不尽相同。比如,叮叮在社会交往、沟通方面的缺陷较为轻微,但是刻板行为严重;当当在三个方面的缺陷程度都相对适中,安安在三个方面都很严重。

4. 家庭教育训练指导的内容及策略

(1)根据家长的需求进行指导。

据调查,自闭症儿童的家长对儿童的教养方法和技能存在很多需求,主要体现在两方面,即资讯和沟通。资讯方面主要包括自闭症的特征和预防、教养的知识和技能、教育服务信息。沟通包括两个方面,即自我了解、精神支持。研究还发现,自闭症儿童的家长需要经济上的支持以及社会给予更多的康复资源。因此,要根据儿童家长的需求给予指导。

(2)根据家长的类型进行指导。

自闭症儿童家长主要表现为两种类型:善于利用资源和没有资源的家长。前一类家长有较好的家庭经济条件,他们通过医学、教育、康复等方面的活动,积极收集资源和信息,主动参与甚至主导儿童的干预。对于这类家长,教师要了解家长对自闭症的了解程度、对干预技能的掌握与使用情况以及对儿童的期待,从而为家长提供适合的干预方法和技能。对于后一类家长,教师要尽早提供有关自闭症的知识与干预技能,并为家长积极寻求适宜的、丰富的社会资源。

案例
6-13

做好冬冬爸的后援

冬冬是一名广泛性发育迟缓的孩子,父母下班之后轮流对冬冬进行家庭康复训练。但冬冬常常表现出抗拒、躺地耍赖、发脾气哭闹等行为和情绪问题。父母用尽全力,却疲惫焦躁、苦闷烦恼。问题出在哪里呢?"全年无休"训练模式的密度和强度之大让冬冬难以承受,尤其是家长在家庭教育训练中的枯燥机械、简单粗暴让冬冬"一点就爆"。汪老师及时帮家长疏导情绪并提供给家长可以尝试的家庭教育训练游戏和方法,比如生活场景法、镜面示范法、辅助模仿法、儿歌辅助法、音乐辅助法、任务分段法等。

案例
6-14

为凯爸凯妈助力

　　凯凯是一名自闭症儿童,在他很小的时候,凯爸和凯妈就送他到专业机构接受训练,期间还"货比三家"调换了几家觉得更适合孩子的机构和项目。为了孩子,凯爸和凯妈都很努力。他们通过阅读自学、家长交流、专家讲座等多种线上线下的途径,了解了不少专业知识,而且很有自己的想法。不过,凯凯还是遇到了自闭症儿童的核心障碍:语言沟通与交往。为此,凯爸和凯妈十分着急,却也束手无策。沙老师作为市级课题"关键反应训练技术(PRT)对提高学前自闭症儿童社会沟通与交往的实证研究"的主持人,热情邀约凯爸和凯妈参与到课题研究中来。面对PRT这项被国际权威认证的自闭症儿童干预技术,凯爸和凯妈都感到为孩子打开了一扇新的发展窗口。

▲ 图6-10　课题研究家长讲座

▲ 图6-11　课题研究专家实操演示

拓展
阅读

自闭症儿童早期干预方法

　　目前,针对自闭症儿童的干预方法主要有:药物治疗、行为分析、感统训练、游戏治疗、戏剧疗法、心理干预、音乐治疗、波特奇方法等。基于行为主义理论而形成的行为分析疗法,是目前临床实践领域运用最多、最广的一种治疗方法。传统行为干预在自闭症干预领域贡献突出,最常见的模式是高结构化与反复实践。但训练出来的儿童往往很机械,缺乏主动性,技能的保持和泛化较差,对辅助的依赖性较强等。研究者们在继续强调以实证为基础的行为原理的同时,采用自然教学等策略来克服传统行为干预技术的某些局限。

（六）多动及注意力缺失儿童

1. 多动及注意力缺失的定义

多动及注意力缺失是指在需要认知参与的活动中缺乏持久性,同时伴有混乱、控制不佳和活动过度。在《美国精神疾病诊断与统计手册(第四版)》里面,注意力缺陷和过动/冲动各有 9 种症状,符合 6 种以上的症状就可以确认诊断。同时,每一个症状都必须在一个以上的环境中发生。其他条件包括必须在 7 岁以前就观察到相关症状,且没有其他的心理因素会导致相关问题。

2. 多动及注意力缺失的分类

可把多动及注意力缺失分成三种不同的类型,即注意力缺失、过动、注意力缺陷合并过动。

3. 多动及注意力缺失儿童的特点

注意分散、活动过度、任性冲动,同时伴有以下障碍:学习困难、言语障碍、感知觉异常、品行障碍、社交问题。使用核磁共振与功能性扫描可帮助了解此类儿童和一般儿童脑部结构与功能性的相异处。目前最一致的资料是小脑中间及脑部中间区域(包括部分脑干)的大小缩减。

案例
6-15

调皮的"小魔鬼"

泽泽是个男孩子,似乎总有一个调皮的"小魔鬼"住在他的身体里。他的手脚一刻不停,即使坐在椅子上也停不下来,不是前后摇椅子就是蹬脚、抖脚,或者赖到地上躺、翻滚,要不就干脆站起来跑开了。有一次,老师领着泽泽走进活动室,泽泽一把就把桌子上的东西都撸到地上。老师问泽泽为啥要这么做?泽泽张着大眼睛,一脸迷茫,嗫嗫说不出话来。每当老师上课提问,话音未落泽泽就站起来举手要回答,但十有八九答不出来……后来妈妈带泽泽到三甲专科医院检查,医生建议 7 岁后可以配合药物进行治疗。

4. 家庭教育训练指导的内容及策略

(1) 帮助家长对障碍成因形成正确认识。

多动及注意力缺失存在神经生物学的原因,主要是由大脑额叶功能的轻微紊乱所致,也就是说多动及注意力缺失是一种生理障碍而非心理障碍。因此,要指导家长形成正确的认识,以避免错误归因而导致家庭教育不当。家庭应保持和睦,协商处理孩子的问题,避免在孩子面前吵架与争执。

(2) 指导家长改善家庭养育环境。

比如保证孩子睡眠充足,饮食方面则尽量少吃含铅和汞多的食品,少吃辣、酸、火气大的食物及含添加剂多的食品。多带孩子开展运动及感统训练,锻炼孩子各感觉器官的协调性。同时,保证日常生活尽量规律、有计划,保持家庭环境以冷色或淡雅为主,物品放置尽量条理化,简洁整齐有序。

(3) 指导家长树立医教结合的理念。

多动及注意力缺失的起因为生理原因,因此单一的教育训练难以应对问题。要指导家长树立医教结合的理念,必要时前往医院就诊,采取医教结合的方式以取得良好的效果。当然，每个孩子的情况不同，要不要用药、什么时候用药、怎么用药等问题要严格遵循医嘱。

多动及注意力缺失儿童的早期干预方法

基于行为主义理论而建立起来的行为训练法在多动及注意力缺失儿童的早期干预中，主要包括以下几个步骤：(1)全面评估，了解儿童的行为功能，比如多动行为发生的频率、持续时间、场合。另外，关注儿童的兴趣爱好、主要气质等。(2)明确合理的干预目标，包括长期目标、中期目标和短期目标。(3)选用合适的策略，比如根据儿童的实际情况选用正强化、负强化、惩罚、消退、隔离、厌恶等。另外，还有药物治疗法、饮食辅助疗法等。综合干预法则是行为辅导、家庭干预、药物治疗三种方法的综合。

（七）情绪和行为障碍儿童

1. 情绪和行为障碍的定义

情绪和行为障碍指行为或情绪表现上与一般儿童应有的表现存在明显偏差，这种偏差影响了儿童的发展、教育，且影响明显而持续。

2. 情绪和行为障碍的分类

具体障碍类型包括：幼儿运动技能障碍、儿童期分离焦虑症、儿童学校恐怖症、儿童强迫症、儿童躁狂抑郁症、抽动障碍（抽动秽语症）。

3. 情绪和行为障碍儿童的特点

（1）认知特点。

学习能力不足，但不能用智力、感觉和身体原因加以解释。容易出现与个人学习困难有关的生理症状或恐惧反应。

（2）社会性特点。

不能与同龄人、成人建立或保持良好关系，对正常环境缺乏恰当的情绪和行为反应。容易出现弥漫性不愉快心境或抑郁。有行为问题的儿童一般在集体中都处于不受欢迎、受到拒绝或忽略的地位，遭受拒绝的儿童最易产生攻击和破坏行为，且各个方面的积极性都较低。

4. 家庭教育训练指导的内容及策略

由于儿童的情绪和行为障碍与父母的教养有很大的关系。因此，家长的观念与行为改变应成为家庭教育指导的主要内容。有研究者曾指出数种问题家长的类型。对此，除了演讲、座谈、家访、咨询、家长参与儿童教育活动等指导策略外，针对不同类型家长的指导会有所不同。

（1）放任型家长的指导。

这类家长可能会扮演同伴、朋友等平辈角色，不给儿童设定规范或纪律的约束。对于这类家庭，教师可以从帮助家长寻求家庭之外的人际关系入手。同时，要让家长知道，不能以放纵来获取子女的爱。

（2）迷茫型家长的指导。

这类家长常常会被孩子的异常行为搞得迷惘和受挫，可能会采取冷处理的姿态，以减少和孩子接触的机会。对于这类家长，要让他们了解正常的规范对孩子发展的重要性，指导家长学习改变孩子行为的技术。另外,要为这类家庭寻求和争取必要的、适宜的服务资源。

（3）完美型家长的指导。

这类家长对于如何教养儿童可能见多识广,但多采用说理的方式改变孩子的行为,对于行为改变技能的运用存在困难。完美型家长不容易指导,让这类家长学习行为改变技巧是家庭教育指导的重点。

（4）高期待型家长的指导。

这类家长对儿童多有高于其年龄和能力的期待,以至于儿童的表现与家长的高期待之间的差距会给儿童造成负面的影响。在指导时,可以引导家长列出数种儿童的正面行为或特质,强调采取符合儿童年龄和能力的期望,并提供培养儿童良好行为的方案。

拓展阅读

情绪和行为障碍儿童的早期干预方法

儿童行为障碍的干预强调医生、家长和教师的共同努力。改变环境和一些教育方法常可收到积极的效果,同时药物治疗有辅助价值。行为治疗对遗尿、口吃、习惯性动作有较好的疗效。儿童情绪障碍常以单一的症状为主,治疗方法包括调整环境、正确教育、行为治疗和心理治疗等,大多数不需药物治疗。认知——行为干预法被认为是干预焦虑症、恐惧症最有效的方法。

（八）感觉统合失调儿童

1. 感觉统合失调的定义

感觉统合失调是指外部的感觉刺激信号无法在大脑神经系统进行有效的组合,而使机体不能和谐地运作,久而久之形成各种障碍,最终影响身心健康。感觉统合失调将会在不同程度上削弱人的认知能力与适应能力,从而推迟人的社会化进程。

2. 感觉统合失调的分类

根据临床表现可分为:本体感觉失调、前庭感觉失调、视觉系统失调、听觉系统失调以及触觉系统失调等。本体感觉失调又分为左右脑平衡失调和动作协调不良,前庭感觉失调又分为前庭平衡失调和前庭网膜失调,触觉系统失调又分为触觉过分敏感或过分迟钝。

3. 感觉统合失调儿童的特点

（1）本体感觉失调。

表现为喜欢他人用力推、挤、压,手脚喜欢用力挥动或用力做某些动作。动作模仿不到位,常望着手脚不知所措。坐姿不够稳定,力度控制较差,常会因太用力而损坏玩具或因力度太小而抓不住东西。速度控制较差,喜欢蹦跳、摔跌自己的身体,喜欢踮脚走。

（2）前庭感觉失调。

表现为喜欢自转且久转不头晕。喜欢看、玩转动的东西,喜欢爬高,边走边跳。平衡差,走路东倒西歪,经常碰撞东西。

（3）视觉系统失调。

喜欢看手发呆;对特定的颜色、形状、文字特别感兴趣甚至表现出偏执;喜欢将物品排队;喜欢斜眼看东西;喜欢躲在较阴暗的角落里;喜欢看色彩鲜艳、画面变换较快的广告;喜欢看风扇或转动的东西;喜欢坐车,对窗外景色的变化非常着迷。

（4）听觉系统失调。

常会掩耳朵或按压耳朵;对尖锐或拉高的声音一点也不讨厌,甚至是喜欢;有时对很小的声音感兴趣;喜欢无端尖叫或自言自语。

（5）触觉系统失调。

表现为害怕陌生的环境,过分依恋父母、容易产生分离焦虑,过分紧张;偏食,逃避咀嚼;喜欢吮吸手指,咬指甲,触摸生殖器;对某种感觉特喜欢,如:玩沙、刮东西;拒绝使用某些质地的物品,如:胶泥、浆糊等。

4. 家庭教育训练指导的内容及策略

（1）帮助家长形成对感觉统合的认识。

前庭觉、本体觉等感知觉不如听觉、视觉等为家长所熟知。它们属于人的深度知觉,而且生理机制比较复杂,家长往往对其缺乏足够的认识。因此,可以通过培训、讲座等方式帮助家长了解前庭觉、本体觉、触觉等感知觉的重要性、简要的生理机制以及失调对孩子发展造成的影响。

（2）教家长利用居家环境开展训练。

在家庭中开展感统训练能够使干预训练及早化、生活化、日常化,从时间、资金、精力等方面的投入来看,也是非常经济有效的。但家长往往缺乏居家干预的认识与方法,有时,他们会前往机构接受训练。教师可以通过教师与家长同训、上门家访与送教等策略指导家长利用和创建居家环境,学习和掌握家庭感觉统合训练的方法。

拓展阅读

部分感觉统合失调儿童的早期家庭训练游戏

触觉刺激训练游戏:戏水游戏、泥土游戏、梳头游戏、毛巾卷蛋游戏、草坪课足游戏。

前庭觉刺激训练游戏:旋转性运动(正转或倒转)、摇晃运动(摇篮、吊床、秋千)、平衡运动(平衡台、平衡木)、跳跃运动(蹦床)、走线游戏等。

本体觉刺激训练游戏:游泳、跳绳、玩球(拍球、趴地推球)、搬运东西。

拓展阅读

特殊儿童家庭教育指导应有的态度

对家庭来说,有特殊儿童就意味着家庭要面临经济的、物质的、精神的,甚至是家庭关系调整的巨大挑战。对于特殊教育教师来说,一定要理解和尊重特殊儿童家长的心理反应,要根据不同特殊儿童家长面对孩子时不同的心理特征做好家长的思想工作,争取家长的支持与配合。教师要向家长准确地传递信息,经常性地沟通。在这个过程中,教师不能以专业者自居,不宜以高姿态的口吻和消极性的措辞指责和教训家长,必须以积极的态度和平等的关系来营造良好的沟通氛围,要选择适当的指导方式和策略与家长进行坦诚的交流。

1. 当前,特殊儿童的障碍有什么发展趋势? 你如何看待特殊儿童分类这个话题?

2. 运用适宜的研究方法对区域特殊儿童家庭早发现、早诊断、早干预的状况进行调查与分析,并提出自己的应对策略。

3. 为一名 0—3 岁的特殊儿童制定一份家庭教育指导方案。

推荐资源

1. 纸质资源

(1) 汤盛钦.特殊教育概论[M].上海:上海教育出版社,1998.

(2) 江琴娣.特殊儿童家庭教育[M].上海:华东师范大学出版社,2015.

(3) 曹丽敏.特殊儿童早期康复指南[M].北京:华夏出版社,2009.

(4) 张福娟,杨福义.特殊儿童早期干预[M].上海:华东师范大学出版社,2011.

(5) 张雪云.婴幼儿早期干预[M].上海:华东师范大学出版社,2016.

(6) 陈耀红.残障儿童家庭康复需求的调查报告[J].中国特殊教育,2007(9).

(7) 周丹,胡玉君.家庭教育对特殊儿童学习与发展影响研究[J].绥化学院学报,2016(4).

(8) 程硕,安文军,王和平.特殊儿童家长在特殊教育中的角色困境及对策研究[J].现代特殊教育,2017(9).

(9) 江小英,黄英.我国大陆特殊儿童家庭教育研究综述[J].中国特殊教育,2005(7).

2. 视频资源

(1) 电影《海洋天堂》,薛晓路导演。

(2) 电影《雨人》,巴瑞·莱文森导演。

(3) 电影《放牛班的春天》,克里斯托夫·巴拉蒂导演。

(4) 电影《自闭历程》,米克·杰克逊导演。

(5) 电影《我和托马斯》,西蒙·肖尔导演。

(6) 电影《马拉松》,郑允哲导演。

(7) 电影《走出寂静》,卡洛琳·林克导演。

(8) 电视剧《轻轻紧握你的手》,新城毅彦导演。

第七章

0—3 岁婴幼儿家园、社区共育工作的指导

学习目标

1. 清楚知道 0—3 岁婴幼儿家园、社区共育工作的意义及实践模式
2. 全面了解 0—3 岁婴幼儿家园、社区共育工作的任务与内容
3. 熟练掌握 0—3 岁婴幼儿家园、社区共育工作的方法与途径

本章导览

0—3岁婴幼儿家园、社区共育工作的指导

0—3岁婴幼儿家园、社区共育的实践模式

◇ 国外家园、社区共育的模式
◇ 国内家园、社区共育工作的实践和探索

0—3岁婴幼儿家园、社区共育工作的意义

◇ 家园、社区共育的基本概念
◇ 家园、社区共育的理论依据
◇ 家园、社区共育的价值意义

0—3岁婴幼儿家园、社区共育工作的任务与内容

◇ 提高社会共同参与家庭育儿的意识
◇ 有效挖掘利用家园、社区育儿的资源
◇ 整合发动社会各方力量参与共育
◇ 开发拓展多样化的共育服务形式

0—3岁婴幼儿家园、社区共育工作的方法与途径

◇ 实施家园、社区共育的宣传教育
◇ 提供婴幼儿活动的场所和设施
◇ 开展婴幼儿早期发展的游戏活动
◇ 开展家庭教育指导的相关服务

又到了周六上午，妈妈带着豆豆来到社区活动中心的早教教室，参加每周一次的社区早教活动。几位熟悉的小伙伴早已经到了，在教室里精心布置的各个区域中游戏玩耍，有的在玩串珠，有的在搭建积木。佳佳的爸爸陪着佳佳坐在角落朗读绘本，旁边围着其他几个小朋友一同倾听。趁着豆豆自己在玩，妈妈把社区的汪老师拉到旁边进行咨询，妈妈说豆豆最近性情大变，特别喜欢跟别人"作对"，家里人有点摸不着头脑。汪老师笑着宽慰妈妈，两岁的豆豆正好处于人生第一个"叛逆期"，这是每个孩子都会经历的，豆豆出现这些行为举止是正常现象。接着，汪老师传授了应对"叛逆期"的一些小妙招，豆豆妈妈恍然大悟。到了10点钟，汪老师来到教室中央放起了音乐，豆豆和小伙伴们自觉地把手中在玩的玩具和材料"送回家"，自己搬起了小凳子和妈妈们一起围坐到老师面前，开始了今天的亲子早教活动……活动开始后，教室里不时传出了豆豆和妈妈的欢笑声。

父母是孩子的第一任老师，但这位"老师"未必有丰富的育儿经验，也没有经过系统的学习和培训，因此需要专业的养育支持与指导。在0—3岁婴幼儿早期发展的过程中，除家庭成员的养育照护之外，周边早教机构、托育中心和幼儿园提供的专业教育和亲子指导，所在社区给予家庭的教养支持，共同构成了不可或缺的教养因素。在育儿过程中，无论是通过社区中心提供的体验式游戏、育儿咨询讲座，还是通过社区热心妈妈群组织的各种线上交流分享、线下育儿社交活动，豆豆妈妈都得到了诸多的帮助和支持，足以陪伴她和宝宝成长。接下来，就让我们共同探讨如何开展0—3岁婴幼儿家园、社区共育工作。

第一节　0—3岁婴幼儿家园、社区共育工作的意义

一、家园、社区共育的基本概念

（一）婴幼儿早期教育的主要构成

婴幼儿的早期发展依赖于其生存的环境，家庭、托幼机构和社区是影响婴幼儿发展的三大因素。对婴幼儿的早期教育行为不仅体现在家庭中、托幼机构中，而且体现在更为广阔的社区范围内，家庭、托幼机构、社区都是婴幼儿早期教育的重要人力资源和合作伙伴。

1. 家庭早期教育

父母是孩子的第一任教师，家庭早期教育是婴幼儿早期教育中最基础、最重要的部分，家庭与婴幼儿之间的特殊关系决定了它在婴幼儿早期发展中所起的重要作用。据调查显示，我国约有80％的婴幼儿以散居形式，主要在家庭中接受早期教育启蒙。作为教育者的家长与作为受教育者的婴幼儿之间独特的血缘关系、亲情关系，使得这种早期教育具有强烈的权威性、感染性、长期性和针对性，也使得教育内容复杂丰富，教育方法灵活多样。但同时，家长往往缺乏专业系统的早期教育理论知识和实践经验，在育儿过程中需要外部力量的支持与指导。

2. 托幼机构早期教育

托幼机构是专门的早期教育机构，托幼机构的教师是专职、专业的早期教育和保育工作者，熟知婴幼儿身心发展的特点和规律，掌握科学的婴幼儿教育方法，他们对婴幼儿实施的是有目的、有计划和有组织的早期教育。托幼机构有专业的场地和设施设备，在开展早教指导的过程中能够创设家庭教育无法提供的集体环境，促进婴幼儿情感与社会性的发展。此外，托幼机构不仅实施直接的早期教育，而且通过对家长的早期教育指导间接作用于婴幼儿的早期发展。

3. 社区早期教育

社区是由生活在一定地域范围内的人们所形成的一种社会生活共同体，它是以家庭为基础的。社区作为婴幼儿早期教育的重要环境之一，其特殊性和资源丰富性为早期教育奠定了基础。社区早期教育，是指在社会发展领域中，充分利用社区资源（包括自然、人文、教育等资源），广泛动员并组织协调各方面力量，面向本社区的婴幼儿及其家庭，提供以科学育儿为内容的教育设施、教育服务和活动，是多层次、多内容、多种类的社会教育。优质的社区早期教育是早期教育服务体系中不可或缺的重要环节。社区早期教育具有广泛性、公益性、合

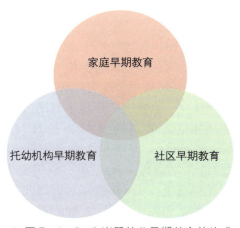

▲ 图7-1　0—3岁婴幼儿早期教育的构成

作性、长期性等典型特征。

婴幼儿早期教育是家庭教育、托幼机构教育、社区教育的总和,是三者共同的责任和义务。充分开发利用家庭、社区和托幼机构的教育资源,是婴幼儿早期教育发展的必然选择。这三者之间息息相关、各有优势,且彼此之间是不能互相替代的,三者都应把自己看作是促进婴幼儿早期发展的主体,积极主动地相互了解、相互配合、相互支持,形成家庭、托幼机构、社区三位一体的早期教育体系,共同促进婴幼儿身心健康、全面发展,使婴幼儿早期教育向社会化、多元化的方向发展。

(二) 家园、社区合作共育的解读

共育的核心是强调三方的合作、配合,这里的"育"包含两方面的内容,即保育和教育,共育的内容既包括婴幼儿身体健康成长的内容,又包括有关婴幼儿早期学习与发展的内容。

家庭、托幼机构和社区之间是平等的合作伙伴关系,既有彼此之间双向的相互影响、相互作用,即相互教育,又有包含在教育过程中所得到的自我教育;既有一对一的双向教育,如教师对家长、社区对教师、社区对家长、家长对婴幼儿,又有二对一或三对一的多向教育,如教师与家长一起对婴幼儿,教师、家长和社区对婴幼儿等。这种多层次、多维度的多向互动形成教育合力,指向婴幼儿的早期发展。

家庭、托幼机构、社区合作共育是家长、教师、社区服务人员和婴幼儿各自人际合作共育系统中的一种特殊而又重要的形式。称其特殊,是因为家长、教师和社区服务人员各自独立,他们之间的合作共育是以婴幼儿为纽带进行的,没有婴幼儿的存在,三者之间的角色就无从体现,也谈不上合作共育。称其重要,是因为从婴幼儿发展的角度来说,家长、教师和社区服务人员,在婴幼儿的整个成长历程中,都非常重要,缺一不可。家庭、托幼机构、社区共育不仅仅指早期教育本身,还包括对家庭、托幼机构和社区进行组织工作,开展家庭、托幼机构、社区活动,创造具有建设性的共育方法。三者紧密联系,资源共享,可以形成巨大的早期教育合力。

二、家园、社区共育的理论依据

(一) 生物生态学理论及其启示

著名的人类学家、生态心理学家布朗芬布伦纳创立了生物生态学理论,研究了人类发展涉及的关键性环境——家庭、托幼机构、社区等。通过深入分析它们之间的关系,这一理论认为婴幼儿的早期发展受到与其直接或间接联系的生态环境的制约,这种生态环境由若干个系统组成,具体表现为一系列的同心圆,包括:一是微观系统(microsystem),是指发展中的个体在一个特定的环境中与周边环境相互作用的行为、角色和内部关系模式。这里是指婴幼儿生活的场所及其周边环境,如家庭、托幼机构、邻居和社区。二是中观系统(mesosystem),是处于微观系统中的两个事物(如家庭与托幼机构、托幼机构与社区、家庭与社区)之间的关系或联系,包括发生在两个或两个以上环境之间的关系和发展过程。三是外层系统(exosystem),对婴幼儿的发展只有间接的影响,包括了两个或两个以上环境之间的关系和发展过程,比如父母的工作场所、家庭生活条件、各种视听媒体等,这些都会渗透到成人和婴幼儿的相互作用中去。四是宏观系统(macrosystem),是所处的社会文化背

景,包括来自某种文化或亚文化的价值观念、信仰和信念、历史及其变化、政治和经济、社会机构等。五是时代系统(chronosystem),是指婴幼儿所生活的时代及所发生的社会历史事件,如家庭结构的变化、社会经济地位的变化、父母职业的更改、居住地的变化等。

▲ 图7-2　生物生态学理论的同心圆模式

　　如果将早期教育看作一个生态系统,婴幼儿则处于该生态系统的中心,政府的政策文件、社会环境等可以作为宏观系统,它决定着婴幼儿是否能在一个稳定、有序、安全的环境中接受教育。家庭、托幼机构和社区是婴幼儿最常接触的三个微观系统,在其成长过程中发挥着各自独特的作用。各微观系统之间的关系,构成了中观系统。中观系统中各微观系统间的互动质量越高,促进婴幼儿发展的可能性就越大,如父母的陪伴、亲子互动、社区入户指导等的形式和质量将直接通过婴幼儿的行为表现出来,对婴幼儿的发展产生重要影响。因此,我们不仅要充分认识到家庭、托幼机构、社区在婴幼儿发展中的独特作用,以促进其健康成长,更要重视从三方的相互关系中研究影响婴幼儿发展的因素,优化婴幼儿成长的环境。对于婴幼儿来说,如果家庭、托幼机构、社区能保持经常性的联系,形成正向的互动关系,并能协调一致地对婴幼儿进行教育,将有效促进其早期发展。

(二) 自我概念理论及其启示

　　美国学前教育专家埃斯萨等人提出的自我概念理论认为,婴幼儿生活的环境由几个同心圆组成,分别是家庭、托幼机构和社区。最靠近婴幼儿的同心圆是他自己的家庭和家庭成员,第二个同心圆是托幼机构及同伴,最外面的一个同心圆是社区及社区帮手。埃斯萨认为,家庭、托幼机构、社区中的成人之间、成人与婴幼儿之间的关系对婴幼儿的早期发展至关重要。婴幼儿的发展是从自我(自己这一独立个体)、家庭(家庭成员)逐渐扩展到托幼机构(教师及同伴)、周围的社区环境(社区的工作人员、其他家庭及成员)的。家庭、托幼机构和社区的密切合作,有助于婴幼儿形成积极的自我概念。

▲ 图7-3　婴幼儿自我概念理论——同心圆模型

自我概念理论给我们的启示是，家庭、托幼机构、社区合作共育是婴幼儿早期教育工作中必不可少的部分，它不仅是教育的需要，更是婴幼儿自身发展的需要。对婴幼儿开展早期教育，应当循序渐进地扩大其学习视野，从婴幼儿的内部世界走向其外部世界；应当在家长、教师、社区人员之间构建良好的合作关系，促进其积极的相互作用；应当密切成人与婴幼儿之间的友好关系，促进婴幼儿社会性发展中自尊心、自信心的建立与发展。

（三）多元智能理论及其启示

▲ 图7-4　多元智能理论

美国哈佛大学的心理发展学家加德纳在著名的"多元智能理论"中提出，人的智能包括语言、数理逻辑、空间、身体运动、音乐、人际、内省、自然探索、存在等九个方面的智能，这九大智能在每一位婴幼儿身上都有不同程度的表现。为了给婴幼儿创建一个开放、支持的环境，家庭、学校和社区之间应当加强合作联系，共同促进婴幼儿多元智能全面、充分地发展。

加德纳提出，理想的教育不仅要为婴幼儿提高"深入社区的学习"机会，把婴幼儿带进社区，比如博物馆、美术馆、运动场馆等都可以成为对婴幼儿实施早期场景化探索与启蒙的重要基地，而且还要把"社区引入学校"，鼓励社区志愿者参与托幼机构教育、家庭教育，从而使得婴幼儿在广泛、充分、多元的环境中实现早期发展。

加德纳的多元智能理论被广泛应用于婴幼儿早期教育的实施过程中，其对家园、社区合作共育的启示主要体现在：（1）家庭、社区和托幼机构有着丰富的物质资源和人力资源，应注意挖掘相关教育资源，并将其充分应用于婴幼儿的早期教育中；（2）在家庭教育、学校教育和社区教育实施的过程中，应当加强互动合作，做到"走出去"和"请进来"相结合，共同促进婴幼儿的多元发展。

三、家园、社区共育的价值意义

（一）有助于相关政策法规的贯彻执行

0—3岁婴幼儿家园、社区合作共育是贯彻实施相关政策法规的需要。20世纪90年代以来,政府部门陆续颁布了一系列促进婴幼儿早期发展和早期教育指导的政策与法规,明确提出了家庭、托幼机构和社区合作共育的要求,提高了促进婴幼儿早期发展的一致性和有效性。

表7-1　我国促进家园、社区共育的相关政策法规文件

年份	政策法规名称	相关内容
1992年	《90年代中国儿童发展规划纲要》	指出"发展社区教育,建立起学校(托幼园所)教育、社会教育、家庭教育相结合的育人机制,创造有利于儿童身心健康、和谐发展的社会和家庭环境"。
2001年	《幼儿园教育指导纲要(试行)》	指出"幼儿园应与家庭、社区密切合作""综合利用各种教育资源,共同为幼儿的发展创造良好的条件"。
2003年	《关于幼儿教育改革与发展的指导意见》	明确指出全国幼儿教育事业发展的总目标是"全面提高0—6岁儿童家长及看护人员的科学育儿能力"。
2010年	《国家中长期教育改革和发展规划纲要(2010—2020年)》	要"重视0至3岁婴幼儿教育",进一步明确了我国政府致力于构建服务于大众的早期教育公共服务体系的整体目标。
2011年	《中国儿童发展纲要(2011—2020年)》	提出"积极开展0—3岁儿童科学育儿指导""以幼儿园和社区为依托,为0—3岁儿童及其家庭提供早期保育和教育指导"。
2015年	《幼儿园工作规程》	第五十二条规定:"幼儿园应当主动与幼儿家庭沟通合作,为家长提供科学育儿宣传指导,帮助家长创设良好的家庭教育环境,共同担负教育幼儿的任务。" 第五十五条规定:"幼儿园应当加强与社区的联系与合作,面向社区宣传科学育儿知识,开展灵活多样的公益性早期教育服务,争取社区对幼儿园的多方面支持。"
2015年	《国家卫生计生委办公厅关于开展计划生育家庭科学育儿和青少年健康发展试点工作的通知》	提出工作目标之一是"家长对育儿知识和技能的掌握水平逐年提高,为婴幼儿健康成长营造良好的家庭环境。家长接受育儿培训覆盖率达到80%以上"。 该通知下发后正式启动全国计划生育家庭科学育儿试点工作,针对0—3岁的婴幼儿,依托妇幼健康服务等网络,通过政府购买服务,社会多种力量参与,建立服务档案,为家庭提供科学养育、亲子活动、健康行为和生活方式培养、儿童安全与应急避险等方面的指导及服务。

续表

年份	政策法规名称	相 关 内 容
2019年	《关于促进3岁以下婴幼儿照护服务发展的指导意见》	提出主要任务包括：（1）加强对家庭婴幼儿照护的支持和指导。通过入户指导、亲子活动、家长课堂等方式，利用互联网等信息化手段，为家长及婴幼儿照护者提供婴幼儿早期发展指导服务，增强家庭的科学育儿能力。（2）加大对社区婴幼儿照护服务的支持力度。（3）规范发展多种形式的婴幼儿照护服务机构。

（二）有助于与世界早期教育的接轨

无论是关于儿童发展和教育的国际性会议上的倡导，还是世界学前教育发达国家的实践，都重视整合家庭、学校和社区的资源，倡导家园、社区合作共育，紧密配合，以丰富和加深婴幼儿对自己、对他人和对社会的认识。关注家园、社区合作共育，是我国0—3婴幼儿早期发展走向世界、顺应世界潮流的需要。

早在1990年，在世界儿童问题首脑会议中通过了《儿童生存，保护和发展世界宣言》，倡导家园社区共育。在世界学前教育组织（OMEP）和国际儿童教育协会（ACEI）召开的"21世纪国际幼儿教育研讨会"上，通过了《全球幼儿教育大纲》，指出儿童的发展是"家庭、教师、保育人员和社区共同的责任"。美国政府把0—3岁婴幼儿早期教育及其师资培养列入国家正式的教育计划中，相继出台了包括著名的《儿童保育法》（1979）、《儿童早期教育法》（1990）、《儿童保育和发展固定拨款法》（1990）、《1999法案：向所有儿童提供优质教育》等法案，以及"开端计划""发展适应性早期教育方案""早期干预计划""儿童保育和家庭援助运动""父母参与计划""早期优先计划""头脑启动计划"等项目计划。日本在《幼稚园振兴计划》中强调，要充分利用家庭和社区资源对儿童进行教育，促进儿童在体力、认知、情感、社会性、语言、审美等方面的最佳发展。

（三）有利于早期教育整体功能的发挥

0—3岁婴幼儿早期教育是一项极为复杂的系统工程，由家庭教育、托幼机构教育和社区教育三方面共同组成，三者之间通过沟通交流、支持合作、资源共享，互相渗透、互相联系、互相制约，发挥早期教育整体性的影响。家长虽然不是专业的教育工作者，家庭教育虽然没有托幼机构教育的系统与规范，但是却是早期教育的起点，对婴幼儿早期发展的影响远胜于教师。托幼机构教育的正规化、系统化、制度化、科学化是它的最大特点和优势所在，而社区教育能利用社区丰富的社会资源，为家庭教育和托幼机构教育提供多样化的支持。家庭教育、托幼机构教育、社区教育各有优势和局限，只有三者紧密结合，才能充分利用好早期教育资源，最大限度地形成教育合力，充分发挥出早期教育的整体功能，共同促进婴幼儿的全面发展和健康成长。

另一方面，家园、托幼机构、社区协作互动，对于家长、教师和社区工作者自身来说，也是一个共同受教育的过程。对于家长而言，家长的早期养育知识与能力需要一个学习和实践的过程，来自社区和托幼机构的支持、互动，为家长提供了学习的机会，能帮助家长树立养育子女的信心、获得教育的知识和经验。

对于教师而言,在与家长、社区工作者的合作互动过程中,也可以帮助自己不断改进和修正早期教育的内容和方法,通过家长资源和社区资源的利用,提高早期教育实施的水平和能力。另外,家长、教师和社区工作者的合作互动,也使得各自能从对方那里学到一些教育以外的人生经验,从而可以提高自己的生活质量,促进自我成长,进而为婴幼儿的健康、快乐成长营造更好的教养支持环境。

（四） 基于婴幼儿身心全面和谐发展的需要

家庭、托幼机构和社区是婴幼儿生活学习的主要场所,是婴幼儿早期发展过程中影响最大、最直接的微观环境,因此婴幼儿早期教育也必须从在这种特定的环境中所经历的活动、承担的角色及建立的人际关系出发,协调相关社会群体的力量,共同促进婴幼儿的早期发展。

婴幼儿的全面发展是整合从不同场所所获得的学习经验的结果,家庭、托幼机构、社区共育可以使得来自各方的学习经验更具一致性、连续性和互补性。一方面,婴幼儿在托幼机构参与早教活动所获得的经验,能够在家庭、社区生活活动中得到巩固和发展;另一方面,婴幼儿在家庭中获得的经验能够在机构教养、社区活动过程中得到运用、扩展和提升。同时,家庭、托幼机构、社区合作互动,家长、教师和社区工作者之间建立密切的伙伴关系,会使得婴幼儿获得安全感,获得参与社会生活的积极态度。

第二节 0—3岁婴幼儿家园、社区共育的实践模式

一、 国外家园、社区共育的模式

（一） 美国家园、社区共育模式

美国家园、社区共育的理念缘来已久,以家庭为基础、以社区和园所为依托支持的父母教育计划得到充分重视,国家开办了"从出生到3岁"培训班,专门培养"父母辅导者"。美国幼教协会、家庭服务协会分布于全国各地,提供各方面的科学育儿指导服务,各地社会团体与机构也热衷于开展与幼儿父母亲职教育相关的培训。

▲ 图7-5 全美幼教协会官网

美国0—3岁早期教育支持项目众多,具体包括:①PAT(Parents as Teachers)国家中心项目;又名"让父母成为教师",是国家级父母专业化教育项目,组织开发形式多样的家长培训,为父母提供多样的教育方案、家庭支持课程、教育训练材料内容以及服务措施等。②HIPPY(Home Instruction Program for Preschool Youngsters)计划是以家庭为基础的亲职教育计划,由社区和机构提供合作支持,为家庭提供促进早期发展的干预服务,以期实现婴幼儿的能力开发与个性发展)。③PET(Parent Effectiveness Training)父母效能课程,形式以社区学院为主要基地的社区教育体系,也是美国社区教育的特色所在[①]。

美国 PAT 项目以实证为基础的家访服务模式[②]

该项目中,一般由受过专业培训的家长教师为0—3岁,婴幼儿家庭提供以下服务。一是家访。家长教师以一种简单、客观的方式,在家中向家长提供适合不同年龄阶段儿童发展所需要的课程,一般涉及动作、认知、语言、社会、情感等领域,帮助家长学会观察自己的孩子,在孩子成长的每一个阶段对其提出合理的期望。二是家长会议。家长会议以 PAT 项目人员或其他专家举行讲座的方式开展,每月进行一次。让家长在互动交流中讨论育儿困惑,交流育儿经验,丰富家长的育儿知识。三是儿童发展筛查。PAT 项目每年进行一次儿童发展筛查,一旦发现儿童发展滞后的现象,会及时进行教育干预。四是与社区建立联系,共享社区资源。家长教师帮助家长和社区建立紧密联系,共享社区资源,开展社区活动。

美国通过项目支持提升父亲的育儿意识[③]

美国联邦政府、各州及社会非营利性组织建立和发展了各类以帮助男性成为合格、负责任的父亲为目标的援助和教育项目。例如,美国卫生和人类服务部以多种方式直接或间接地支持促进父亲责任的计划,包括早期先行计划、儿童支持计划、对贫困家庭的临时

▲ 图7-6　美国父亲参与计划宣传折页

---

① 邓文勇.美国社区教育的发展特点及其启示[J].职教通讯,2010(5):50—54,73.
② 李晓巍,刘倩倩,周思婷,等.美、英、澳促进家长参与早期教育的国际经验与启示[J].北京教育(普教版),2018(4):24—27.
③ 西南大学教育学部王建、韩耀阳.美国多方保障防止"父亲缺席"[N],中国教育报,2017年.

援助和促进负责任父亲补助金计划等。美国国家父亲责任交流中心主要是帮助各州及各社区促进和支持父亲提高责任感。该中心的工作主要是为父亲提供印刷和电子出版物，及时解答父亲的问题，同时还为对父权问题感兴趣的其他受众提供重要信息。

同时，美国各界还进行了多项父亲教育项目来提升父亲的教养能力。例如，"新爸爸训练营"的目标是帮助新手父亲与新生儿建立联系，让他们学习照料婴儿、与婴儿玩耍的基本技巧；"父亲计划"旨在帮助那些在经济和情感上不能支持孩子的父亲克服各种障碍，包括提供辅助人员支持、法律援助、职业培训等。

为配合家园、社区共育，美国的早期师资培训也不断关注职前和在职教师对此方面的了解和实践。早期教育专业组织所提倡的专业培训标准里都包含了"与家庭建立伙伴关系""与家庭和社区建立关系""专业合作""专业伙伴关系"等建议。在近几年的早期教育教师必备能力的讨论中，"家庭和社区伙伴关系"也是经常被列入讨论的一项。

（二）德国家园、社区共育模式

德国极为重视家庭教育，也是唯一把父母教养儿童的义务明文写入宪法的国家，以此确保婴幼儿接受早期教育的普及性和重视程度。在德国《儿童和青少年福利法案》中特别强调了父母对儿童的教育责任，学前机构的责任只是父母教育责任的一种延伸和附属，学前教育机构要对儿童进行教育和保育，与家庭合作教养儿童，促进儿童的发展。根据法案规定：父母必须参与决定教育机构的重大事务；父母有权选择教育机构提供的服务项目；幼儿园必须向父母告知其子女的发展情况；教师和其他教养人员要与家长合作，促进儿童的发展。为满足家庭和儿童的需要，从2005年开始实施的《托幼机构拓展法案》则更加关注0—3岁婴幼儿，该法案中提出完成日托机构"向下"延伸的工作，为3岁以下婴幼儿提供更多的入园席位，为家长提供多种早期教育的服务形式。

在德国早期教育家园、社区共育管理模式中，主要以家庭为主，园所和社区管理为辅，政府和社区提供资金扶持，园所提供良好的辅助教学、承担对家长的培训工作，使得婴幼儿在家庭教育中能够得到较好的支持和发展。德国在家园、社区合作中关注所有人的参与和沟通，关注每一个园所以不同的方式表现出的参与风格。

（a）

（b）

▲ 图7-7 德国家庭早期教育互助项目

德国开展家园合作共育的典型模式包括：（1）家庭助手模式，通过社区建立家庭办公室，为家长提供宣传教育、组织活动、社工志愿者等综合性服务；（2）家庭互助模式，通过成立家庭互助小组，互相帮助，共同提高科学育儿的能力水平；（3）鼓励家长开设经营早教机构，接受财政资助。通过让家长作为早期教育和保育提供者的方式，将家庭、早期教育和保育机构紧密联系在一起。

（三）英国家园、社区共育模式

英国历来重视婴幼儿的早期教育，家庭、园所和社区的合作共育是其一大特色，并一致受到了世界各国的学习和效仿，其在家园、社区的合作共育方面采取了许多积极有效的措施。英国的园所通过选用不同的形式与家长开展合作共育，保障家长拥有了解园所教育和婴幼儿发展水平的知情权、社区资源使用的许可权、积极助教的参与权、反映园所问题的投诉权。

英国家庭与园所、社区合作共育，除家长委员会、父母联系卡、家长布告栏、家长讲座和开放日等基本方式外，绘制婴幼儿发展记录和赢得家长许可是两种特色方式。绘制婴幼儿发展记录，是指教师通过观察、记录孩子每天的表现，把握孩子的发展状况，合理安排每日活动与教育指导；家长通过发展记录，掌握孩子的发展动态，与园所和教师进行交流和反馈。赢得家长许可模式，是指通过入园注册时或每一次具体外出活动之前，由家长签署协议同意参加园外活动，共同承担安全问题。这使得园所能够大胆利用社区资源，由园所和家长一起带着婴幼儿利用社区资源开展早期教育活动。

拓展阅读

从"确保开端项目（Sure Start）"到儿童中心

英国确保开端项目启动于1998年，旨在通过为贫困地区的社区提供儿童保育、早期教育、健康与家庭支持来"给孩子最好的生命开端"，从而减少儿童贫困。2003年《每个孩子都重要》（Every Child Matters）将项目的责任转移到地方政府，将服务机构改为"确保开端儿童中心"（Sure Start Children's Center），服务范围扩大。到2010年，英国已发展到有近3 500个儿童中心。当宝宝从医院出生并走出产科的时候，医院已经把信息转给宝宝家附近的儿童中心，儿童中心会联系家庭报到注册，提供相应服务。儿童中心不仅是婴幼儿（0—5岁）的活动中心，更对新手爸妈提供必要的支持和培训。家长可根据时间表自行前往，除儿童保育教育以外，其他服务都是免费的。

▲ 图7-8　英国典型的儿童中心

英国的"家庭开端计划"

家庭开端计划（Home-Start Project，简称 HSP）主要服务于英国 6 岁以下儿童养育困难的家庭。其主要策略如下：第一，鼓励家长间相互帮助。HSP 项目组织当地家庭形成小组，给家长提供会面、交谈、互相支持的机会。第二，以家访形式在家庭中为家长提供帮助。家访是 HSP 项目的核心内容，由志愿者在家庭中进行，主要与家长一起交流、学习，帮助家长应对生活压力，确保他们拥有养育儿童的自信和技能。第三，创立"充满希望的未来"子项目，确保家长参与儿童的入学准备。项目鼓励家长充分利用家庭和社区环境促进儿童读写能力的发展，促使他们在日常读写任务中与儿童交流并支持儿童，帮助他们为儿童提供良好的家庭学习环境。该项目设计了一系列活动袋，包括拼贴、唱歌、如厕训练等主题，帮助儿童进一步做好入学准备。第四，建立监测评估系统。为考察项目的实施效果，项目建立了家庭开端监测评估系统，从家长技能、家长幸福感、儿童幸福感以及家庭管理四个方面匿名收集受助家庭的相关信息。

（四） 其他国家家园、社区共育实践

除了上述提到的几个国家之外，其他国家，无论是与我国较近的日本、韩国等亚洲国家，还是澳大利亚，乃至瑞典、挪威等社会福利政策较好的北欧国家，都在家园、社区合作共育方面进行了不同的实践与探索。

日本在各地区以教育委员会、社会福祉保障局等行政机构为核心，联合幼儿园、保育园、社会福利机构和非营利组织，广泛建立本地区多元化的家庭育儿支援团队，实施家教援助人才认定制度，动员全社会力量共同关心家庭教育。同时，通过体验式学习、工作坊等多种形式，为家长提供互相交流、经验分享、学习成长的机会，帮助家长提高育儿能力。

韩国构建了全面的社区家庭育儿支援网络：开发和普及家长育儿支援课程；通过社区公共图书馆、育儿支援中心、保育信息中心提供育儿信息和咨询，共同管理社区育儿支援项目；由政府对未就业的保育人员、幼儿教师、护士等进行婴儿养育方面的培训，并将家庭保育教师派遣到家庭，为那些难以享受育儿休假的 1 岁以下婴儿父母提供援助。

瑞典教育部门专门开发了促进幼儿发展的宣传册，由托幼机构负责发送给家长，并告知家长如何在家中开展教育活动。与德国类似，瑞典为家长提供多元、民主的参与路径，鼓励家长开办和管理早期教育机构，并能因此得到专项资金支持和指导材料。

澳大利亚亲子家庭互动计划
（The Home Interaction Program for Parents and Youngsters，简称 HIPPY）

HIPPY 项目起源于耶路撒冷希伯来大学的学前儿童家庭指导项目，由澳大利亚政府大力推行，覆盖了澳大利亚近 100 个社区，每年约有 5 000 名儿童受益。该项目的具体策略如下。第一，重视亲子互动。项目强调营造和谐的家庭氛围，促进亲子互动。为加强亲

▲ 图7-9　澳大利亚亲子家庭活动

子互动,要求家长每天陪伴儿童15—20分钟(每周5天),每周参加2小时的亲子工作坊。第二,家庭导师通过角色扮演指导家长。家庭导师经过培训后进入社区,通过每周3—4小时的家访开展项目。在家访中,为增强家长的育儿自信和能力,家庭导师采用角色扮演的方式指导家长,使家长在角色扮演中了解、理解儿童,从而为儿童提供学习环境的支持。第三,为家长提供亲子互动材料。HIPPY项目会不间断地为家长提供亲子互动材料(如各种形状的玩具、含有绘本的学习盒子和用于指导学习的其他材料)以支持亲子互动,家庭导师负责指导家长使用学习盒子。

二、国内家园、社区共育工作的实践和探索

(一) 上海市家园、社区共育公益项目模式

上海是国内最早实践推动婴幼儿早期发展的地区,2003年在全国率先推出《上海市0—3岁婴幼儿教养方案》,成为指引家园社区开展早期教育的宝典。在2009年发布的《关于推进0—3岁散居儿童早期教养工作的意见》中,进一步做了具体解读和落地实践,主要由教育、妇联、卫生部门、人口计生委(后两个部门于2015年合并为现在的卫生健康委)四个部门各司其职,依托市区、街道、社区,搭建起社区家庭科学育儿指导工作的管理网络,建立以社区为依托、专业机构为中心、向家庭辐射的早期教育服务机制,构建起上海特色的0—3岁婴幼儿早期教育指导体系。

1. 上海市教委:设置专业管理指导机构,推动家园社区共育项目落地

上海市教委建立了市区两级早期教育指导中心,功能定位于"面向社区、指导家长开展家庭教育",以指导中心为主体,联动街道社区、园所、家庭开展早期教育合作共育,通过"面向婴幼儿"的早期教育和"面向家长"的早期教育指导,实现早期教育对整个上海地区婴幼儿家庭的全覆盖。同时,市教委以项目化的方式,落地实践社区家庭科学育儿指导服务,形成了一批高质量、有影响力的科学育儿指导公益服务项目。如:"育儿加油站"项目,通过每年开设一场大型市级活动、两场市区共建分会场活动、十六场市区共建区域专场活动,将公益、普惠、专业、科学的育儿指导活动送到老百姓的家门口,帮助更多家长树立科学育儿理念,掌握科学育儿知识与方法,将科学育儿的理念与方法迁移到家庭教养生活中;"合格家长在行动"项目,以上海学前教育网、上海市科学育儿指导平台为载体,结合育儿工作坊、现场游戏指导及专家咨询活动,为0—6岁孩子的家长提供专业指导服务,指导家长通过学习与实践,掌握会照料、会抚爱、会陪玩、会倾听、会沟通、会放手、会等待等"七个会"技能,努力成为合格父母。

2. 上海市卫健委:建设社区基层干部人才队伍,做实社区家庭指导服务

上海市卫健委利用部门社区渠道优势和婴幼儿卫生保健的专业优势,依托社区卫生中心、社区家庭指导服务中心等基层机构,培养建设社区基层干部人才队伍,搭建起社区家庭

科学育儿指导的服务网络。由基层卫健干部人员常年开展入户指导,组织"母婴健康社区行""科学育儿社区行"等社区活动,免费公益发放家庭科学育儿指导手册、育儿工具包等。其中,"新家庭计划——家庭发展能力建设"项目,通过组织儿保医生、早期教育专家、亲子指导师等一批专家讲师资源,结合社区家庭实际需求进行选题策划和活动实施,采用亲子活动、家长讲座、分组讨论、专家咨询等多种形式,每年开展数百场社区活动,提供科学、专业、公益的科学育儿指导服务,切实提高家庭科学育儿水平。

案例 7-1

上海市浦东新区金桥镇社区早教模式①

浦东新区金桥镇通过整合盘活社会资源,形成了"多模式、纯公益、家门口"的社区教养服务体系,为解决好婴幼儿照护和儿童早期教育服务问题提供了可供复制推广的样本。在金桥镇探索的体系中共有4种模式,包括全日制式托管、钟点式早教指导、大篷车式送教到家门口,以及定期亲子活动。其中:钟点式早教指导针对的是日常有家属照料的1—3岁幼儿,设置了专门的幼儿早期教育服务活动室,由专业的教师利用周一至周五的上午2个小时,向镇域内1—3岁幼儿和家长提供免费服务与指导的早期教养服务模式;大篷车式送教到家门口,主要针对远离幼儿早期教养活动室的孩子,将幼儿活动所需的玩具、宣传版面、宣传资料、教学辅助设备,用满载着专业老师、教学玩具的"流动儿童之家"大篷车,送教到家门口开展服务;亲子大活动和社区幼儿托管点都着力于专业化,为社区幼儿提供规范、安全的托育服务,解决社区婴幼儿的照护需求。

(a)

(b)

▲ 图7-10 上海市浦东新区金桥镇社区早教模式

3. 街道社区:以社区儿童中心为载体,探索形式多样的社区家庭共育形式

社区儿童中心是最常见的社区家庭合作共育的载体,一般依托社区服务中心、睦邻中心或邻里汇等项目进行子项目孵化,服务内容紧密结合社区家长需求设计,旨在通过整合利用

---

① 王志彦,洪浣宁.公益早教实现全覆盖,浦东这个镇的妈妈们有福了[N].上海观察,2017-12-28.

社区各类资源,在"最后一公里"为准父母和0—3岁婴幼儿家庭提供形式多元的科学育儿支持,主要包括开设各类亲子指导活动和早期兴趣课程,提供社区家庭之间交流活动的场地。社区通常通过政府购买服务的形式,委托第三方专业机构进行管理,社区提供场地支持,第三方机构负责安排场地运营、课程设置、派遣教师上课,切实服务社区家庭。

案例 7-2

社区科学育儿新模式——以上海市杨浦区新江湾睦邻中心为例

上海市杨浦区新江湾睦邻中心是新江湾街道采用政府购买形式引入第三方社会组织开展专业服务的社区平台。该睦邻中心通过整合多方资源,打造社区生活共同体,积极营造"家庭为中心,社区为依靠,邻里相互帮助"的氛围,在功能设置上体现专业性、社会性、公益性、群众性,构建形态多样、类型丰富、层次完整的社区公共空间,围绕"科学育儿"等内容开展项目活动,精心打造社区"十五分钟生活圈"。

(a)　　　　　　　　　　　　　(b)

▲ 图7-11　以家庭安全和早教为特色的上海市杨浦区新江湾睦邻中心

其中,专业的儿童早期教育和安全教育服务是新江湾睦邻中心的特色服务。依托于社会组织的系统的早教课程经验和专业的师资队伍,睦邻中心设置了固定的早教活动教室和阅读角等,每周设置公益性的亲子早教指导活动,通过微信公众号和社区家长群的途径进行家庭招募,往往出现"抢单"的火爆程度。同时,在微信公众号和社区家长群,定期分享科学育儿知识,由专业的老师在线上进行育儿咨询服务。定期组织亲子爬爬赛、亲子烘焙、手工制作、家长讲座等形式,吸引社区家庭的广泛参与。

(二) 南京市家庭、社区、机构三位一体共育模式

南京市始终在探索建立理念领先、特色鲜明的婴幼儿早期发展服务管理模式,完善家庭、社区、机构三位一体的服务网络。2012年,南京市政府办公厅下发《关于推进南京市0—3岁婴幼儿早期发展工作的意见》,积极探索和构建覆盖城乡的0—3岁婴幼儿早期发展服务体系,其中特别提出"探索建立居家服务、社区服务和机构服务相结合的'三位一体'的指导服务模式,综合开展婴幼儿早期发展服务"。2017年,在《0—3岁婴幼儿早期发展工作提升行动计划(2017—2020年)》中又提出:"探索建立理念领先、特色鲜明的婴幼儿早期发展服务管

理模式,完善家庭、社区、机构'三位一体'的服务网络,促进育儿园、亲子园及看护点的规范发展,努力以多元服务满足城乡家庭的不同需求。"同时提出实施启始计划,探索推广"1+1+N"普惠型、社区化服务,即:1个区级指导中心、1个街道指导站(社区中心站)和若干个社区亲子室组团。

南京市三位一体家庭科学育儿指导服务模式整合社会资源,将家庭养育、社区支持、机构服务三方面有机结合,通过多元服务满足城乡不同需求,促进0—3岁婴幼儿全面发展。在家庭养育方面,结合产后访视和随访服务,妇保人员和社区计生干部对0—12个月的婴幼儿,开展一年两次的入户服务,指导家长和抚养人科学养育。在社区支持方面,以社区亲子室为依托,家长带1—2岁的婴幼儿进行游戏活动和亲子阅读,专业人员定期咨询指导。在机构服务方面,利用婴幼儿早期发展指导服务中心和社会机构,为2—3岁的婴幼儿提供1年4次的免费体验式服务。

▲ 图 7 - 12　南京科学育儿线上平台——宝宝网

在机制保障上,通过打造一批家庭育儿服务载体支撑三位一体服务模式的运转。一是建设指导服务中心。依托各级人口和家庭公共服务中心,建立市、区婴幼儿早期发展指导服务中心,街(镇)婴幼儿早期发展指导服务站,社区(村)亲子活动室四级服务体系。截至2017年底,全市已建成1个市级指导服务中心、11个区级指导服务中心、558个街镇指导服务站和社区(村)亲子活动室。二是建好"一网一课"。开通建设"宝宝网",在"南京人口"微博中开设"0—3"专栏,帮助家长和教养人获得科学育儿知识,分享亲子生活经验;举办"凤凰宝宝家长学堂",邀请国内知名专家,坚持每月一讲。三是办好"一报一刊"。与省老科协合办《科学育儿报》,与南京日报报业集团《家教周报》合办《红苹果周刊》;组织专家编写家庭指导手册,免费向婴幼儿家庭发放。

（三）北京市"社区儿童早期教育基地"建设工程

北京市教委于2003年颁布《北京市教育委员会关于加强社区儿童早期教育示范基地建设的通知》,以幼儿园为载体尝试开展早期教育,启动"社区儿童早期教育基地"建设工程,并被市政府列入实事项目。在项目推进过程中,特别重视家园社区共育理念的体现和工作实践,提倡幼儿园与所在社区相结合,主动了解社区儿童情况及家长对早期教育的需求,有针对性地开展育儿指导工作。具体来说,该项目提出"因地制宜、形式多样、服务社区、面向家庭、寓教于乐、促进发展"的具体目标,强调结合所在社区适龄儿童及其家庭的实际情况,创造性地开展灵活多样的亲子教育活动;提出发挥幼儿园自身的优势,结合所在社区适龄儿童及其家庭的实际情况,创造性地开展灵活多样的亲子教育活动;强调基地的服务重点是社区儿童家长,要尽可能满足家长的各项合理要求;强调早教基地教育活动内容需适合孩子的年龄特点,既要面向孩子,给孩子创设适宜的教育环境,提供玩具材料,更要面向家长,给家长提供育儿指导与帮助。

其中,北京市海淀区在项目基础上,积极探索学前教育普及、优质、均衡发展的有效管理策略,在提升幼儿园办园质量的同时,着力推进了0—3岁婴幼儿早期教育的发展。在实践过程中,形成了《海淀区社区儿童早期教育基地管理手册》这一科研成果,指导社区0—3岁婴幼儿早教基地规范化、标准化建设。

北京市海淀区社区早期教育示范基地建设经验

▲ 图7-13 《海淀区社区儿童早期教育基地管理手册》

北京市海淀区教委立足区情,充分利用和整合社区资源,构建0—3岁早期教育管理指导网络。为确保早期教育的全覆盖,海淀区进行统一规划,合理设点布局,建立了网络化的三级覆盖体系。网络化的设点布局使全区婴幼儿家庭的受教育率达到90%以上。三级覆盖体系主要包括:(1)早教协作互动小组。根据所在街道的区域地理位置特点,将早教示范基地按照所在街道、镇划分成片,组成多个早教协作互动小组,共商共研早教工作的管理与指导。(2)早教示范基地。共有80多个附设在幼儿园的早教示范基地,按照每个早教示范基地覆盖5—6个社区、每个非基地幼儿园负责所辖社区的早教服务的工作要求,将社区早教责任划分到幼儿园。(3)社区早教活动站。以社区为依托,利用社区资源,在一个或多个社区建立早教活动站、儿童工作站、儿童发展中心,为相应区域的家庭及儿童提供了专业的指导与服务。

(四) 港台地区亲职教育的实践模式

在0—3岁婴幼儿早期发展方面,我国的台湾、香港地区以亲职教育角度切入,有效开展家园、社区合作共育,有一些经验值得借鉴。

自20世纪90年代至今,台湾就积极推动亲职教育,以机构和社区为载体,举办各种亲职教育活动,比如母职干部讲习班、父母管教问题座谈会、妈妈教室、亲职教育演讲与座谈、选拔亲职教育模范等。台湾地区的相关文件明确规定,托儿所以6岁以下幼儿为收托对象,并且要实施亲职教育。台湾的儿福联盟从2013年起,针对不同家庭的育儿需求提供入户式的服务,指导家长学习婴幼儿照顾、亲子沟通等技巧和知识,让婴幼儿能够在安全、快乐的环境中成长与发展[1]。

（a） （b）

▲ 图7－14 港台地区亲职教育活动

香港地区通过社区渠道,向家长免费提供"保护家庭及儿童服务课""为祖父母而设的幼儿照顾训练课程试验计划""亲子阅读乐趣多（给0—3岁孩子的家长）""学前教育课程指引——家长版"等宣教资料。香港地区于2000年12月成立了家长教育督导委员会,为家长教育和家校、社区协作探索更全面的政策和方案。委员会设计了一系列的家长课程,以支持家长全面参与孩子的成长,促使家长有能力担当父母的角色。香港地区的家长教育课程形式多样,包括演讲、工作坊、成长小组、宿营、参观、展览等。他们认为,成功的家长教育包含的要素如下：及早预防、成为称职的家长教育工作者、构建专业的支持团队及为家长提供充足的参与机会。

（五） 我国中西部地区的探索与实践

在上海、北京、南京及港台等东部地区进行探索的同时,湖南、贵州、云南等中西部地区结合当地社会人口、经济、文化等实际情况,也因地制宜地尝试探索适合本地开展的0—3岁婴幼儿早期发展家园社区合作共育的经验模式。

云南以省妇儿工委牵头落实0—3岁婴幼儿家园社区共育工作,试点通过幼儿园开设亲子指导活动、妇幼保健院提供生长发育指导、社区建立儿童之家开展各类活动等多种形式,以解决社区家庭科学育儿的需要。贵州通过由省教育厅、卫健委、妇儿工委等多部门牵头实施的政府示范性实事项目"苗圃工程",积极探索因地制宜、各具特色的早期发展促进模式。其中贵州铜仁通过不断的试点实践和经验总结,形成了三种可复制、可推广的可行模式,包括：一是依托社区。积极组织社区工作人员逐户宣传,以免费体检、专家讲座、亲子活动、智慧社区育儿知识推送等方式开展工作。利用社区智慧平台,开辟"苗圃工程"专栏,向社区家庭宣传全新的0—3岁婴幼儿早期综合发展的理念。二是依托医院。在铜仁市妇幼保健院,免费开展孕产妇学校课程和0—1岁婴幼儿早期综合发展亲子活动,指导准妈妈们优生优育,促进婴儿体格机能和心理健康发展,并根据需求开展推进1—3岁婴幼儿的教育。三是依托幼儿园。在各区县试点幼儿园,凭借各具特色的早教课程优势,为1—3岁婴幼儿及家长开展每周亲子课程,每月开展一次亲子户外活动,促进婴幼儿综合发展。

---

[1] 徐慧艳,张莉.幼儿父母的亲职教育发展现状及思考——从某些先进国家或地区亲职教育的经验分析入手[J].幼儿教育,2011(36)：50—54.

（a）　　　　　　　　　　　　　（b）

▲ 图 7 - 15　贵州苗圃工程铜仁试点早教活动

案例
7 - 4

湖南省联合国儿基会儿童早期发展社区家庭支持项目

　　湖南省自 2013 年承接联合国儿基会儿童早期发展社区家庭支持项目（简称 ECD）①以来，先后在长沙市芙蓉区，湘潭市湘潭县和常德市武陵区、鼎城区、澧县等 27 个社区（村）进行了试点，积极探索适合城市社区及农村地区的儿童早期发展社区家庭模式。各项目点遵循"以儿童为中心，以家庭为基础，以社区为依托"的儿童早期发展服务模式，定期为 0—3 岁婴幼儿和看护人提供免费的综合服务，坚持每周至少开放 5 天，开办每周 1 次亲子阅读、1 次亲子游戏和 1 次科学育儿讲座或家长座谈会等活动。仅 2017 年上半年，全省各中心共开放 19 390 个小时，开展亲子阅读、亲子游戏、科学育儿讲座等有组织的活动 1 351 次，图书借阅次数 1 351 次，宣传活动次数 214 次，服务家长 7 098 人次、服务婴幼儿儿童 8 562 人次，各项目社区（村）服务对象参与率达到 95% 以上。

（a）　　　　　　　　　　　　　（b）

▲ 图 7 - 16　湖南省 ECD 项目试点社区的早教活动

---

① 该项目以儿童为中心，以家庭为基础，以社区为依托，通过社区公共服务直接面向家庭，免费开展家庭科学育儿咨询和指导、科学育儿宣传、亲子活动等，帮助家长提高养育水平，促进 0—3 岁婴幼儿家庭早期教育的健康发展。

第三节　0—3岁婴幼儿家园、社区共育工作的任务与内容

家园、社区共育即家庭、托幼机构、社区共同完成对0—3岁婴幼儿的早期教育和保育,是现代社会对婴幼儿早期发展提出的要求,也是实现婴幼儿早期发展目标的重要保证。其总任务是从家长资源、园所资源、社区资源三方面着手,构建三位一体的新型教育模式,实现家园社区相互配合、同步教育,提升家庭科学育儿的水平与能力,促进婴幼儿的健康成长与发展。具体来说,社区和托幼机构通过各种途径、运用不同形式、整合各方力量,帮助家长掌握科学育儿的理论和方法,协助家长解决育儿过程中遇到的各类问题,为婴幼儿拓展家庭以外的健康成长的活动空间,使得家庭、园所、社区的各种早期教育资源得到充分利用,有效促进婴幼儿早期发展良性机制的形成。

一、提高社会共同参与家庭育儿的意识

家庭、托幼机构和社区都是0—3岁婴幼儿早期教育不可缺少的外部环境,家长、教师和社区工作人员都应当成为研究和完善婴幼儿早期发展和早期教育的实施者、合作者,三方不仅要在教育内容和管理方法上相互沟通、相互配合,更应该在教育理念上达成一致,从而实现真正意义上的"合作",达到"共育"的目标。为此,社会各方要真正理解合作共育的意义,提高对合作共育的认识,建立新型的家庭、托幼机构、社区合作关系,真正实现"教育社会化"和"教育社区化"。

意大利瑞吉欧的早期教育理念

意大利著名的瑞吉欧教育倡导以儿童为中心的教育理念,成人是婴幼儿生活与学习的引导者和支持者。在家园社区共育工作中,鼓励民主与合作,特别强调"互动关系"和"合作参与",重视每一位婴幼儿与同伴、教师、家长及周围的社会文化环境之间的关系与互动。

在瑞吉欧教育管理体制中,每个参与早期教育事业的人和团体都是平等的,家长与园所、社区间互动发展,他们的共同目标就是让婴幼儿通过与事物的互动而主动地学习与发展。瑞吉欧把家长看作是合作伙伴,是主动的、有能力的、得到认可的和必须承担责任的合作伙伴。社区管理模式强调家庭、学校和社区之间的相互融合与互动学习,社区作为一种强大的支持系统加入到早期教育事业中来,充分展示了一种开放的、互动的、民主的管理理念。

二、有效挖掘利用家园、社区育儿的资源

第一,是家庭资源。家长本身就是婴幼儿早期发展的重要教育力量和资源,他们不仅是

早期教育活动的参与者,还是活动的组织者和实施者。以家园、社区共育为平台,可以为家长之间提供分享交流育儿经验、组织集体育儿活动的机会,有效挖掘出父母、祖父母的教育潜能。

第二,是社区资源,包括自然资源、人文资源、生活设施资源和人力资源等。调查显示,用于家庭科学育儿支持的常见社区资源包括:(1)公园、银行、图书馆、医院、超市等社会生活场所;(2)提供育儿场地及设施设备的社区活动中心;(3)提供家庭育儿支持的社区工作人员及志愿者们。"婴幼儿养育社区干预效果研究"[①]课题的研究结果明确表明:通过社区对婴幼儿进行养育干预,对疾病预防、服务利用和家长科学育儿知识的掌握有促进作用。

第三,是托幼机构的教师教育资源。托幼机构是专业的机构,教师是专业的教育者,社区可以通过邀请托幼机构教师进社区开展育儿咨询、组织亲子活动、开展入户指导等形式,整合托幼机构专业的教育资源以支持家庭科学育儿。教师通过与婴幼儿互动的示范,通过亲子互动中的问题讨论,向家长宣传正确的教养观念,传递科学的教养技能,从而实现早期教养指导的目标。

（a） （b）

▲ 图 7 - 17　早教进社区活动

三、整合发动社会各方力量参与共育

家园、社区共育需要整合社会各方力量,形成合力,共同参与。从参与人员的角度来看,由社区牵头,通过发动各种形式的组织、志愿者队伍和个人,认真做好家庭育儿的助手,给予家庭具体的育儿支持。具体包括:

（一）社区基层服务人员

这类人员主要来自于街道居委会、卫健、教育、妇联等政府部门,工作的主要职责和要求是基于社区开展家庭服务与指导,具备基本的科学育儿指导的基础。

（二）社区早期教育专业工作者

这类人员或是来自幼儿园或早教中心的专业教师,或是来自社区卫生服务中心的保健

① 杨婕,等. 婴幼儿养育社区干预效果研究[J]. 生殖与避孕,2006(7):186—190.

医生、营养员，具备更加专业、系统的理论知识和实践经验，可以从早期教育、营养保健、婴幼儿体格发育等各方面，给予家长专业性的育儿指导。

（a） （b）

▲ 图7-18 科学育儿进社区活动

（三）社区其他志愿者

以邻里为背景的社区志愿者队伍，通过提供场所、经验分享交流、组织亲子活动等形式，从不同角度给予家庭育儿支持。例如，志愿者可以是社区相关机构的从业人员（银行工作人员、警察和消防员等），"故事妈妈"，退休教授，具有舞蹈、插花、折纸等各类特长技能的社区居民，已经上小学初中、非常愿意带着弟弟妹妹们一起玩耍的孩子们，等等。

（a） （b）

▲ 图7-19 社区早期教育志愿者活动

不过，家园、社区合作共育是一项科学而复杂的系统工程，如果社区能够搭建平台和专业机构进行积极引导与支持，协调整合各方分工与合作，将更加有效地推动合作共育的开展。由于这类机构通常是相关政府部门或第三方社会组织，因此政府可通过给予早期教育的政策引导、财政和人力的支持，构建组织架构和管理体系，达到引导和促进合作共育的目的。此外，政府还可以采用购买服务的形式，培育第三方社会组织，以期承担早期发展合作共育的服务项目，开展系统化、专业化的0—3岁婴幼儿早期发展支持服务，并充分发挥社会组织的资源优势和运作能力。

案例 7-5

深圳市鼓励促进社会力量参与早教服务项目

深圳市在0—3婴幼儿家园、社区共育的实践探索中,由政府部门进行政策引导支持,由行业协会牵头,以社会组织为依托进行自我服务、自我管理,形成了0—3婴幼儿早期发展的特色经验。为了提升社区0—3岁婴幼儿的家庭教育水平,委托相关社会组织开展了一系列的公共服务项目。其中:深圳市科学育儿指导项目通过整合教育、心理、医学优质资源,为0—3岁婴幼儿家庭提供专业、公益、普惠性的科学育儿指导服务,向家庭传播科学育儿理念及方法,创造良好的科学育儿环境。项目内容包括:(1)公益儿童游乐场;(2)科学育儿知识课堂;(3)科学育儿咨询;(4)0—3岁婴幼儿成长阶梯测试;(5)入户指导;(6)培训开展科学育儿教育的师资人才;(7)科学育儿知识大赛;(8)亲子阅读DV大赛;(9)亲子户外活动等。

（a）　　　　　　　　　　　　（b）

▲ 图7-20　深圳市阅芽计划的"阅芽包"

其中,阅芽计划专门为0—6岁儿童家庭提供专业、实用的阅读包,包里装有两本适龄图画书、一本有关60本图画书的导读、一本分阶段的早期阅读指导手册,面向全市派发。项目致力于完善儿童早期阅读志愿服务体系,创建儿童早期阅读推广服务信息平台,为所有适龄儿童和家庭提供有价值的阅读内容和专业的阅读服务。阅芽计划通过免费发放"阅芽包",提供线上线下的内容与服务,进行科学化、系统化的引导,让儿童和家庭享受阅读的乐趣。

四、开发拓展多样化的共育服务形式

由于家园、社区共育的实施主体是多层面的,教育资源是丰富的,因此开展共育工作的形式是多样化的。具体来说,托幼机构拥有专业的教师和系统的早期教育理念方法,可以充分利用园本教育资源的优势,针对不同类型、不同层次、不同角色的家庭养育者进行科学育儿指导,逐步成为社区专业的早期教育基地。作为合作共育的专业力量,园所一般通过开展亲子指导活动、开展家长讲座与家长咨询、开发社区教育活动等方式实施共育。

社区拥有工作人员、固定场地、行政职能、社会资源等优势,主要搭建合作共育的大平台,运用宣传教育、提供场所、组织科学育儿活动等形式,面向婴幼儿及其家庭提供综合性的公共服务。需要特别提出的是,由于每个家庭的情况不同、需求不同,社区在提供家庭育儿支持的过程中,应当优先关注特殊家庭,关爱具有育儿困难的弱势群体,使得社区早期发展服务能够为每个婴幼儿提供平等的学习与发展机会,并满足家庭个性化的服务需求。

（a）　　　　　　　　　　（b）

▲ 图7-21　到医院/银行进行体验学习

案例 7-6

上海市静安区家庭教育指导中心绘本特色活动

上海市静安区家庭教育指导中心以绘本为载体,定期开展不同类型的绘本特色"亲子活动",在活动设计中注重挖掘社区家庭资源,引导和鼓励家长参与,形成了"好书推荐""亲子阅读体验坊""静安父子阅读联盟""经典作品品读师"等经典活动。在"好书推荐"活动中,邀请专家和家长们分享亲子阅读经验,并向大家推荐一些好的阅读书目。在"静安父子阅读联盟"活动中,鼓励父亲作为家庭养育中重要的参与者和支持者,陪伴孩子开展亲子阅读活动,同时用"经典作品品读师"的活动挖掘典范,收录优秀的父子亲子阅读内容,广泛获取社会和家庭对于亲子共读的关注度和参与度。这种利用家长的信息资源进行家庭资源整合的方法,不仅对家长的积极协助给予鼓励,而且可以激发家长参与教育活动的热情,同时对其他家长也是一种激励,有助于为婴幼儿早期教育创造良好的环境氛围。

第四节　0—3岁婴幼儿家园、社区共育工作的方法与途径

家园、社区合作共育有利于构建开放式的教育环境,有利于婴幼儿早期发展发挥整体教育

影响,更好地促进婴幼儿的健康成长。在了解0—3岁婴幼儿家园、社区共育工作的任务与内容后,本节将具体介绍合作共育的具体方法与途径,主要分为:实施家园、社区共育的宣传教育,提供婴幼儿活动的场所和设施,开展婴幼儿早期发展的游戏活动,开展家长教育指导相关服务。

一、实施家园、社区共育的宣传教育

宣传教育是指将科学育儿的理论知识、游戏方法、婴幼儿发展情况等内容用文字、视频等形式进行传播,因其具有面向的对象众多、形式多样、覆盖面广等特点,成为了家园、社区共育工作中最常见的方法之一。

从宣传教育的组织对象来看,托幼机构所采取的具体宣教方法包括:制作宣传手册向家长传播育儿知识;通过家园联系栏、幼儿成长档案等形式,帮助家长了解自己孩子的健康和发展状况。社区主要利用社区宣传栏、咨询窗口等各类场所,利用主题海报、宣传单、屏幕播放、编撰并发放家庭科学育儿手册等形式开展宣传教育,传播科学育儿理念。

（a）　　　　　　　　　　　　　　（b）

▲ 图 7 - 22　上海普陀区早教中心通过家长手册帮助家长了解园所信息

从宣传教育的传播渠道来看,主要分为线上和线下两种类型。随着信息时代背景下的互联软件和网络技术的发展,社区和园所可以运用线上宣教的方式,通过网站、QQ、微博和微信等新媒体渠道工具普及婴幼儿生长发育知识、婴幼儿生理心理的发展规律、科学喂养护理及常见病防治、意外伤害预防等理念,通过应用软件、小程序等工具,向家长传输育儿相关信息,逐步打造一个高效、便捷的"互联网＋家庭教育"管理平台。这极大地突破了传统手段的时空限制,有助于实现宣教内容更广泛、更及时、更有效地传播。

▲ 图 7 - 23　科学育儿科普视频网站

（a） （b）

▲ 图7-24 "上海科学育儿指导"微信公众号

案例
7-7

上海"育儿周周看"实事项目

上海市教委积极探索公益免费的早教指导方式,其中"育儿周周看"是由上海市教委牵头推出的"0—3岁婴幼儿家庭早教指导服务"系列项目之一,该项目由政府买单,旨在为广大0—3岁婴幼儿家长提供科学、专业、权威且便捷的早期教养指导,并宣传正确的育儿方法。

▲ 图7-25 育儿周周看实事项目

"育儿周周看"以最快捷、最有时效的手机彩信、微信公众号等形式,向家长推送科学的育儿知识与方法,每周发布一期,根据婴幼儿的周龄特点,在日常养护、亲子游戏、家长普遍关注的育儿问题等方面给予家长专业、实用的建议和指导。每期内容包括本周宝宝特点、育儿宝典(包含养育方法与游戏玩法)、育儿问答(对家长普遍关注的问题进行解答)及当月宝宝养育要点等栏目。另外,家长还可登录"育儿周周看"官网(yezzk.age06.com)进行在线咨询、互动,不断使之真正成为每一个0—3岁家庭的"贴身育儿专家"。

二、提供婴幼儿活动的场所和设施

在0—3岁早期发展阶段,婴幼儿往往是通过体验与感知来认识世界、促进能力发展的,因此家长应当多多走出家庭,走进社区、主动融入社区,拓宽婴幼儿生活的空间范围。在前面第三节中,我们已经介绍过满足婴幼儿活动和发展的各类社区资源,在具体操作中,托幼机构可以利用周末、节假日向社区家庭开放场地,提供适合婴幼儿玩乐的教玩具等。社区可以通过建立亲子活动室、图书馆、游戏室、感统训练室等,提供各种书籍、教玩具和游戏材料,不仅可为婴幼儿提供同伴交往、游戏的场所和设施,而且也为家长们提供相互认识、交流的场合,有效促进了婴幼儿和家长的共同成长。社区中的其他场所则可以让家长带着孩子,通过参观、体验等活动形式开展早期教育启蒙,例如:利用社区图书馆进行早期阅读启蒙;利用社区公园、婴幼儿活动场地,促进早期运动和社会性的发展;利用社区超市、菜场等,体验社会生活;利用银行、邮政局、医院、消防队等场所,提供社会实践情境教育等。

(a)　　　　　　　　　　　　　　　(b)

▲ 图7-26　社区早教场所与社区绘本馆

**案例
7-8**

云南省探索社区"儿童之家"服务模式

云南省"儿童之家"是以社区为依托,利用社会资源建立为儿童提供游戏、娱乐、教育、卫生和社会心理支持等一体化服务的体系。《云南儿童发展规划(2011—2020年)》中明确提出,到2020年,90%以上的城乡社区要建立1所为儿童及其家庭提供游戏、娱乐、教育、卫生、社会心理支持和转介等一体化服务的儿童之家。截至2017年,云南省的各个基层社区中已经支持建设了35个"儿童之家"。

"儿童之家"以儿童、家庭、社区成员为服务对象,坚持公益性、补缺性、服务性、普惠性的办"家"理念,坚持政府主导、社区主办、社会参与、因地制宜、量力而行、资源整合的原则,开展综合服务,为儿童创造接受良好教育的机会,为儿童提供安全的游戏与学习环境,培养兴趣特长;优化儿童的成长环境,营造和谐的家庭氛围,使家庭成员懂得良好的家庭教育和亲子关系技巧,具备较强的社会生活能力,促进家庭、学校、社区为儿童身心健康成长提供友好的条件和环境。

三、 开展婴幼儿早期发展的游戏活动

家园、社区面向0—3岁婴幼儿开展有关早期发展的各类游戏活动,以促进合作共育发展。婴幼儿的游戏活动需要按照不同月龄特点,尊重个体差异,将集体式游戏和个别化指导相结合,进行针对性的组织与指导。

常见的集体式游戏活动主要包括日常的亲子指导活动和不定期开展的节日活动、主题活动等。亲子指导活动是对婴幼儿和家长施加教育影响、进行早期教育指导的最主要途径,通常由专业教师通过有目的、有计划的亲子活动,在真实情境中进行示范指导,既能有效促进婴幼儿的能力发展,又能让家长学习掌握科学育儿的方法。其他集体式活动通常利用节假日或结合主题,比如社区开展"六一"儿童节庆祝活动,组织亲子运动会,举办"玩具分享会"等。

（a）　　　　　　　　　　　　　（b）

▲ 图 7 - 27　组织亲子运动会

个别化指导是指结合婴幼儿的月龄特点、个体发展水平、家庭养育情况等进行个性化的干预和指导。从怀孕到出生前的准备、再到出生后的生长发育跟踪、疾病预防与营养干预等,社区妇幼保健中心的工作人员将是家长科学育儿的好助手。当婴儿出生后,社区街道工作人员和卫生中心医护人员可以不定期开展入户指导,在了解婴幼儿的发展状况的同时指导家长科学育儿。在社区和机构提供的早教活动过程中,专业教师可以针对婴幼儿的个体差异进行干预和指导,并给予每个家长不同的养育建议和育儿支持。

案例
7 - 9

通过入户指导提升家庭养育能力——以上海市杨浦区为例

上海市杨浦区在区卫计委、区教委的联动下,以入户指导的方式开展家庭科学育儿指导,转变家长的育儿理念,提升家庭的养育能力,给0—3岁婴幼儿家庭提供全面、科学的早教指导与服务。一是形成专业的《0—3岁婴幼儿科学养育入户指导手册》《0—3岁婴幼儿家庭科学育儿指导手册》等,规范入户指导的工作流程和服务内容,提高社区家庭入户指导的服务水平;二是依托区早教指导中心和各幼儿园师资,联合基层工作人员组成工作小组,在统一专业培训的基础上开展入户指导。

（a）　　　　　　　（b）　　　　　　　（c）

▲ 图 7-28　婴幼儿科学育儿家庭指导手册

　　在"一对一"的现场入户指导过程中,指导小组的成员与家长了解婴幼儿的生活、动作发展等方面的情况,与婴幼儿进行丰富多彩的亲子游戏,在此基础上根据婴幼儿的月龄段发展目标进行综合测评,并将测评结果反馈给家长,同时提供科学合理的指导建议。除此之外,指导小组的成员还会对家长存在的育儿方面的困惑进行探讨交流、答疑解惑,以此提升家长对早教观念的认识,使其获得专业、丰富的婴幼儿教养指导经验。

四、 开展家长教育指导的相关服务

　　家长是婴幼儿成长道路上最重要的陪伴者和教育者,因此在家园、社区共育中,面向家长的教育指导就非常重要。在第二章中,我们已经介绍过专业教师针对家长教育指导的具体方法与途径,在社区平台开展家长教育指导的其他方法和途径包括:

　　第一,通过开设孕妇学校、家长学校、祖辈课堂等学习活动,组织家长进行科学育儿知识和方法的系统化学习。

（a）　　　　　　　　　　　　　（b）

▲ 图 7-29　组织家长课堂

第二，开办专题讲座或专家育儿咨询活动，解决家庭育儿过程中的具体问题，如定期开展婴幼儿免费体格检查和生长发育评估，组织关于"玩具整理和收纳""隔代养育"等话题的讲座。

第三，发动家庭之间的分享互助，如线下组织亲子俱乐部、家长沙龙等活动，线上搭建社区亲子微信群、社区亲子论坛等互动平台，促进家长之间的育儿经验交流分享。

案例
7－10

小脚印儿童家庭养护支持项目

小脚印是 little footprints 的直译，意思是随时造访，旨在利用社区现有的资源为婴幼儿家庭养护提供高质量、高水准的服务。它是由联合国儿童基金会与中国儿童中心联合研发的儿童早期综合发展项目，目标是创建一种"以儿童为中心，以家庭为基础，以社区为依托"的儿童早教模式。

▲ 图 7－30　小脚印项目活动瞬间

小脚印儿童早期发展中心重视对儿童早期综合发展的关注，在环境创设、课程设置、家庭指导、科研项目与社区公益活动中，关注儿童的权利与保护、儿童的卫生与营养、早期的启蒙教育。小脚印儿童早期发展中心不仅关注儿童自身的成长，也关注儿童健康成长赖以生存的家庭与社区等客观因素。该项目中合作共育的方法途径包括：开设父母（养护人）课堂和家长沙龙、亲子课堂、个性化指导（育儿咨询、生长发育测评、制定育儿方案、建立成长档案）、人性化服务、多方位沟通和交流资源整合等。

1. 生物生态学理论在家园、社区共育工作的应用中,给我们的启示是什么?

2. 0—3 岁婴幼儿家园、社区共育工作的价值意义体现在哪几个方面?

3. 请简要介绍美国 PAT 国家中心项目的具体做法。

4. 在上海关于家园、社区共育模式的探索中,带给我们的工作启示是什么?

5. 在开展合作共育工作过程中,可以利用的家庭资源、机构资源、社区资源分别有哪些?

6. 社区开展家庭育儿指导的人力资源队伍,主要由哪些人员构成?

7. 请为社区儿童活动中心设计一个"六一"儿童节的亲子主题活动方案。

推荐资源

1. 纸质资源

(1) 李生兰.幼儿园与家庭、社区合作共育的研究(修订版)[M].上海:华东师范大学出版社:2013.

(2) 徐艳.依托社区开展家园共育的实践探索[M].北京:北京师范大学出版社:2010.

(3) 李燕,张惠敏.学前儿童家庭与社区教育[M].北京:高等教育出版社:2017.

(4) 钱德勒·巴伯,等.家庭、学校与社区——建立儿童教育的合作关系(第四版)[M].南京:江苏教育出版社:2013.

(5) 米娜.儿童、家庭和社区——家庭中心的早期教育(第 5 版)/[M].郑福明,冯夏婷,等,译.北京:高等教育出版社:2012.

2. 视频资源

(1)《科学育儿大讲堂》栏目,上海市科学育儿指导平台制作①。

(2) 中国人口宣传教育网《科普动漫》栏目,中国人口宣传中心制作②。

---

① 此资源可于 http://kexueyuer.age06.com/womendexingdong/event/djt.htm 上获取。

② 此资源可于 http://www.nhfpccpcc.org.cn/video/index/wid/394 上获取。